박문각 행

KB209065

1차

5년 최다
**전체
수석**
합격자 배출

영업상 김의 www.pmg.co.kr

임병주
행정법

박문각 행정사연구소 편_임병주

핵심요약집

박문각

박문각 행정사
임병주 행정법
핵심요약집 | **1차**

머리말

교재의 특징

1. 행정사 시험에 적합한 양으로 행정법총론과 각론을 구성

객관식 수험서로서 출제가 되지 않는 부분은 과감하게 삭제하고 시험에 출제되는 주요 부분만으로 내용을 구성하였습니다.

2. 도표를 활용하여 핵심적 내용을 암기할 수 있도록 구성

기본서의 내용을 압축하여 도표화 시켰습니다. 기본서의 내용을 숙지한 후 도표를 암기하면 큰 도움이 될 것입니다.

3. 출제 가능한 판례의 지문화

진도별 출제 가능한 관련 판례를 지문식으로 정리하여 수록하였습니다.

4. 주요 법령의 조문 수록

「행정기본법」과 그 외 조문으로 출제될 수 있는 법령은 법 조문을 수록하였습니다.

5. 기출표시

범위별로 기출된 부분에 기출표시를 하여 출제 가능한 영역을 쉽게 찾아볼 수 있도록 하였습니다.

나가면서

기본서를 반복해서 읽고 자신의 것으로 이해한 다음 본 요약집을 참조하여 암기하는 방법으로 정리를 해주시기 바랍니다.

편저자 임병주

행정사 시험 정보

1. **자격 분류:** 국가 전문 자격증
2. **시험 기관 소관부처:** 행정안전부(주민과)
3. **실시 기관:** 한국산업인력공단
4. **시험 일정:** 매년 1차, 2차 실시

구분	원서 접수	시험 일정	합격자 발표
1차	2024년 4월 22일~4월 26일	2024년 6월 1일	2024년 7월 3일
2차	2024년 7월 29일~8월 2일	2024년 10월 5일	2024년 12월 4일

〈2024년 제12회 행정사 시험 기준〉

5. **응시자격:** 제한 없음. 다만, 행정사법 제5·6조의 결격사유가 있는 자와 행정사법 시행령 제19조에 따라 부정행위자로 처리되어, 그 처분이 있은 날부터 5년이 지나지 않은 자는 시험에 응시할 수 없다.

6. **시험 면제대상**
   - 1차 시험에 합격한 사람에 대하여는 다음 회의 시험에서만 1차 시험을 면제한다(단, 경력서류 제출로 1차 시험이 면제된 자는 행정사법이 개정되지 않는 한 계속 면제).
   - 행정사 자격이 있는 사람으로서 다른 종류의 행정사 자격시험에 응시하는 사람은 1차 시험을 면제한다.
   - 행정사법 제9조 및 동법 부칙 제3조에 따라, 공무원으로 재직하였거나 외국어 전공 학위를 받고 외국어 번역 업무에 종사한 경력이 있는 사람 등은 행정사 자격시험의 전부 또는 일부가 면제된다(1차 시험 면제, 1차 시험 전부와 2차 시험 일부 면제, 1·2차 시험 전부 면제).

7. **시험 과목 및 시간**
   - ● **1차 시험(공통)**

교시	입실 시간	시험 시간	시험 과목	문항 수	시험 방법
1교시	09:00	09:30~10:45 (75분)	① 민법(총칙) ② 행정법 ③ 행정학개론(지방자치행정 포함)	과목당 25문항	5지택일

● 2차 시험

교시	입실시간	시험 시간	시험 과목	문항 수	시험 방법
1교시	09:00	09:30~11:10 (100분)	**[공통]** ① 민법(계약) ② 행정절차론(행정절차법 포함)	과목당 4문항 (논술 1문제, 약술 3문제)	논술형 및 약술형 혼합
2교시	11:30	• 일반·해사행정사 11:40~13:20 (100분) • 외국어번역행정사 11:40~12:30 (50분)	**[공통]** ③ 사무관리론 (민원 처리에 관한 법률 및 행정업무의 운영 및 혁신에 관한 규정 포함) **[일반행정사]** ④ 행정사실무법 (행정심판사례, 비송사건절차법) **[해사행정사]** ④ 해사실무법 (선박안전법, 해운법, 해사안전기본법, 해사교통 안전법, 해양사고의 조사 및 심판에 관한 법률) **[외국어번역행정사]** ④ 해당 외국어(외국어능력검정시험으로 대체하 며 영어, 중국어, 일본어, 프랑스어, 독일어, 스페인 어, 러시아어의 7개 언어에 한함)		

8. 합격 기준

- 과목당 100점을 만점으로 하여 모든 과목의 점수가 40점 이상이고, 전 과목의 평균 점수가 60점 이상인 사람(2차 시험의 해당 외국어시험 제외)
- 단, 제2차 시험 합격자가 최소선발인원보다 적은 경우, 최소선발인원이 될 때까지 전 과목 의 점수가 40점 이상인 사람 중에서 전 과목 평균 점수가 높은 순으로 합격자를 추가로 결정한다. 동점자로 인해 최소선발인원을 초과하는 경우 동점자 모두를 합격자로 한다.

9. 외국어능력검정시험 성적표 제출(외국어번역행정사)

외국어번역행정사 2차 시험의 '해당 외국어' 과목은 원서접수 마감일부터 거꾸로 계산하여 5년이 되는 날이 속하는 해의 1월 1일 이후에 실시된 외국어능력검정시험에서 취득한 성적으로 대체(행정사법 시행령 제9조 제3항, 별표 2)

● 외국어 과목을 대체하는 외국어능력검정시험 종류 및 기준점수

시험명	기준점수	시험명	기준점수
TOEFL	쓰기 시험 부문 25점 이상	IELTS	쓰기 시험 부문 6.5점 이상
TOEIC	쓰기 시험 부문 150점 이상	신HSK	6급 또는 5급 쓰기 영역 60점 이상
		DELE	C1 또는 B2 작문 영역 15점 이상
TEPS	쓰기 시험 부문 71점 이상 ※ 청각장애인: 쓰기 시험 부문 64점 이상	DELF/ DALF	• C2 독해와 작문 영역 25점 이상 • C1 또는 B2 작문 영역 12.5점 이상
G-TELP	GWT 작문 시험 3등급 이상	괴테어학	• C2 또는 B2 쓰기 모듈 60점 이상 • C1 쓰기 영역 15점 이상
FLEX	쓰기 시험 부문 200점 이상	TORFL	4단계 또는 3단계 또는 2단계 또는 1단계 쓰 기 영역 66% 이상

행정법 1차 시험 총평

1. 전체적 총평

2024년 행정사 1차 행정법의 출제를 한마디로 '행정사 시험다운 좋은 출제'로 정의하고 싶습니다. 기출문제와 개별법령 및 판례를 적절히 배합한 바람직한 출제로 보입니다.

2. 출제영역

행정법총론에서 18문제, 행정법각론에서 7문제가 출제되어 출제 비율은 전년도인 2023년과 비슷하게 출제되었습니다. 행정법총론의 경우 판례에 의하여 답을 찾도록 하는 문제가 비중이 높아졌습니다. 개별법령의 경우 행정기본법, 행정절차법, 정보공개법, 질서위반행위규제법이 출제되었습니다. 또 행정법각론의 경우 개별법률의 세부적인 내용보다 범위별로 의의를 정확히 알고 있는지를 문제로 출제하였습니다. 행정법각론의 범위이지만 총론과 연결하여 출제된 것이 4문제 정도라고 보입니다.

3. 문제출제의 경향

(1) 문제의 내용적 유형

법령	8문제
판례	13문제
이론(의의)	4문제

(2) 문제의 형식적 유형

5지 선다형	19문제
박스형(조합형)	2문제
사례형(괄호넣기 포함)	4문제

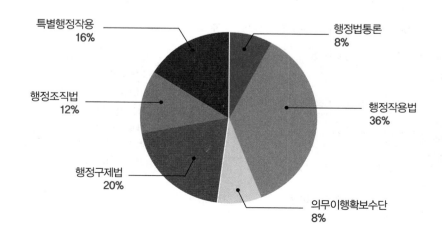

행정법 출제 경향 분석

◁ 2013~2024 행정법 출제 경향 분석

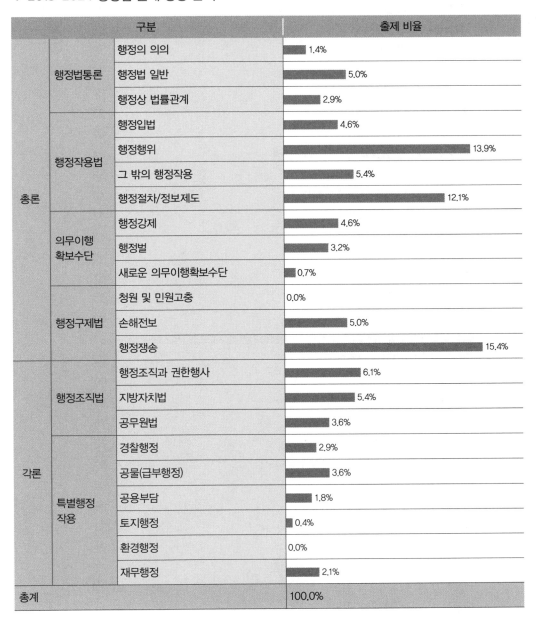

구분			출제 비율
총론	행정법통론	행정의 의의	1.4%
		행정법 일반	5.0%
		행정상 법률관계	2.9%
	행정작용법	행정입법	4.6%
		행정행위	13.9%
		그 밖의 행정작용	5.4%
		행정절차/정보제도	12.1%
	의무이행 확보수단	행정강제	4.6%
		행정벌	3.2%
		새로운 의무이행확보수단	0.7%
	행정구제법	청원 및 민원고충	0.0%
		손해전보	5.0%
		행정쟁송	15.4%
각론	행정조직법	행정조직과 권한행사	6.1%
		지방자치법	5.4%
		공무원법	3.6%
	특별행정 작용	경찰행정	2.9%
		공물(급부행정)	3.6%
		공용부담	1.8%
		토지행정	0.4%
		환경행정	0.0%
		재무행정	2.1%
총계			100.0%

CONTENTS

차 례

PART 01 행정법총론

핵심정리 01 행정의 의의 · 12
핵심정리 02 행정법의 특질 · 15
핵심정리 03 법치행정 · 16
핵심정리 04 통치행위 · 18
핵심정리 05 행정법의 법원 · 20
핵심정리 06 행정법의 일반원칙 · 23
핵심정리 07 행정법의 효력 · 30
핵심정리 08 공법관계와 사법관계의 구별 · 34
핵심정리 09 행정법관계의 당사자 · 36
핵심정리 10 제3자의 법률상 이익 · 40
핵심정리 11 특별권력관계 · 42
핵심정리 12 사건 · 43
핵심정리 13 사인의 공법행위 · 46
핵심정리 14 법규명령 · 51
핵심정리 15 행정규칙 · 58
핵심정리 16 행정행위의 개념 · 62
핵심정리 17 제재처분 기준과 제척기간(행정기본법 제22조, 제23조) · 63
핵심정리 18 제3자효 행정행위 · 64
핵심정리 19 재량행위 · 66
핵심정리 20 법률행위적 행정행위 · 70
핵심정리 21 준법률행위적 행정행위 · 76
핵심정리 22 행정행위의 부관 · 78
핵심정리 23 행정행위의 성립요건과 효력요건 · 82
핵심정리 24 행정행위의 공정력 · 84
핵심정리 25 행정행위의 확정력 · 86
핵심정리 26 행정행위의 무효와 취소 · 88
핵심정리 27 하자의 승계 · 91
핵심정리 28 행정행위 하자의 치유와 전환 · 93
핵심정리 29 행정행위의 취소와 철회 · 95
핵심정리 30 행정행위의 확약 · 99
핵심정리 31 행정계획 · 101
핵심정리 32 공법상 계약 · 104

핵심정리 33 행정지도 · 107
핵심정리 34 행정절차법 · 109
핵심정리 35 정보공개 · 118
핵심정리 36 개인정보 보호법 · 121
핵심정리 37 행정상 강제 · 127
핵심정리 38 즉시강제와 행정조사 · 133
핵심정리 39 행정벌 · 137
핵심정리 40 국가배상 · 143
핵심정리 41 손실보상 · 150
핵심정리 42 결과제거청구권 · 154
핵심정리 43 처분에 대한 이의신청과 행정처분의 재심사 · 155
핵심정리 44 행정심판 · 157
핵심정리 45 행정소송 · 164

PART 02   행정법각론

핵심정리 01 행정조직 · 184
핵심정리 02 행정조직의 권한행사 · 187
핵심정리 03 행정관청 상호 간의 관계 · 190
핵심정리 04 공공단체의 종류 · 192
핵심정리 05 지방자치단체의 법적 지위와 분쟁해결 · 193
핵심정리 06 지방자치단체의 구역 · 194
핵심정리 07 지방자치단체의 주민 · 196
핵심정리 08 지방자치단체의 사무 · 201
핵심정리 09 지방자치단체에 대한 국가의 관여 · 204
핵심정리 10 공무원관계의 발생·변경·소멸 · 206
핵심정리 11 공무원의 권리·의무 · 211
핵심정리 12 경찰조직과 작용의 개념 · 214
핵심정리 13 경찰권의 발동의 요건과 한계 · 216
핵심정리 14 공물일반 · 223
핵심정리 15 공물의 성립과 소멸 등 · 226
핵심정리 16 공물의 사용관계 · 227
핵심정리 17 공용부담의 관계 · 229

행정사
임병주 행정법

행정법총론

01 행정의 의의

01 행정의 관념정의

「헌법」의 구체화법인 행정법의 대상으로서 행정은 권력분립원리에 따라 확립된 개념이다.

1. 형식적 의미와 실질적 의미

형식적 의미의 행정	국가작용의 **수행기관**을 중심으로 행정부가 권한행사하면 모두 행정
실질적 의미의 행정	어느 기관의 작용인가를 기준으로 하지 않고 **작용의 성질**을 기준으로 구체적으로 법을 집행하면 행정

2. 일의적 행정개념정립의 가능성

① 행정의 목표로서 공익의 개념은 고정적인 것이 아니라 시간의 흐름에 따라 변하는 것이므로 공익이라는 개념을 명백하게 개념 지을 수는 없다. [기출]

② "오늘의 행정은 정의할 수는 없고, 다만 묘사될 수 있을 뿐이다."

> ✔ **행정작용의 특질**
> ① 공익실현작용
> ② 구체적 사안에 대한 법집행작용
> ③ 일방적으로 법적 의무를 구체화할 수 있는 공권력 행사
> ④ 미래지향적인 사회형성작용

구별개념		구별개념	
입법	일반적·추상적 규범정립	사법	소극적·과거지향적 법판단
행정	구체적 사실에 대한 법집행	행정	적극적·미래지향적 형성작용

02 분류기준에 따른 행정작용의 분류

1. 형식적 의미와 실질적 의미의 국가작용의 분류

형식적 의미의 행정· 실질적 의미의 입법	형식적 의미의 행정· 실질적 의미의 사법	형식적 의미의 입법· 실질적 의미의 행정	형식적 의미의 사법· 실질적 의미의 행정
① 행정기관의 법규명령 제정·개정 ② 행정기관의 행정규칙 제정 ③ 조례·규칙 제정 ④ 조약체결	① 행정심판위원회 재결 ② 소청심사위원회 재결 ③ 토지수용위원회 재결 ④ 통고처분	① 국회사무총장의 직원 임명 ② 국회사무총장의 예산 집행	① 대법원장의 일반법관 임명 ② 법원행정처장의 직원 임명 ③ 대법원장의 예산집행 ④ 등기사무
형식적 의미의 행정·실질적 의미의 행정			
① 각종 허가·인가·특허, ② 징계처분, 조세부과처분, ③ 공무원 신규임명, ④ 병력의 취득·관리, ⑤ 군당국의 징발처분, ⑥ 토지수용, ⑦ 행정대집행, 조세체납처분			

2. 행정의 분류기준에 따른 분류

주체에 의한 분류	내용에 의한 분류	목적에 의한 분류	수단에 의한 분류	형식에 의한 분류	법적 효과에 따른 분류
① 국가행정 ② 자치행정 ③ 위임행정	① 질서행정 ② 급부행정 ③ 유도행정 ④ 계획행정 ⑤ 공과행정 ⑥ 조달행정	① 국가목적적 행정(재무, 외교, 군사, 사법) ② 사회목적적 행정(질서, 급부)	① 권력행정 ② 비권력행정	① 공법상 행정 ② 사법상 행정	① 수익적 행정 ② 침익적 행정 ③ 복효적 행정

3. 내용에 의한 분류

질서행정	공공의 안녕과 질서를 유지하기 위한 행정 예 교통정리, 영업규제, 전염병 예방활동 등
급부행정	① 국민 전체에 대한 일반적인 생활배려와 개개의 시민에 대한 급부의 보장을 통해 사회 국가원리를 실현하는 행정 예 생존배려행정, 사회보장행정, 조성행정 등 ② 급부행정은 공법적인 방식 외에 사법적인 방식으로도 이루어짐 ^{기출}
유도행정	규제·지원 등의 조치에 의해 사회·경제·문화생활 등을 일정한 방향으로 유도하고 개선하기 위한 행정
계획행정	일정한 목적을 달성하기 위하여 국가와 사회의 제반 작용을 미리 계획·형성하는 행정
공과행정	행정주체가 필요한 재원을 마련하기 위해 부과하는 조세 및 기타의 공과금을 징수하고 관리하는 행정
조달행정	행정목적의 수행에 필요한 인적 및 물적 수단을 취득하고 관리하는 행정 예 공무원의 임용, 토지수용, 국유재산의 관리 및 사무용품의 구입 등

02 행정법의 특질

01 행정법의 의의

「행정」에 관한 「국내」 「공법」

사법(私法)은 행정법에 속하지 않는다.

국제법은 원칙적 행정법의 법원성이 부정된다. 단, 헌법에 의하여 체결·공포된 조약과 일반적으로 승인된 국제법규는 국내법과 같은 효력을 가진다.

02 헌법과 행정법의 관계

과거(O. Mayer)	
"헌법은 변해도 행정법은 변하지 않는다."	헌법변화에 대한 행정법의 무감수성 강조
오늘날(F. Werner)	
"헌법이 변하면 행정법도 변한다."	① 행정법의 헌법에 대한 종속성을 강조 ② 행정법은 헌법의 구체화법

✎ 헌법에 대한 예외되는 국가작용은 존재하지 않는다. 국가작용의 위헌성 심사는 국민의 기본권침해 여부로 판단한다. 국민의 기본권을 침해할 수 있는 어떤 국가작용도 인정되지 않는다.

03 행정법의 특질

규정 형식상	성문성, 다양성, 단일법전의 부존재 ^{기출}
규정 성질상	① 획일성, 기술·수단성, 집단·평등성 ∴ 주로 **강행규정성** ↔ 사법 : 주로 **임의규정** ② 강행법규 중 주로 **명령규정성**(단속규정성) ↔ 사법 : 주로 효력규정성 ③ 주로 행위규정성 ↔ 사법 : 주로 재판규범성 ④ 행정주체의 재량성 인정
규정 내용상	행정주체의 우위성, 공익우선성

03 법치행정

01 법치행정의 원칙

> **행정기본법 제8조 【법치행정의 원칙】** 행정작용은 법률에 위반되어서는 아니 되며, 국민의 권리를 제한하거나 의무를 부과하는 경우와 그 밖에 국민생활에 중요한 영향을 미치는 경우에는 법률에 근거하여야 한다.

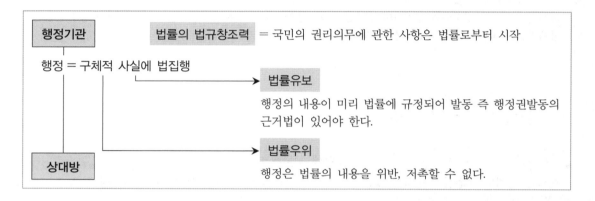

02 법률우위와 법률유보의 범위

① 법률우위의 대상은 모든 행정(사법형식의 행정 포함)이지만, 법률유보의 대상은 모든 행정이 법률의 근거를 요하는 것은 아니다. 기출
② 법률우위에서 말하는 법률은 국회가 제정하는 형식적 의미의 법률뿐만 아니라 불문법을 포함한 모든 법규를 의미한다. 기출
③ 법률유보의 대상되는 행정의 범위에 대해서는 본질사항유보설이 다수설과 판례의 입장이다.

✦ **본질사항 인정 여부에 대한 판례**

본질사항 긍정	① 교육에 관한 기본정책 또는 기본방침 ② 「토지초과이득세법」상의 기준시가 ③ 취득세 중과세 대상되는 고급주택과 고급오락장의 범위 ④ 납세의무자에게 신고의무까지 부과하는 경우에는 신고의무 이행에 필요한 기본적인 사항과 신고의무 불이행 시 입게 될 불이익 ⑤ 교통안전분담금의 분담방법 및 분담비율 ⑥ 텔레비전방송수신료 납부의무자의 범위와 수신료금액 ^{기출} ⑦ 「법인세법」상 특별부가세의 과세대상의 범위 ⑧ 병의 복무기간 ⑨ 지방의회의원에 대하여 유급보좌인력을 두는 것 ⑩ 살수차 사용요건이나 기준 ⑪ 도시환경정비사업시행인가 신청 시의 토지 등 소유자의 동의 요건(헌법재판소) ^{기출}
본질사항 부정	① 교육에 관한 기본정책 또는 기본방침을 제외한 세부적 시행사항(중학교 의무교육실시 시기 등) ② 국가유공자단체의 대의원 선출에 관한 사항 ③ 수신료 징수업무를 한국방송공사가 직접 수행할 것인지 제3자에게 위탁할 것인지 ④ 주택재개발 사업시행인가 신청에 필요한 토지 등 소유자의 동의 요건(대법원)

지문식 판례

① 법률유보원칙은 단순히 행정작용이 법률에 근거를 두기만 하면 충분한 것이 아니라, 국민의 기본권 실현과 관련된 영역에 있어서는 국민의 대표자인 입법자가 그 본질적 사항에 대해서 스스로 결정하여야 한다는 요구까지 내포하고 있다.
② 우리 「헌법」 제40조의 의미는 적어도 국민의 권리와 의무의 형성에 관한 사항을 비롯하여 국가의 통치조직과 작용에 관한 기본적이고 본질적인 사항은 반드시 국회가 정하여야 한다는 것이다.
③ 규율대상이 기본권적 중요성을 가질수록 그리고 그에 관한 공개적 토론의 필요성 내지 상충하는 이익간 조정의 필요성이 클수록, 그것이 국회의 법률에 의해 직접 규율될 필요성 및 그 규율밀도의 요구정도는 그만큼 더 증대되는 것으로 보아야 한다.
④ 법률유보란 '법률에 근거한 규율'을 뜻하는 것이므로 법률에 근거한 이상 법규명령에 위임하여 법규명령에 의한 기본권 제한도 가능하다. ^{기출}
⑤ 자치법적 사항을 위임하는 경우 포괄위임이 가능하지만[포괄위임금지원칙 적용(×)], 국민의 권리·의무에 관한 본질적 사항은 국회가 정하여야 한다.

04 통치행위

01 통치행위 요점 정리

개념상 특성	① 고도의 정치적·군사적 성격의 국가작용 ② 사법심사의 대상에서 제외 [기출] ③ 판결이 있는 경우에도 집행이 곤란
제도적 전제	① 실질적 법치주의 확립 ② 행정소송사항의 개괄주의 채택 ③ 국가작용에 대한 사법심사제도의 발달
행위주체와 판단주체	① 행위주체 － 대통령 또는 국회[사법부(×)] ② 사법부에 의한 통치행위는 인정(×) ③ 통치행위 해당 여부에 대한 판단주체는 오로지 사법부만 가능 [기출]
통치행위의 한계	① 「헌법」상의 일반원칙과 명문규정에 저촉될 수 없음 ② 국회나 국민의 비판으로부터 자유로울 수 없음

02 지문식 판례 정리

지문식 판례

| 대법원 |

① 대통령의 비상계엄선포나 확대행위는 통치행위이다(고도의 정치적·군사적 성격). [기출]
② 비상계엄의 선포나 확대가 국헌문란의 목적을 달성하기 위하여 행하여진 경우에는 법원은 그 자체가 범죄행위에 해당하는지의 여부에 관해 심사할 수 있다.
③ 남북정상회담 개최행위의 당부는 고도의 정치적 성격의 행위로 원칙적 사법심사의 대상이 되지 않는다. [기출]
④ 남북정상회담 개최과정에서 북한 측에 사업권의 대가명목으로 송금한 행위는 사법심사가 가능하다. [기출]
⑤ 서훈취소는 이미 발생된 서훈대상자 등의 권리 등에 영향을 미치는 행위로서 사법심사의 필요성이 크다는 점에서 사법심사를 자제하여야 할 고도의 정치성을 띤 행위라고 볼 수는 없다. [기출]

헌법재판소

① 고도의 정치적 결단에 의한 행위로서 그 결단을 존중하여야 할 필요성이 있는 행위라는 의미의 이른바 통치행위의 개념을 인정할 수 있다.

② 고도의 정치적 결단에 의해 행해지는 국가작용이라 할지라도 그것이 국민의 기본권침해와 직접 관련되는 경우에는 헌법재판소의 심판대상이 된다.

③ 대통령의 특별사면행위는 국가원수의 고유한 권한으로 사법부의 판단을 변경하는 제도로서 권력분립의 원리에 대한 예외가 된다. ^{기출}

④ 대통령의 특별사면에 관하여 일반국민의 지위에서 헌법소원의 심판청구는 자기관련성과 직접성을 결여하여 부적법하다. ^{기출}

⑤ 이라크 파병결정은 그 성격상 국방 및 외교에 관련된 고도의 정치적 결단을 요하는 문제로서 대통령과 국회의 판단은 존중되어야 하고 헌법재판소가 사법적 기준만으로 이를 심판하는 것은 자제되어야 한다.

⑥ 수도이전 문제를 국민투표에 부칠지 여부에 대한 대통령의 의사결정이 국민의 기본권침해와 직접 관련되는 경우에는 헌법재판소의 심판대상이 될 수 있고, 이와 관련된 법률도 헌법재판소의 심판대상이 된다.

05 행정법의 법원

> **행정기본법 제2조【정의】** 이 법에서 사용하는 용어의 뜻은 다음과 같다.
> 1. "법령등"이란 다음 각 목의 것을 말한다.
>   가. 법령: 다음의 어느 하나에 해당하는 것
>   1) 법률 및 대통령령·총리령·부령
>   2) 국회규칙·대법원규칙·헌법재판소규칙·중앙선거관리위원회규칙 및 감사원규칙
>   3) 1) 또는 2)의 위임을 받아 중앙행정기관(「정부조직법」 및 그 밖의 법률에 따라 설치된 중앙행정기관을 말한다. 이하 같다)의 장이 정한 훈령·예규 및 고시 등 행정규칙
>   나. 자치법규: 지방자치단체의 조례 및 규칙

01 국내법과 국제법의 관계

> **대한민국헌법 제6조** ① 헌법에 의하여 체결·공포된 조약과 일반적으로 승인된 국제법규는 국내법과 같은 효력을 가진다.

지문식 판례

① 남북관계사이의 합의는 조약으로 볼 수 없다(남북 사이의 화해와 불가침 및 교류협력에 관한 합의서). [기출]
② 헌법에 의해 체결·공포된 조약은 별도의 국내시행법령이 없더라도 국내에 적용된다.
③ 「관세 및 무역에 관한 일반협정」과 「정부조달에 관한 협정」은 국내법령과 동일한 효력을 가지므로 이에 위반하는 조례는 무효이다.
④ 사인이 「관세 및 무역에 관한 일반협정」의 위반을 이유로 직접 국내법원에 회원국 정부를 상대로 그 처분의 취소를 구하는 소를 제기할 수 없다(반덤핑부과처분이 WTO협정에 위반된다고 주장).
⑤ 헌법에 의해 체결·공포된 조약과 일반적으로 승인된 국제법규의 위헌성 심사는 헌법재판소의 전속관할에 속한다.

02 관습법

성립요건	① 행정관행의 계속적·반복적 존재 ② 법적인 확신의 존재 ③ 국가승인 여부 - 불요설(다수설·판례)
종류	① 행정청의 관행 - 행정선례법(「국세기본법」과 「행정절차법」에 인정의 근거) ② 국민들의 관행 - 민중관습법
효과	① 보충적 효력설(다수설·판례) ② 개폐적 효력설

국세기본법 제18조【세법 해석의 기준 및 소급과세의 금지】 ③ 세법의 해석이나 국세행정의 관행이 일반적으로 납세자에게 받아들여진 후에는 그 해석이나 관행에 의한 행위 또는 계산은 정당한 것으로 보며, 새로운 해석이나 관행에 의하여 소급하여 과세되지 아니한다.

행정절차법 제4조【신의성실 및 신뢰보호】 ② 행정청은 법령등의 해석 또는 행정청의 관행이 일반적으로 국민들에게 받아들여졌을 때에는 공익 또는 제3자의 정당한 이익을 현저히 해칠 우려가 있는 경우를 제외하고는 새로운 해석 또는 관행에 따라 소급하여 불리하게 처리하여서는 아니 된다.

지문식 판례

① 비과세관행이 성립하려면, 과세관청 자신이 그 사항에 관하여 과세할 수 있음을 알면서도 어떤 특별한 사정 때문에 과세하지 않는다는 의사가 있어야 한다.
② 비과세의 사실상태가 장기간에 걸쳐 계속된 경우에 그것이 과세관청의 묵시적인 의사표시로 볼 수 있는 경우에는 이를 국세행정의 관행이라고 인정할 수 있다.
③ 비과세관행은 특정 납세자가 아닌 불특정한 일반의 납세자에게 이의 없이 받아들여지고 납세자가 이를 신뢰하는 것이 무리가 아니라고 인정될 정도에 이른 경우에 적용된다.
④ 착오에 의한 비과세관행은 국세행정의 관행으로 되었다 할 수 없다.
⑤ 대한민국의 수도가 서울이라는 것은 관습헌법이다. ∴ 법률로서 변경할 수 없다.
⑥ 관습법도 헌법소원의 대상으로 위헌심사를 헌법재판소가 할 수 있다(헌법재판소).
⑦ 사실인 관습은 관습법으로서 효력이 없는 단순사실상의 관행으로 행정법의 법원성이 부정된다. ^{기출}

03 판례의 법원성

법원조직법 제8조【상급심 재판의 기속력】 상급법원의 재판에 있어서의 판단은 해당 사건에 관하여 하급심을 기속한다.

헌법재판소법
제47조【위헌결정의 효력】 ① 법원의 위헌결정은 법원과 그 밖의 국가기관 및 지방자치단체를 기속한다.
② 위헌으로 결정된 법률 또는 법률의 조항은 그 결정이 있는 날부터 효력을 상실한다.

제67조【결정의 효력】 ① 헌법재판소의 권한쟁의심판의 결정은 모든 국가기관과 지방자치단체를 기속한다.
② 국가기관 또는 지방자치단체의 처분을 취소하는 결정은 그 처분의 상대방에 대하여 이미 생긴 효력에 영향을 미치지 아니한다.

지문식 판례

① 판례가 사안이 서로 다른 사건을 재판하는 하급심법원을 직접 기속하는 효력이 있는 것은 아니다. [기출]
② 헌법재판소의 위헌결정의 효력은 위헌결정 이후에 같은 이유로 제소된 일반사건에도 미친다.

행정법의 일반원칙

01 비례의 원칙

1. 의의

특정한 행정목적을 달성하기 위해 일정한 수단을 동원함에 있어서 달성하고자 하는 목적과 수단 사이에 상당한 균형관계가 있어야 한다. 헌법 제37조 제2항을 근거로 한다. ^{기출}

2. 「행정기본법」상 비례원칙

> **행정기본법 제10조【비례의 원칙】** 행정작용은 다음 각 호의 원칙에 따라야 한다.
> 1. 행정목적을 달성하는 데 유효하고 적절할 것
> 2. 행정목적을 달성하는 데 필요한 최소한도에 그칠 것
> 3. 행정작용으로 인한 국민의 이익 침해가 그 행정작용이 의도하는 공익보다 크지 아니할 것

02 평등의 원칙

> **행정기본법 제9조【평등의 원칙】** 행정청은 합리적 이유 없이 국민을 차별하여서는 아니 된다.

1. 심사기준

평등권의 침해 여부에 대한 심사는 그 심사기준에 따라 자의금지원칙에 의한 심사와 비례의 원칙에 의한 심사로 크게 나누어 볼 수 있다(헌재 2006. 2. 23. 2004헌마675 · 981 · 1022 병합).

2. 평등원칙 위반 여부에 대한 판례

평등원칙 위반인 경우 (위법)	① 지방의회가 조례로써 지방의회에 출석요구를 받고도 정당한 이유 없이 불출석하는 자에게 직급에 따라 차등적으로 과태료를 부과한 것 ② 동일한 징계사유에 해당하는 공무원 중 1인에게만 파면처분을 하고 나머지 3명은 견책처분한 경우 ③ 해외근무자들의 자녀를 대상으로 한 특별전형에서 외교관, 공무원의 자녀에 대하여만 획일적으로 과목별 실제취득점수에 20퍼센트의 가산점을 부여하여 합격 사정을 하는 것 ④ 지방조직 개편지침의 일환으로 청원경찰의 인원감축을 위한 면직처분대상자를 선정함에 있어서 초등학교 졸업 이하 학력소지자 집단과 중학교 중퇴 이상 학력소지자 집단으로 나누어 각 집단별로 같은 감원비율 상당의 인원을 선정한 것 ⑤ 국·공립학교의 채용시험에 국가유공자와 그 가족이 응시하는 경우 만점의 10퍼센트를 가산하는 경우
평등원칙 위반이 아닌 경우	① 유예기간 없이 개인택시운송사업면허기준을 변경하고 그에 기하여 한 행정청의 면허신청접수거부처분 ② 같은 정도의 비위를 저지른 자들 사이에서도 그 개전의 정이 있는지 여부에 따라 징계의 종류의 선택과 양정을 달리한 경우

03 자기구속의 원칙

「행정기본법」에 명문으로 규정하고 있지 않다.

적용영역	① 재량행위 영역 ② 재량준칙(행정규칙)의 적법성 → 위법은 시정의 대상, 평등원칙 적용 부정 ③ 반복 적용한 선례의 존재 → 재량준칙의 공포만으로 인정되지 않음 ^{기출} ④ 동종 사안일 것
대법원	① 특별한 사유 없이 행정청이 처분기준을 따르지 아니하고 특정한 개인에 대하여만 위 처분기준을 과도하게 초과하는 처분을 한 경우 재량권의 한계를 일탈하였다고 볼 만한 여지가 충분하다. ② 착오를 수정한 조치를 가리켜 신뢰보호의 원칙에 위배된다거나 행정의 자기구속의 법리에 반하는 것이라고도 할 수 없다.
헌법재판소	행정규칙이 일반적으로 대외적인 구속력을 갖는 것은 아니지만 그 규칙에 따라야 할 자기구속을 당하게 되는 경우 대외적인 구속력을 가진다.

지문식 판례

① 행정규칙이 일반적으로 대외적인 구속력을 갖는 것은 아니지만, 재량권 행사의 준칙인 규정이 그 정한 바에 따라 되풀이 시행되어 행정관행이 이룩하게 되어 평등의 원칙이나 신뢰보호의 원칙에 따라 행정기관이 그 상대방에 대한 관계에서 그 규칙에 따라야 할 자기 구속을 당하게 되는 경우에는 대외적인 구속력을 가진다 (헌재 1990. 9. 3. 90헌마13). ^{기출}

② 재량권 행사의 준칙인 행정규칙이 그 정한 바에 따라 되풀이 시행되어 행정관행이 이루어지게 되면 평등의 원칙이나 신뢰보호의 원칙에 따라 행정기관은 그 상대방에 대한 관계에서 그 규칙에 따라야 할 자기구속을 받게 되므로, 이러한 경우에는 특별한 사정이 없는 한 그를 위반하는 처분은 평등의 원칙이나 신뢰보호의 원칙에 위배되어 재량권을 일탈·남용한 위법한 처분이 된다(대판 2009. 12. 24. 2009두7967).

③ 위법한 행정처분이 수차례에 걸쳐 반복적으로 행하여졌다 하더라도 그러한 처분이 위법한 것인 때에는 행정청에 대하여 자기구속력을 갖게 된다고 할 수 없다(대판 2009. 6. 25. 2008두13132). ^{기출}

04 신뢰보호의 원칙

행정기본법 제12조【신뢰보호의 원칙】 ① 행정청은 공익 또는 제3자의 이익을 현저히 해칠 우려가 있는 경우를 제외하고는 행정에 대한 국민의 정당하고 합리적인 신뢰를 보호하여야 한다.
② 행정청은 권한 행사의 기회가 있음에도 불구하고 장기간 권한을 행사하지 아니하여 국민이 그 권한이 행사되지 아니할 것으로 믿을 만한 정당한 사유가 있는 경우에는 그 권한을 행사해서는 아니 된다. 다만, 공익 또는 제3자의 이익을 현저히 해칠 우려가 있는 경우는 예외로 한다.

성립요건	행정청의 선행조치 관련 주요판례 정리
행정청의 선행조치	① 신뢰보호의 대상이 되는 행정기관의 선행조치에는 법률·규칙·처분·합의·확약·행정지도를 비롯한 모든 행정작용이 해당 ^{기출} ② 행정청의 공적 견해표명은 반드시 행정조직상의 형식적인 권한분장에 구애될 것은 아니고 실질에 의하여 판단되어야 함(기능적 의미) ③ 선행조치는 적극적 행위인가 소극적 행위인가를 가리지 않으며, 명시적 행위인가 묵시적 행위인가도 가리지 않음 ^{기출} ④ 적법한 행정행위인가, 위법한 행정행위인가도 가리지 않지만 무효행위는 신뢰의 대상이 되지 않음

	공적 견해표명 인정판례	공적 견해표명 부정판례
선행조치	① 토지거래허가 담당공무원의 토지형질변경이 가능하다는 견해표명 ② 폐기물처리사업계획서 적정통보는 폐기물처리업허가에 대한 공적 견해표명 ③ 대통령의 담화와 이에 따른 국방부장관의 삼청교육 관련 피해자들에 대한 피해보상 공고는 신뢰보호의 대상이 됨 ④ 구 「지방세법」에 정한 '기술진흥단체'인지 여부에 관한 질의에 대해 건설교통부장관과 내무부장관이 비과세의견으로 회신한 경우 '기술진흥단체'에 해당한다는 공적 견해표명에 해당 ⑤ 보건복지부장관의 '의료취약지 병원설립 운영자 신청공고'를 하면서 국세 및 지방세를 비과세하겠다고 발표한 것은 지방세 비과세의 공적 견해표명에 해당	① 단순한 과세누락은 비과세의 공적 견해표명으로 볼 수 없음 ② 실제의 공원구역과 다르게 경계측량 및 표지를 설치한지 십수년 후 착오를 발견하여 지형도를 수정한 조치는 신뢰보호에 위배되지 않음 기출 ③ 문화관광부장관의 지방자치단체장에 대한 회신은 사인의 신뢰이익을 보호하기 위한 공적 견해표명에 해당되지 않음 ④ 직권에 의한 과태료재판은 신뢰보호의 원칙 적용대상이 되지 않음 ⑤ 총무과 민원팀장에 불과한 공무원이 민원봉사차원에서 상담에 응하여 안내한 것 ⑥ 추상적 질의에 대한 과세관청의 일반론적인 견해표명 ⑦ 면세사업자등록증의 교부는 비과세관행에 대한 공적 견해표명으로 볼 수 없음 ⑧ 「개발이익환수에 관한 법률」에 저촉되지 않는다는 통보는 동법상 개발부담금 부과대상이 아니라는 공적 견해표명을 한 것으로 볼 수 없음 ⑨ 폐기물처리업 사업계획에 대한 적정통보는 토지에 대한 형질변경신청을 허가한다는 공적 견해표명이 아님 ⑩ 「폐기물관리법」상 폐기물처리사업계획적정통보는 「국토계획법」상 국토이용계획승인의 공적 견해표명이 아님 ⑪ 당초 정구장 시설을 설치한다는 도시계획결정은 토지구입자에게 정구장 사업을 할 수 있게 해주겠다는 공적 견해표명으로 볼 수 없음 ⑫ 헌법재판소의 위헌결정 ⑬ 행정청이 용도지역을 자연녹지지역으로 결정한 것만으로는 그 후 용도지역을 보전녹지지역으로 변경하지 않겠다는 공적 견해표명이라고 볼 수 없음

	⑭ 국회에서 법률안을 심의하거나 의결한 사정은 법률로 확정되지 않은 이상 신뢰보호 대상 부정
보호가치 있는 신뢰	① 선행조치의 하자에 대한 상대방 등 관계자의 부정행위가 없을 것 ② 하자가 있음을 알았거나 중대한 과실로 알지 못한 경우 신뢰보호 부정 ③ 귀책사유 유무는 관계자 모두를 기준으로 판단 [기출] [수임인인 건축사의 중과실을 건축허가의 상대방인 건축주(위임자)의 귀책사유로 인정]
신뢰에 기초한 개인의 조치	신뢰보호의 원칙은 행정기관의 행위의 존속에 대한 신뢰 자체를 보호하는 것이 목적이 아닌 행정기관의 조치를 믿고 따른 사인을 보호하기 위한 것이므로 단지 믿은 것만으로는 부족함
선행조치에 반하는 후행조치	① 동일한 사유에 관해 보다 무거운 면허취소처분을 하기 위하여 이미 행하여진 가벼운 면허정지처분을 취소하는 것은 허용되지 않음 ② 과세처분이 위법하여 취소판결이 난 경우 납세자에게 불리한 재처분을 할 수 없다는 국세행정관행이 존재한다고 볼 수 없음

신뢰보호의 원칙의 한계와 위반의 효과

신뢰보호의 한계	① 행정의 법률적합성의 원칙과 관계: 선행조치의 변경으로 달성하려는 공익과 행정작용의 존속에 대한 개인의 신뢰보호라는 사익을 비교형량해야 함(이익형량설) ② 사정변경: 공적인 의사표명이 있은 후에 사실적·법률적 상태가 변경되었다면, 행정청의 별다른 의사표시를 기다리지 않고 실효됨 [기출] ③ 제3자의 정당한 이익: 제3자의 이익을 고려하여 판단, 개인의 신뢰보호가 절대적인 것은 아님 ④ 무효인 처분: 신뢰보호의 대상이 되지 않음
위반의 효과	① 선행조치에 반하는 후행조치는 위법 ② 선행조치에 대한 존속보호를 원칙으로 예외적 보상보호

05 실권의 법리

판례

① 택시운전사가 운전면허 정지기간 중의 운전행위를 하다가 적발되어 형사처벌을 받았으나 행정청으로부터 아무런 행정조치가 없어 안심하고 계속 운업무에 종사하던 중 3년여가 지나서 이를 이유로 운전면허를 취소하는 행정처분을 하였다면 신뢰보호의 원칙에 반한다(대판 1987. 9. 8. 87누373).
② 자동차운수사업법 제31조 제1항 제5호 소정의 "중대한 교통사고"를 이유로 사고로부터 1년 10개월 후 사고 택시에 대하여 한 운송사업면허의 취소가 재량권을 일탈·남용했다 볼 수 없다(대판 1989. 6. 27. 88누6283).
③ 행정서사업무허가를 행한 뒤 20년이 다 되어 허가를 취소하였더라도, 그 취소사유를 행정청이 모르는 상태에 있다가 취소처분이 있기 직전에 알았다면, 실권의 법리가 적용되지 않고 그 취소는 정당하다(대판 1988. 4. 27. 87누915).

06 부당결부금지의 원칙

행정기본법 제13조【부당결부금지의 원칙】 행정청은 행정작용을 할 때 상대방에게 해당 행정작용과 실질적인 관련이 없는 의무를 부과해서는 아니 된다.

1. 실질적 관련성

① 주택사업계획승인을 하면서 그 주택사업과는 아무런 관련이 없는 토지를 기부채납하도록 하는 부관을 주택사업계획승인에 붙인 것은 부당결부금지에 반해 위법하다. 기출
② 주택사업계획을 승인하면서 입주민이 주로 이용하는 진입도로의 개설 또는 확장, 공원부지, 학교부지의 조성과 함께 그 기부채납의무를 지게 하는 것은 부당결부금지에 반하지 않는다.

2. 복수의 운전면허에 대한 취급

✔ **전부취소**
① 제1종 보통면허로 운전할 수 있는 차량을 운전면허정지기간 중에 운전한 경우에 이와 관련된 면허인 제1종 대형면허와 원동기장치자전거면허까지 취소할 수 있다.
② 제1종 대형운전면허로 운전할 수 있는 차량을 음주운전한 경우에는 이와 관련된 제1종 보통운전면허까지 취소할 수 있다.

✔ 일부취소

① 이륜자동차로서 제2종 소형면허를 가진 사람만이 운전할 수 있는 오토바이를 음주운전한 사유로 제1종 대형면허나 보통면허를 취소·정지하는 것은 부당결부금지의 원칙에 반한다.

② 제1종 특수·대형·보통면허의 소지자가 특수면허로만 운전할 수 있는 차량(레커크래인)으로 음주운전한 경우 제1종 보통면허나 대형면허에 대한 취소사유는 되지 아니한다.

07 성실의무 및 권한남용금지

행정기본법 제11조【성실의무 및 권한남용금지의 원칙】 ① 행정청은 법령등에 따른 의무를 성실히 수행하여야 한다.

② 행정청은 행정권한을 남용하거나 그 권한의 범위를 넘어서는 아니 된다.

07 행정법의 효력

01 시간적 효력

1. 효력발생시기

① 특별한 규정이 없는 경우 행위 시의 법령에 따르는 것이 원칙
② 성립 후 공포에 의해 효력발생

> ┌ 법령에 특별한 효력발생 규정이 있는 경우 규정에 의함
> └ 법령에 특별한 규정이 없는 경우 ┬ ① 공포한 날로부터 20일 경과(공포한 날 = 관보나 신문이 발행된 날)^{기출}
> └ ② 국민의 권리제한·의무부과에 관한 규정은 적어도 30일 경과 후 시행

2. 법령의 공포

공포방법	관보 게재	헌법개정, 법률, 조약, 대통령령, 총리령, 부령은 관보에 게재
	국회의장의 공포	서울특별시에서 발행되는 일간신문 2 이상에 게재
	조례, 규칙	① 지방자치단체의 공보에 게재[인터넷(×)] ② 지방의회의장이 공포 시 공보, 일간신문, 게시판에 게재[인터넷(×)]
관보		① 종이관보와 전자관보(공보도 동일) ② 종이관보와 전자관보는 동일한 효력을 가짐

> **행정기본법 제7조 【법령등 시행일의 기간 계산】** 법령등(훈령·예규·고시·지침 등을 포함한다. 이하 이 조에서 같다)의 시행일을 정하거나 계산할 때에는 다음 각 호의 기준에 따른다.
> 1. 법령등을 공포한 날부터 시행하는 경우에는 공포한 날을 시행일로 한다.
> 2. 법령등을 공포한 날부터 일정 기간이 경과한 날부터 시행하는 경우 법령등을 공포한 날을 첫날에 산입하지 아니한다.
> 3. 법령등을 공포한 날부터 일정 기간이 경과한 날부터 시행하는 경우 그 기간의 말일이 토요일 또는 공휴일인 때에는 그 말일로 기간이 만료한다.

① 법령이 변경된 경우 특별한 규정이 없는 한 그 변경 전에 발생한 사항에 대하여는 변경 후의 신법령이 아니라 변경 전의 구법령이 적용되어야 한다.
② 행정처분의 부담이 그 당시 법령을 기준으로 적법한 경우 근거법이 개정됨으로써 행정청이 더 이상 부담을 붙일 수 없게 되었다고 하여 곧바로 위법하거나 효력이 소멸하는 것이 아니다.
③ 법령개정의 동기가 위헌적 요소를 없애려는 반성적 고려에서 이루어진 경우 예외적 개정법령을 적용해야 한다.

3. 법 적용의 기준

행정기본법 제14조【법 적용의 기준】① 새로운 법령등은 법령등에 특별한 규정이 있는 경우를 제외하고는 그 법령등의 효력 발생 전에 완성되거나 종결된 사실관계 또는 법률관계에 대해서는 적용되지 아니한다.
② 당사자의 신청에 따른 처분은 법령등에 특별한 규정이 있거나 처분 당시의 법령등을 적용하기 곤란한 특별한 사정이 있는 경우를 제외하고는 처분 당시의 법령등에 따른다. [기출]
③ 법령등을 위반한 행위의 성립과 이에 대한 제재처분은 법령등에 특별한 규정이 있는 경우를 제외하고는 법령등을 위반한 행위 당시의 법령등에 따른다. 다만, 법령등을 위반한 행위 후 법령등의 변경에 의하여 그 행위가 법령등을 위반한 행위에 해당하지 아니하거나 제재처분 기준이 가벼워진 경우로서 해당 법령등에 특별한 규정이 없는 경우에는 변경된 법령등을 적용한다. [기출]

4. 소급입법금지의 원칙

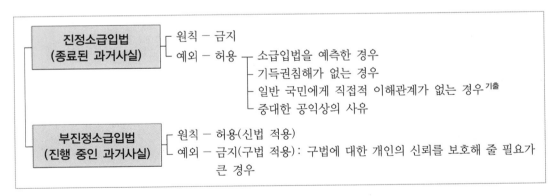

지문식 판례

① '친일재산은 그 취득·증여 등 원인행위 시에 국가의 소유로 한다.'고 정한 「친일반민족행위자 재산의 국가귀속에 관한 특별법」 제3조 제1항의 규정은 진정소급입법에 해당하지만 헌법에 위반되지 않는다.

② 과세표준기간인 과세연도 진행 중에 세율인상 등 납세의무를 가중하는 세법의 제정이 있는 경우에는 이미 충족되지 아니한 과세요건을 대상으로 하는 강학상 이른바 부진정소급효의 경우이므로 그 과세연도 개시 시에 소급적용이 허용된다.

③ 소관 행정청이 허가신청을 수리하고도 정당한 이유 없이 처리를 늦추어 그 사이에 법령 및 허가기준이 변경된 것이 아닌 한 새로운 법령 및 허가기준에 따라서 한 불허가처분이 위법하다고 할 수 없다.

5. 효력소멸시기

한시법이 아닌 경우	① 신법에 의한 구법의 폐지, 헌법재판소의 위헌결정, 규율관계의 영속적 종결 등 ② 개정법률이 전문개정인 경우에는 기존 법률을 폐지하고 새로운 법률을 제정하는 것과 마찬가지, 종전의 본칙·부칙·부칙의 경과규정까지 모두 소멸
한시법의 경우	그 기한의 도래로 실효

02 지역적 효력

1. 원칙

법률과 명령은 대한민국 영토 내에서, 지방자치단체의 조례와 규칙은 당해 지방자치단체 관할구역 내에서 효력을 갖는다.

2. 예외

법률이나 명령이 일부지역에만 적용되는 경우와, 조례가 다른 지방자치단체의 구역에 적용되는 경우도 있다. 기출

03 대인적 효력

1. 속지주의

영토 내 모든 사람(외국인 포함)에게 적용되며, 외국인에 대하여 특칙을 두거나 상호주의가
적용될 수 없다. 기출

2. 속인주의

외국에 있는 내국인에게도 적용된다.

08 공법관계와 사법관계의 구별

구분	공법관계	사법관계
재산관계	① 국유일반재산 무단점유자에 대한 변상 금부과 기출 ② 귀속재산불하처분 ③ 행정재산의 목적 외 사용허가 ④ 행정재산의 사용·수익허가 관계 (허가, 취소, 사용료부과, 신청거부) ⑤ 기부채납 받은 행정재산의 사용·수익 허가 기출 ⑥ 국립의료원 부설주차장에 관한 위탁관 리용역운영계약(행정재산의 사용·수익 허가로서 강학상 특허)	① 국유일반재산 매각행위 ② 국유일반재산(국유림) 대부행위 및 대 부료의 납입고지 기출 ③ 국유재산불하 ④ 폐천부지 양여행위 ⑤ 국유광업권 매각 ⑥ 기부채납 받은 공유재산을 무상으로 기부자에게 사용을 허용하는 행위 ⑦ 행정재산 무상 사용·수익허가를 받은 자의 전대행위(사법상 임대차)
근무관계	① 농지개량조합과 직원의 근무관계 ② 국가나 지방자치단체에 근무하는 청원 경찰의 근무관계 기출 ③ 지방자치단체와 그 소속 지방소방공무 원의 근무관계 ③ 국·공립유치원 전임교사의 근무관계 ④ 도시재개발조합의 조합원 지위확인 ⑤ 행정주체인 재건축조합을 상대로 관리 처분계획안에 대한 조합총회결의의 효 력을 다투는 것 ⑥ 공무원연금관리공단의 퇴직공무원에 대 한 급여결정	① 한국조폐공사 직원의 근무관계 ② 종합유선방송위원회 직원의 근무관계 ③ 서울특별시지하철공사의 임원과 직원의 근무관계 ④ 한국마사회의 기수면허부여 또는 취소 기출 ⑤ 교직원의료보험관리공단직원의 근무관계 ⑥ 창덕궁 비원 안내원들의 근무관계 ⑦ 재개발조합과 조합장 또는 조합임원 사 이의 선임·해임 등을 둘러싼 법률관계 기출

계약	① 서울특별시의 경찰국 산하 서울대공전술연구소 소장채용계약 ② 서울특별시 시립무용단원의 위촉·해촉 기출 ③ 광주시립합창단원에 대한 재위촉 ④ 공중보건의사 채용계약 ⑤ 행정청이 「국가를 당사자로 하는 계약에 관한 법률」에 근거해서 한 부정당업자 입찰참가자격제한(공권력 행사 처분) ⑥ 「공공기관의 운영에 관한 법률」 제39조에 근거한 입찰참가자격제한(공권력 행사 처분) ⑦ 중소기업 정보화지원사업에 따른 지원금 출연을 위한 협약	① 시의 물품구입계약 ② 사립학교 교원과 학교법인의 관계 ③ 공익사업을 위한 토지의 협의취득 기출 ④ 입찰보증금 국고귀속조치 ⑤ 공설시장 점포에 대한 시장의 사용허가 및 취소행위 ⑥ 한국전력공사 사장, 한국토지개발공사 사장, 수도권매립지관리공단이 내부 회계규정에 근거해서 한 부정당업자 입찰참가자격제한 ⑦ 국고수표 발행, 국가의 주식 매입, 국·공채 발행
공공서비스	① 전화요금 강제징수 ② 수도료의 부과·징수와 수도료의 납부관계 ③ 국립병원 강제입원	① 전화가입 계약·해지 ② 국공립병원의 유료입원 ③ 국영철도·지방자치단체지하철 운행사업 ④ 시영버스, 시영식당의 이용
권리	① 「공유수면매립법」상 손실보상청구권 ② 「하천법」상 준용하천의 제외지로 편입된 토지소유자의 손실보상청구권 ③ 「공익사업을 위한 토지 등의 취득 및 보상에 관한 법률」상 보상금증감청구소송 ④ 「공익사업을 위한 토지 등의 취득 및 보상에 관한 법률」 세입자에 대한 주거이전비보상 ⑤ 「부가가치세법」상 국가의 부가가치세 환급세액 지급관계 기출	① 무효인 과세처분에 기한 부당이득반환청구권 기출 ② 환매권 ③ 공유수면매립사업으로 인한 어업권침해에 대한 손실보상청구권(구 「수산업법」상 손실보상청구) ④ 「국가배상법」상 손해배상청구

09 행정법관계의 당사자

01 행정주체

1. 행정주체의 종류

행정청과 구별	행정주체	① 행정법관계에서 발생하는 법적 효과(권리·의무)가 궁극적 귀속되는 당사자 ② 당사자소송, 국가배상청구소송의 피고가 됨
	행정청	행정청은 권리·의무의 귀속주체가 아니므로 당사자능력이 없으나, 「행정소송법」상 예외적 항고소송의 피고적격 인정
종류	국가	시원적 행정주체의 지위발생, 행정청과 구별
	공공단체	지방자치단체, 공공조합, 공공재단, 영조물법인
	공무수탁사인	공행정 권한을 위탁받은 사인

2. 지방자치단체

종류	보통 지방자치단체	① 광역자치단체: 특별시·광역시·도·특별자치시·특별자치도 ② 기초자치단체: 시·군·구(특별시·광역시 소속의 구)
	특별 지방자치단체	지방자치단체 간에 설립한 조합
	지방자치단체 부정	① 자치구 아닌 행정구(인구 50만 이상의 시에 두는 구) ② 제주특별자치도에는 행정시만 둔다[제주시, 서귀포시는 자치시(×)]. ③ 읍·면·동·리
헌법소원 청구인적격		① 지방자치단체는 기본권의 주체가 아님(국민의 기본권을 보호할 의무를 질 뿐) ② 지방자치단체인 서울시의회는 헌법소원을 제기할 수 있는 청구인적격이 없음 ③ 지방자치단체도 소송의 당사자적격은 인정

3. 공무수탁사인의 법률관계

(1) 법률관계

공무수탁사인과 국가	공법상 위임관계	권리 : 공무수행권, 비용청구권	
		의무 : 직무이행의무, 법령준수의무, 주무관청의 감독을 받을 의무	
공무수탁사인과 국민	① 사인은 공무수탁사인을 상대로 항고소송 제기		
	② 공무수탁사인의 직무집행상의 불법행위에 대해 국가나 지방자치단체에 대해 국가배상청구		

(2) 공무수탁사인의 종류

공무수탁사인 긍정	공무수탁사인 부정
① 별정우체국장	① 공무집행에 자진협력하는 사인
② 선박의 선장	② 관공서 아르바이트 사인
③ 토지수용(공익사업) 사업자	③ 사고현장에서 경찰의 부탁에 의해 경찰을 돕는 자
④ 학위수여하는 사립대 총장	④ 자동차검사 대행자
⑤ 민영교도소	⑤ 사법상 계약에 의해 단순히 경영위탁을 받는 사인
⑥ 공증사무를 수행하는 공증인	⑥ 공의무부담사인
	⑦ 제한된 공법상 근무관계에 있는 자(**예** 국립대 시간강사)

지문식 판례

소득세 원천징수행위는 법령에서 규정된 징수 및 납부의무를 이행하기 위한 것에 불과한 것이지, 공권력의 행사로서의 행정처분을 한 경우에 해당되지 않고, 항고소송의 대상이 되지 않는다.

02 행정객체

1. 개인적 공권과 반사적 이익

개인적 공권	반사적 이익
법적으로 보호받는 이익	① 법적 보호되는 이익(×) ⇔ ② 행정작용(공익보호)의 반사적 효과
권리침해 시 행정쟁송에 의한 구제(○), 행정상 손해전보를 통해 손해배상 인정	권리침해 시 행정쟁송에 의한 구제(×), 즉 원고적격(×), 손해배상 인정(×)

2. 개인적 공권의 성립요건

강행법규에 의한 행위의무 존재	① 강행법규에 의한 행정주체에게 일정한 행위의무 부과 ② 강행법규는 형식적 법률 외에 법규명령, 일반원칙 등을 포함 ③ 행위의무는 작위의무뿐만 아니라 부작위·급부·수인의무 포함
강행법규의 사익보호성	강행법규에 의한 행위의무가 전적으로 공익목적만을 위한 것일 때 그 반사적 이익으로 개인의 이익은 보호받지 못함
의사관철력 (소구가능성)	① 궁극적 소송을 통해 권리를 관철시킬 수 있는 법적인 힘 ② 행정소송의 개괄주의하에서는 독자적 의의를 상실

3. 헌법상 기본권과 개인적 공권

구체적 권리성 인정	① 기본권인 경쟁의 자유 ② 구속된 피고인 또는 피의자의 접견권 ③ 정보공개를 구할 권리
구체적 권리성 부정	① 환경권 ② 각종 사회보장청구권(⑩ 의료보험수급권) ③ 근로자의 퇴직급여를 받을 권리 ④ 공무원의 연금수급권

4. 개인적 공권의 특성

(1) 특성

개인적 공권의 특성	① 권리이전·포기·위임·대리(비대체성)의 제한(생명·신체 침해로 인한 국가배상을 받을 권리는 양도하거나 압류하지 못함) ② 경제적·재산적 이익을 주로 하는 개인적 공권은 이전·포기가 가능(재산권 침해로 인한 국가배상청구권, 손실보상청구권, 공무원의 실비변상청구권)
권리보호의 특수성	① 국가적 보호와 특전(조세감면, 보조금지급) ② 행정쟁송에 의한 구제 ③ 공법상 손해전보

> ✅ **법률상 양도 및 압류가 금지되는 것**
> ① 「국민기초생활보장법」상 급여를 받을 권리
> ② 국민연금수급권
> ③ 공무원연금청구권
> ④ 「고용보험법」상 실업급여를 받을 권리
> ⑤ 생명ㆍ신체 침해로 인한 국가배상청구권
> ⑥ 국민건강보험급여수급권

(2) 법령상 권리의무의 승계

> **행정절차법 제10조【지위의 승계】** ① 당사자등이 사망하였을 때의 상속인과 다른 법령등에 따라 당사자등의 권리 또는 이익을 승계한 자는 당사자등의 지위를 승계한다.
> ② 당사자등인 법인등이 합병하였을 때에는 합병 후 존속하는 법인등이나 합병 후 새로 설립된 법인등이 당사자등의 지위를 승계한다.
> ④ 처분에 관한 권리 또는 이익을 사실상 양수한 자는 행정청의 승인을 받아 당사자등의 지위를 승계할 수 있다.

03 지문식 판례

지문식 판례

① 행정소송을 제기할 권리 당사자의 합의로 포기할 수 없다. ∴ 부제소특약은 무효이다.
② 「석탄산업법」상 재해위로금 청구권은 미리 포기할 수 없다.
③ 이행강제금 납부의무는 일신전속적 성격의 것으로 이행강제금을 부과받은 사람이 이행강제금 사건의 계속 중 사망한 경우 비송사건절차는 종료된다.
④ 과징금 납부의무는 상속의 대상이 된다.
⑤ 석유판매업의 양도인에게 그 허가를 취소할 위법사유가 있다면 양수인에게 허가취소가 가능하다.
⑥ 개인택시운송사업의 양도ㆍ양수에 대한 인가를 한 후, 그 양도ㆍ양수 이전에 있었던 양도인에 대한 운송사업면허취소사유를 들어 양수인의 사업면허를 취소할 수 있다.

제3자의 법률상 이익

경업자소송	법률상 이익	① 자동차운송사업의 노선연장인가에 대한 기존업자의 취소청구 ② 자동차증차인가에 대한 기존업자의 이익 ③ 시외버스의 시내버스로의 전환을 허용하는 운송사업계획인가처분에 대한 기존업자의 영업상 이익 ^{기출} ④ 동일한 사업구역 내의 동종의 사업용 화물자동차면허대수를 늘리는 보충인가처분에 대한 기존업자에게 취소를 구할 법률상 이익 ⑤ 분뇨 등 관련업 허가업자의 이익 ⑥ 약종상영업소 이전허가에 대한 기존업자의 취소청구 ⑦ 기존 주유소업자가 거리제한으로 얻은 이익 ⑧ 기존 일반담배소매업자가 거리제한으로 얻은 이익 ⑨ 주류제조면허업자의 영업상 이익
	반사적 이익	① 양곡가공업허가에 의해 양곡가공업자가 누리는 이익 ② 석탄가공업허가에 의해 석탄가공업자가 누리는 이익 ③ 숙박업 구조변경 허가처분을 받은 건물의 인근에서 여관을 경영하는 자의 숙박업 구조변경허가처분 ④ 기존 공중목욕장업자가 거리제한으로 받는 이익 ⑤ 무역거래법상의 수입제한·금지조치로 국내생산업체가 받는 이익 ⑥ 약사의 한약조제로 인한 기존한의사의 이익 ⑦ 유기장영업허가로 인한 기존업자의 이익 ⑧ 일반담배소매인의 구내담배소매인지정에 대한 이익 ⑨ 과징금 부과처분 취소재결에 대한 동종업자의 법률상 이익
경원자소송	법률상 이익	① 인·허가 등의 수익적 행정처분을 신청한 수인이 서로 경쟁관계에 있어서 일방에 대한 허가 등의 처분이 타방에 대한 불허가 등으로 귀결될 수밖에 없는 때에는 면허나 인·허가 등의 행정처분을 받지 못한 사람 등은 비록 경업자나 경원자에 대하여 이루어진 면허나 인·허가 등 행정처분의 상대방이 아니라 하더라도 당해 행정처분의 취소를 구할 법률상 이익이 있음(본인에 대한 불허가처분을 다툴 수도 있음) ② 다만, 명백한 법적 장애로 인하여 원고 자신의 신청이 인용될 가능성이 처음부터 배제되어 있는 경우에는 당해 처분의 취소를 구할 정당한 이익이 없음

인인소송	**법률상 이익**	① 연탄공장 건축허가제한으로 얻는 주거지역 내 주민의 이익 ② 환경영향평가 대상지역 안의 주민들이 얻는 환경상의 이익 ③ 공설화장장설치허가 취소소송에서 거리제한 내 주민의 이익 ④ LPG충전소 설치허가에 대한 주거지역 내 주민의 이익 ⑤ 도로의 용도폐지처분에 관하여 직접적인 이해관계를 가지는 인접주민의 이익 ⑥ 환경영향평가 대상지역 밖의 주민이라 할지라도 수인한도를 넘는 환경피해를 받거나 받을 우려가 있다는 것을 입증한 경우 ⑦ 환경상 침해를 받으리라고 예상되는 영향권 내의 주민들을 비롯하여 그 영향권 내에서 농작물을 경작하는 등 현실적 환경상 이익을 향유하는 자 ⑧ 납골당 설치장소에서 500m 내에 20호 이상의 인가가 밀집한 지역에 거주하는 주민들의 경우, 납골당 설치에 대하여 환경 이익 침해 또는 침해 우려가 있는 것으로 사실상 추정
	반사적 이익	① 환경영향평가 대상지역 밖의 주민들이 얻는 환경상의 이익 ② 환경영향권 내의 건물·토지를 소유하거나 환경상 이익을 일시적으로 향유하는 데 그치는 사람 ③ 상수원보호구역변경처분 취소소송에서 인근주민의 이익 ④ 일반적인 시민생활에서 도로를 이용만 하는 사람의 도로용도폐지를 다툴 이익 ⑤ 횡단보도가 설치된 도로 인근에서 영업활동을 하는 자의 이익

11 특별권력관계

01 특별권력관계 핵심 정리

	전통적 특별권력관계이론	현대적 특별권력관계이론
특색	① 법률유보의 배제 ② 법률의 근거 없는 기본권제한의 인정 ③ 사법심사의 배제	① 법률유보의 적용 ② 법률의 근거 없는 기본권제한의 부정 ③ 사법심사의 전면적 허용
종류	① **공법상 근무관계**: 공무원의 근무관계, 군인의 근무관계 ② **공법상 영조물 이용관계**: 국립대학이용관계, 국립병원 강제입원관계 등 ③ **공법상 특별감독관계**: 공공조합, 특허기업에 대한 국가의 감독관계 ④ **공법상 사단관계**: 공공조합과 조합원의 관계	

	성립	소멸
성립과 소멸	① 법률규정에 의한 성립(강제적) 　📗 강제징집, 전염병환자의 강제입원 등 ② 상대방의 동의 　㉠ 임의적 동의: 국립대학 입학, 공무원 　　임용 　㉡ 의무적 동의: 학령아동의 취학	① **목적달성**: 수형기간 만료 ② **임의탈퇴**: 공무원 사임 ③ **권력주체의 일방적 배제**: 파면

내용	① **명령권**: 행정규칙(일반적·추상적 형식), 지시, 직무명령(개별적·구체적 형식) ② **징계권**: 임의적 동의에 의한 경우 특별행정법관계로부터의 배제에 그쳐야 함
	과세권, 경찰권, 형벌권은 일반권력관계에 기한 것으로 징계벌과 병과가 가능

02 지문식 판례

지문식 판례

① 동장과 구청장의 관계는 특별권력관계로, 위법한 처분에 대해 취소소송이 가능하다.
② 서울교육대학장의 재학생에 대한 징계권 발동은 행정처분으로 항고소송이 가능하다.
③ 교도소장의 미결수용자에 대한 다른 수용시설로 이송처분에 대해 항고소송이 가능하다.
④ 경찰공무원 등 공무원의 근무관계에서 위법·부당한 처분에 대해 항고소송이 가능하다(헌재).
⑤ 서울특별시지하철공사와 직원의 근무관계는 특별권력관계가 아닌 사법관계에 속한다.

12 사건

01 기간

1. 기산점

원칙 초일불산입, 예외적 초일산입

2. 기간계산

민원처리에 관한 법률 제19조【처리기간의 계산】 ① 민원의 처리기간을 5일 이하로 정한 경우에는 민원사항의 접수시각부터 "시간" 단위로 계산하되, 공휴일과 토요일은 산입하지 아니한다. 이 경우 1일은 8시간의 근무시간을 기준으로 한다.
② 민원의 처리기간을 6일 이상으로 정한 경우에는 "일" 단위로 계산하고 첫날을 산입하되, 공휴일과 토요일은 산입하지 아니한다.
③ 민원의 처리기간을 주·월·연으로 정한 경우에는 첫날을 산입하되, 「민법」제159조부터 제161조의 규정을 준용한다.

행정기본법
제6조【행정에 관한 기간의 계산】 ① 행정에 관한 기간의 계산에 관하여는 이 법 또는 다른 법령등에 특별한 규정이 있는 경우를 제외하고는 「민법」을 준용한다.
② 법령등 또는 처분에서 국민의 권익을 제한하거나 의무를 부과하는 경우 권익이 제한되거나 의무가 지속되는 기간의 계산은 다음 각 호의 기준에 따른다. 다만, 다음 각 호의 기준에 따르는 것이 국민에게 불리한 경우에는 그러하지 아니하다.
  1. 기간을 일, 주, 월 또는 연으로 정한 경우에는 기간의 첫날을 산입한다.
  2. 기간의 말일이 토요일 또는 공휴일인 경우에도 기간은 그 날로 만료한다.

제7조【법령등 시행일의 기간 계산】 법령등(훈령·예규·고시·지침 등을 포함한다. 이하 이 조에서 같다)의 시행일을 정하거나 계산할 때에는 다음 각 호의 기준에 따른다.
  1. 법령등을 공포한 날부터 시행하는 경우에는 공포한 날을 시행일로 한다. [기출]
  2. 법령등을 공포한 날부터 일정 기간이 경과한 날부터 시행하는 경우 법령등을 공포한 날을 첫날에 산입하지 아니한다. [기출]
  3. 법령등을 공포한 날부터 일정 기간이 경과한 날부터 시행하는 경우 그 기간의 말일이 토요일 또는 공휴일인 때에는 그 말일로 기간이 만료한다. [기출]

[02] 시효제도

1. 금전채권의 소멸시효

(1) 요약 정리

소멸시효기간	5년	금전의 급부를 목적으로 하는 국가나 지방자치단체의 권리로서 시효에 관하여 다른 법률에 규정이 없는 것은 5년간 행사하지 아니할 때에는 시효로 인하여 소멸[다른 법률은 5년보다 단기만, 장기는 적용(×)]
기산점		권리를 행사할 수 있게 된 때부터
중단		① 권리자가 권리행사 → 새로이 시효진행(납입고지, 독촉, 최고, 통고처분 등) ② 민법규정이 준용되지만 국가채권은 민법보다 더 강력한 중단효력 인정[평등권 침해(×)]
소멸시효완성		권리는 자동소멸, 소송상으로는 채무자가 항변한 경우 법원이 판단

(2) 지문식 판례 정리

지문식 판례

① 공법상 금전채권뿐만 아니라 사법상의 금전채권도 소멸시효기간은 특별한 규정이 없는 한 5년이다.
② 소멸시효가 완성된 후의 조세부과처분은 무효이다.
③ 과세처분의 취소 또는 무효확인청구의 소가 비록 행정소송이라 할지라도 부당이득반환청구권의 소멸시효 중단사유에 해당한다.
④ 변상금부과처분에 대한 취소소송이 진행되는 동안에도 변상금부과권의 소멸시효가 진행된다.
⑤ 납입고지에 의한 부과처분이 취소되더라도 납입고지에 의한 시효중단의 효력이 상실되지 않는다.
⑥ 세무공무원이 체납자의 재산을 압류하기 위해 수색을 하였으나 압류할 목적물이 없어 압류를 실행하지 못한 경우에도 시효중단의 효력이 발생한다.
⑦ 납북상태가 지속되는 동안에는 국가배상청구권의 소멸시효가 진행하지 않는다.

2. 국 · 공유재산의 취득시효

민법규정		20년간 소유의 의사로 평온·공연하게 부동산을 점유하는 자는 등기함으로써 그 소유권을 취득
국 · 공유재산		① 행정재산: 공용폐지가 되지 않는 한 사인은 취득시효가 불가 ② 공용폐지는 명시적·묵시적 의사표시가 있어야 함 ∴ 행정재산이 본래 용도에 사용되지 않고 있다는 사실만으로는 공용폐지로 볼 수 없음 ③ 일반재산(구 잡종재산): 취득시효 인정
「국유재산법」상 국유재산	행정재산	① 공용재산, ② 공공용재산, ③ 기업용재산, ④ 보존용재산
	일반재산	행정재산 외의 모든 재산

03 부당이득

1. 이론 요약

행정주체의 부당이득	유형	행정처분이 무효이거나 취소 또는 실효된 경우 → 취소사유인 경우 공정력에 의해 취소되기 전까지 부당이득(×)
	반환범위	반환범위 → 선·악 불문 전액반환(다수설)
	반환청구권의 성질	판례는 무효인 과세처분에 기한 부당이득반환청구권은 사권, 「부가가치세법」상 환급청구권은 공권이라는 입장
사인의 부당이득	유형	① 행정행위에 의한 경우: 보조금 교부결정의 취소 ② 행정행위 이외의 경우: 공법상 계약이 무효인 경우 취득한 이익
	반환범위	민법상의 반환법리가 아닌 신뢰보호의 일반원칙에 의해 해결(다수설)

2. 지문식 판례 정리

지문식 판례

① 조세부과처분이 무효임을 전제로 하여 이미 납부한 세금의 반환을 청구하는 것은 민사상의 부당이득반환청구로서 민사소송절차에 따라야 한다.
② 「부가가치세법」상 환급세액의 지급의무는 부가가치세법령의 규정에 의하여 직접 발생하는 것으로 국가에 대한 납세의무자의 부가가치세 환급세액 지급청구는 민사소송이 아니라 당사자소송의 절차에 따라야 한다.
③ 과세처분의 하자가 단지 취소할 수 있는 정도에 불과할 때에는 과세관청이 이를 스스로 취소하거나 항고소송절차에 의하여 취소되지 않은 한 그로 인한 조세의 납부가 부당이득이 된다고 할 수 없다.
④ 오납금에 대한 납부자의 부당이득반환청구권은 처음부터 법률상 원인 없이 납부 또는 징수된 것이므로 납부 또는 징수 시에 발생하여 확정되며, 그때부터 소멸시효가 진행한다.
⑤ 부당이득반환청구가 인용되기 위해서는 그 소송절차에서 판결에 의해 당해 처분이 취소되면 충분하고 그 처분의 취소가 확정되어야 하는 것은 아니다.
⑥ 임용결격자가 공무원으로 임용되어 사실상 근무하여 온 경우, 「공무원연금법」이나 「근로자퇴직급여보장법」에서 정한 퇴직급여를 청구할 수 없다.
⑦ 임용행위가 당연무효이거나 취소된 공무원의 임용 시부터 퇴직 시까지의 사실상의 근로에 대하여 국가 또는 지방자치단체가 부당이득반환의무를 진다.
⑧ 보상금 등을 당사자로부터 잘못 지급된 부분을 환수하는 처분을 함에 있어 잘못 지급된 보상금 등에 해당하는 금액을 징수해야 할 공익상 필요와 그로 인하여 당사자가 입게 될 기득권과 신뢰의 보호 및 법률생활 안정의 침해 등의 불이익을 비교·교량한 후, 공익상의 필요가 당사자가 입게 될 불이익을 정당화할 만큼 큰 경우에 한하여 환수하여야 한다.

13 사인의 공법행위

01 사인의 공법행위 일반

사인의 공법행위의 특색	행정행위	공통점	공법적 효과발생
		차이점	행정행위에만 인정되는 공정력, 확정력, 강제집행력 등이 인정되지 않음
	사법행위	공통점	사인의 법률행위 ^{기출}
		차이점	① 공법적 효과의 발생을 목적으로 하는 행위인 점에서 사법 행위와 구별 ^{기출} ② 내용과 형식에 있어서 획일적인 정형화 요구(형식성)
행위의 효과기준 ^{기출}	자기완결적 (자체완성적)		① 사인의 공법행위만으로 법적 효과가 완성됨 ② 행정청의 별도의 행위를 필요로 하지 않음
	행위요건적 (행정요건적)		① 사인의 공법행위만으로 법적 효과가 완성되지 않음 ② 행정청의 별도의 행위를 필요로 함
민법규정의 적용 여부			① 의사능력, 행위능력 : 의사무능력자의 행위 무효, 행위무능력자는 공법상 특별규정으로 배제되는 경우 있음 ② 대리 : 원칙 - 인정, 예외 - 개별법상 또는 성질상 배제 ③ 요식행위 : 원칙상 요식행위는 아니나 일정한 서식을 정하여 요식을 요구하는 경우 많음 ④ 효력발생시기 : 원칙 - 도달주의, 예외 - 발신주의 ⑤ 의사표시 하자 : 민법규정 준용, 대량적 획일적 행정처분의 경우 일률적 유효로 처리 ⑥ 부관 : 원칙적으로 허용되지 않음 ⑦ 철회 : 사인의 공법행위에 대한 행정행위가 행해지기 전까지 가능, 법률상 성질상 금지되는 경우도 있음

지문식 판례

① 민법상 비진의의사표시에 관한 규정은 사인의 공법행위에 적용되지 않고 그 표시대로 유효한 것으로 보아야 한다.

② 공무원이 한 사직의 의사표시의 취소는 그에 터잡은 의원면직처분이 있을 때까지 할 수 있는 것이고, 일단 면직처분이 있고 난 이후에는 철회나 취소를 할 여지가 없다.

사인의 공법행위의 효과	일반적 효과	① 개별법규가 정하는 효과 ② 행위요건적 공법행위의 경우 특히 처리기간 내 처리하여야 할 의무가 발생
	처리의무 불이행	① 법령에 따라 거부처분으로 간주되기도 하고, 인용처분으로 간주되기도 함 ② 행정청이 상당한 처리기간 내에 처리하지 아니한 때에는 신청인은 당해 행정청 또는 그 감독행정청에 대하여 신속한 처리를 요청할 수 있음
사인의 공법행위의 하자	행정행위의 전제조건	① 사인의 공법행위가 무효·실효된 경우: 행정행위도 무효 ② 사인의 공법행위가 취소사유: 행정행위 취소 전 유효
	행정행위의 단순동기	행정행위의 효력에 영향이 없음

02 본래 의미의 신고와 수리를 요하는 신고

본래적 의미의 신고 — 신고 자체로 신고의 효과 발생 → 수리거부 = 항고소송의 대상(×)

수리를 요하는 신고 — 행정청의 별도의 수리 요함 → 수리거부 = 항고소송의 대상(○)

① 「건축법」상 건축신고는 수리를 요하는 신고뿐만 아니라 수리를 요하지 않는 신고도 신고에 대한 반려를 항고소송으로 다툴 수 있다.
② 법령상 신고사항이 아닌 신고를 수리한 경우, 그 수리는 항고소송의 대상이 되지 않는다.

행정절차법 제40조【신고】 ① 법령등에서 행정청에 일정한 사항을 통지함으로써 의무가 끝나는 신고를 규정하고 있는 경우 신고를 관장하는 행정청은 신고에 필요한 구비서류, 접수기관, 그 밖에 법령등에 따른 신고에 필요한 사항을 게시(인터넷 등을 통한 게시를 포함한다)하거나 이에 대한 편람을 갖추어 두고 누구나 열람할 수 있도록 하여야 한다.
② 제1항에 따른 신고가 다음 각 호의 요건을 갖춘 경우에는 신고서가 접수기관에 도달된 때에 신고 의무가 이행된 것으로 본다.
  1. 신고서의 기재사항에 흠이 없을 것
  2. 필요한 구비서류가 첨부되어 있을 것
  3. 그 밖에 법령등에 규정된 형식상의 요건에 적합할 것
③ 행정청은 제2항 각 호의 요건을 갖추지 못한 신고서가 제출된 경우에는 지체 없이 상당한 기간을 정하여 신고인에게 보완을 요구하여야 한다. 기출
④ 행정청은 신고인이 제3항에 따른 기간 내에 보완을 하지 아니하였을 때에는 그 이유를 구체적으로 밝혀 해당 신고서를 되돌려 보내야 한다.

행정기본법 제34조【수리 여부에 따른 신고의 효력】 법령등으로 정하는 바에 따라 행정청에 일정한 사항을 통지하여야 하는 신고로서 법률에 신고의 수리가 필요하다고 명시되어 있는 경우(행정기관의 내부 업무 처리 절차로서 수리를 규정한 경우는 제외한다)에는 행정청이 수리하여야 효력이 발생한다.

03 수리를 요하는 신고와 수리를 요하지 않는 신고

수리를 요하지 않는 신고	수리를 요하는 신고
① 수산제조업 신고 ② 「체육시설의 설치·이용에 관한 법률」상의 체육시설업신고(당구장업) ③ 「체육시설의 설치·이용에 관한 법률」상의 골프연습장 이용료 변경신고 ④ 출생신고, 사망신고, 납세신고 ⑤ 「가축전염병예방법」상 죽거나 병든 가축의 신고 ⑥ 「부가가치세법」상 사업자등록신청 ⑦ 「건축법」상 건축신고 ^{기출}	① 사업양수에 의한 지위승계신고 ^{기출} ③ 건축주명의변경신고 ④ 학교환경위생정화구역 내에서의 당구장업신고 ⑤ 개발제한구역 내 건축신고 ⑥ 「건축법」상 무허가건물에서의 각종 영업신고 ⑦ 「수산업법」상의 어업신고 ^{기출} ⑧ 납골탑설치신고, 납골당설치신고(단, 부대시설은 신고대상이 아님) ^{기출} ⑨ 「주민등록법」상 전입신고 ^{기출} ⑩ 체육시설의 회원을 모집하고자 하는 자의 회원모집계획서 제출신고 ⑪ 인·허가 의제를 수반하는 건축신고 ^{기출} ⑫ 유료노인복지주택의 설치신고 ⑬ 노인장기요양기관의 폐업신고 ^{기출} ⑬ 대규모 점포설치 신고 ⑭ 「노동조합 및 노동관계조정법」상 노동조합설립신고

04 수리

수리의무	적법한 신고가 있는 경우 행정기관은 수리할 의무(○), 예외적 중대한 공익상 필요가 있는 경우 수리거부 가능
신고필증	신고필증 교부가 반드시 있어야 하는 것은 아님, 신고필증 교부는 처분(×)
수리 시 심사 정도	단순 수리나 등록은 원칙적 형식적 심사, 인·허가와 관련된 경우 실질적 심사

05 지위승계신고

지위승계신고수리의 효과	① 양도인의 사업허가를 취소함과 아울러 양수인에게 적법히 사업을 할 수 있는 권리를 설정하여 주는 행위(사업허가자 변경) ② 양도인 − 침익적, 양수인 − 수익적
수리 전 행정제재의 상대방	수리 전 허가자 = 양도인 ∴ 양도인에게 제재 ^{기출}
수리 시 「행정절차법」 적용 여부	허가가 강제적으로 승계되는 경우 양도인에게는 침익적이므로 양도인에게 「행정절차법」상 의견제출기회를 주어야 함
기본행위와 관계	① 수리대상인 기본행위가 무효인 경우 행정청의 수리도 무효 ^{기출} ② 양도행위의 무효를 주장하는 사람은 양도행위의 무효뿐만 아니라 행정청의 수리처분의 무효확인을 항고소송으로 다툴 수 있음 ^{기출}

06 지문식 판례 정리

지문식 판례

| 사인의 공법행위 일반 |

① 전역지원의 의사표시가 진의 아닌 의사표시라 하더라도 무효의 법리를 선언한 민법상 비진의의사표시는 적용되지 않고 그 표시된 대로 유효한 것으로 보아야 한다.

② 공무원의 사직서제출이 강박에 의한 경우 그 정도가 의사결정의 자유를 박탈할 정도에 이른 것이라면 그 의사표시는 무효로 될 것이고 그렇지 않으면 취소사유이다.

③ 공무원이 한 사직의 의사표시의 취소는 그에 터잡은 의원면직처분이 있을 때까지 할 수 있는 것이고, 일단 면직처분이 있고 난 이후에는 철회나 취소를 할 여지가 없다.

④ 수리란 신고를 유효한 것으로 판단하고 법령에 의하여 처리할 의사로 이를 수령하는 수동적 행위이므로 수리행위에 신고필증 교부 등 행위가 꼭 필요한 것은 아니다. ^{기출}

⑤ 사설납골시설의 설치신고는 법령상 설치기준에 부합하는 한 수리하여야 하나, 국토의 효율적 이용 및 공공복리의 증진 등 중대한 공익상 필요가 있는 경우 그 수리를 거부할 수 있다.

⑥ 정보통신매체를 이용하여 원격평생교육을 불특정 다수인에게 학습비를 받고 실시하는 경우 신고에 대해 형식적 요건을 모두 갖추었음에도 신고대상이 된 교육이나 학습이 공익적 기준에 적합하지 않는다는 등 실체적 사유를 들어 신고수리를 거부할 수 없다.

⑦ 적법한 요건을 갖춘 신고의 경우에는 행정청의 수리처분 등 별단의 조처를 기다릴 필요 없이 그 접수 시에 신고로서의 효력이 발생하는 것이므로 그 수리가 거부되었다고 하여 무신고 영업이 되는 것은 아니다. ^{기출}

⑧ 「주민등록법」상 전입신고는 수리를 요하는 신고라는 것이 판례이며 이 경우 「주민등록법」상 요건 이외의 요건을 들어 수리를 거부할 수 없다.

⑨ 인·허가 의제를 수반하는 건축신고는 수리를 하는 행정청이 의제되는 인·허가의 실체적 요건을 심사하여 수리를 하여야 한다.

⑩ 행정청의 수리로 다른 법령상 인·허가나 등록, 수리가 의제되는 경우 행정청은 다른 법령에서 정한 사유도 심사의 대상으로 삼을 수 있다.

⑪ 「건축법」에 따른 착공신고가 반려되었음에도 당해 건축물의 착공을 개시하면 시정명령, 이행강제금, 벌금 등의 대상이 될 우려가 있으므로 행정청의 착공 신고 반려행위는 항고소송의 대상이 된다. ^{기출}

▌지위승계신고 ▌

① 영업양도에 따른 지위승계신고 수리는 양도자의 사업허가를 취소함과 아울러 양수자에게 적법히 사업을 할 수 있는 권리를 설정하여 주는 행위로서 사업허가자의 변경이라는 법률효과를 발생시키는 행위이다.

② 허가대상 건축물의 양수인이 구 「건축법 시행규칙」에 규정되어 있는 형식적 요건을 갖추어 시장·군수 등 행정관청에 적법하게 건축주의 명의변경을 신고한 때에는 행정관청은 그 신고를 수리하여야지 실체적인 이유를 내세워 신고의 수리를 거부할 수는 없다.

③ 채석허가자의 지위를 양수받아 명의변경신고를 할 수 있는 양수인의 지위는 단순한 반사적 이익이나 사실상의 이익이 아니라 산림법령에 의하여 보호되는 직접적이고 구체적인 이익으로서 법률상 이익이라고 할 것이다.

④ 따라서 신고 수리 전 양도인에 대한 허가취소처분을 다툴 법률상 이익이 인정된다.

⑤ 사업의 양도행위가 무효라고 주장하는 양도자는 민사쟁송으로 양도·양수행위의 무효를 구함이 없이 막바로 허가관청을 상대로 하여 행정소송으로 위 신고 수리처분의 무효확인을 구할 법률상 이익이 있다. ^{기출}

⑥ 영업자지위승계신고를 수리하는 처분은 종전의 영업자의 권익을 제한하는 처분이라 할 것이고 따라서 종전의 영업자는 그 처분에 대하여 직접 그 상대가 되는 자에 해당한다.

⑦ 행정청으로서는 위 신고를 수리하는 처분을 함에 있어서 「행정절차법」 규정 소정의 당사자에 해당하는 종전의 영업자에 대하여 위 규정의 행정절차를 실시하고 처분을 하여야 한다.

법규명령

01 의의

① 국가와 국민 사이의 관계를 규율하는 일반적·추상적 규정
② 국민과 행정권을 구속하고 재판의 근거규범이 되는 행정입법

02 법규명령의 종류

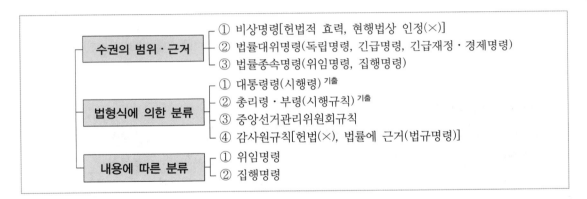

헌법

제75조【대통령령】 대통령은 법률에서 구체적으로 범위를 정하여 위임받은 사항과 법률을 집행하기 위하여 필요한 사항에 관하여 대통령령을 발할 수 있다.

제95조【총리령, 부령】 국무총리 또는 행정각부의 장은 소관사무에 관하여 법률이나 대통령령의 위임 또는 직권으로 총리령 또는 부령을 발할 수 있다.

행정규제기본법 제4조【규제 법정주의】 ② 규제는 법률에 직접 규정하되, 규제의 세부적인 내용은 법률 또는 상위법령에서 구체적으로 범위를 정하여 위임한 바에 따라 대통령령·총리령·부령 또는 조례·규칙으로 정할 수 있다. 다만, 법령에서 전문적·기술적 사항이나 경미한 사항으로서 업무의 성질상 위임이 불가피한 사항에 관하여 구체적으로 범위를 정하여 위임한 경우에는 고시 등으로 정할 수 있다. ^{기출}

> **행정기본법 제2조【정의】** 이 법에서 사용하는 용어의 뜻은 다음과 같다.
> 1. "법령등"이란 다음 각 목의 것을 말한다.
>   가. 법령 : 다음의 어느 하나에 해당하는 것
>   1) 법률 및 대통령령·총리령·부령
>   2) 국회규칙·대법원규칙·헌법재판소규칙·중앙선거관리위원회규칙 및 감사원규칙
>   3) 1) 또는 2)의 위임을 받아 중앙행정기관(「정부조직법」 및 그 밖의 법률에 따라 설치된 중앙행정기관을 말한다. 이하 같다)의 장이 정한 훈령·예규 및 고시 등 행정규칙
>   나. 자치법규 : 지방자치단체의 조례 및 규칙

지문식 판례

① 헌법이 인정하고 있는 위임입법의 형식은 예시적[열거(×)]인 것으로 봐야 한다.
② 법률이 행정규칙에 위임하더라도 국회입법의 원칙과 상치되지 않는다.
③ 감사원규칙은 「헌법」에 명시적 근거가 없지만 법규명령으로서의 효력을 갖는다. ^{기출}
④ 법률이 입법위임을 하는 경우 대통령령, 총리령, 부령 등 법규명령에 위임함이 바람직하다.
⑤ 고시와 같은 형식으로 위임하는 경우 전문적·기술적 사항이나 경미한 사항으로 업무의 성질상 위임이 불가피한 사항에 한정된다.
⑥ 고시와 같은 행정규칙에 위임하는 경우에도 포괄위임은 금지되고 구체적·개별적으로 한정된 사항에 대해 행해져야 한다.

✦ 위임명령과 집행명령의 비교

구분	위임명령	집행명령
공통점	① 법규명령 ∴ 대외적 구속력(○), ② 공포를 요함, ③ 조문형식	
근거	개별적·구체적 위임이 있어야 제정	개별법의 수권 없이 직권발령 가능 ^{기출}
성질	법률의 내용을 보충	법률의 집행에 관한 시행세칙
범위	국민의 권리·의무에 관한 새로운 입법사항 규정 가능	국민의 권리·의무에 관한 새로운 입법사항에 대한 규정 불가 ^{기출}
상위법의 폐지·개정	위임명령도 폐지·개정	상위법 폐지 시 폐지, 개정 시 존속 가능

지문식 판례

① 법률에 위임에 관한 규정이 없다고 하더라도 대통령령은 직권면직절차에 관한 같은 법의 규정을 집행하기 위하여 필요한 사항에 관하여 규정할 수 있다.

② 법령의 위임이 없음에도 법령에 규정된 처분 요건에 해당하는 사항을 부령에서 변경하여 규정한 경우에 그 규정은 국민에 대한 대외적 구속력이 없다. ^{기출}

③ 구법에 위임의 근거가 없어 무효였더라도 사후에 법개정으로 위임의 근거가 부여되면, 그때부터는 유효한 법규명령이 된다. ^{기출}

④ 구법의 위임에 의한 유효한 법규명령이 법개정으로 위임의 근거가 없어지게 되면 그때부터 무효인 법규명령이 된다. ^{기출}

⑤ 어떤 법령의 위임 근거 유무에 따른 유효 여부를 심사하려면 법개정의 전·후에 걸쳐 모두 심사하여야만 그 법규명령의 시기에 따른 유효·무효를 판단할 수 있게 된다.

⑥ 법규명령의 위임의 근거가 되는 법률에 대하여 위헌결정이 선고되면 그 위임에 근거하여 제정된 법규명령도 원칙적 효력을 상실한다. ^{기출}

⑦ 상위법령이 폐지되면 집행명령은 특별한 규정이 없는 한 실효된다.

⑧ 집행명령은 상위법령의 개정에도 불구하고 당연히 실효되지 아니하고 개정법령의 시행을 위한 집행명령이 제정, 발효될 때까지는 여전히 그 효력을 유지한다. ^{기출}

03 법규명령의 근거와 한계

1. 집행명령

① 상위법령의 명시적 수권이 없더라도 직권으로 발할 수 있다.
② 국민의 권리·의무에 관한 새로운 법규사항은 규정하지 못한다.

2. 위임명령

(1) 일반적 한계

헌법에 적합, 법률의 구체적 범위, 본질사항 위임금지

> **✓ 판례 이해하기**
> **1. 위임 여부 판단기준**
> 예측가능성(○) → 일률적 기준은 없지만 ① 당해 위임조항, ② 위임조항이 속한 법률의 전반적인 취지·목적, ③ 관련법규까지 유기적·체계적 종합판단, ④ 규제 대상의 성질에 따라 개별적 검토
> **2. 시행령이 모법에 위반되는지 여부가 불분명한 경우**
> 모법에 합치된다는 해석도 가능한 경우라면 모법 위반으로 무효라고 선언할 수 없다.

(2) 위임의 범위에 관한 구체적 고찰

포괄위임 여부의 판단기준	법률규정상의 외형을 기준으로 판단하는 것이 아니고 그 법률의 전반적인 체계·취지·목적·내용 및 관련법규를 고려하여 판단
포괄위임금지 완화	규율대상이 지극히 다양하거나 수시로 변화하는 성질의 것일 때에는 위임의 구체성·명확성 요건 완화
조례	조례에 대한 위임은 포괄위임 가능. 단, 주민의 권리제한, 의무부과, 벌칙사항은 법률의 위임이 있어야 함 ^{기출}
국회 전속사항에 대한 위임 여부	본질사항에 대해서는 의회입법(위임금지), 그 외의 사항에 대해서는 개별적·구체적 범위를 정한 위임이 가능
재위임	위임받은 사항에 관하여 대강을 정하고 그중의 특정사항을 범위를 정하여 하위법령에 다시 위임하는 경우에만 재위임 허용 ^{기출}
처벌규정위임 (예외적 허용)	① 긴급성·보충성 ② 법률에 범죄의 구성요건 특정, 형벌의 종류 및 상한과 폭을 명백히 규정 후 위임 가능(포괄위임금지) ^{기출}

지문식 판례

① 법령의 위임관계는 반드시 하위법령의 개별조항에서 위임의 근거가 되는 상위법령의 해당 조항을 구체적으로 명시하고 있어야만 하는 것은 아니다.

② 시행령의 내용이 모법의 입법 취지와 관련 조항 전체를 유기적·체계적으로 살펴보아 모법의 해석상 가능한 것을 명시한 것에 지나지 아니한 경우 모법에 이에 관하여 직접 위임하는 규정을 두지 않았다고 하더라도 이를 무효라고 볼 수 없다.

③ 외형상으로는 포괄위임처럼 보이더라도 근거법령 및 관련법규를 살펴 이에 대한 해석을 통해 그 내재적 위임의 범위나 한계가 객관적으로 분명히 확정될 수 있는 것이라면 이를 일반적·포괄적인 위임에 해당하는 것으로 볼 수 없다.

④ 국민의 기본권을 제한하거나 침해할 소지가 있는 사항에 관한 위임에 있어서는 위와 같은 구체성 내지 명확성이 보다 엄격하게 요구된다.

⑤ 규율대상이 지극히 다양하거나 수시로 변화하는 성질의 것일 때에는 위임의 구체성, 명확성의 요건이 완화되어야 한다.

⑥ 사회보장수급권인 의료보험급여는 법률조항이 분만급여의 범위나 상한기준을 구체적으로 정하지 않았다고 하여 포괄위임에 해당하지 않는다.

⑦ 「질서위반행위규제법」 제17조 제2항은 과태료를 부과하는 서면에 명시하여야 할 사항으로 '질서위반행위', '과태료 금액'을 규정하고, 그 밖에 명시하여야 할 사항을 대통령령으로 정하도록 위임한 것은 포괄위임금지에 위반되지 않는다.

⑧ 일반적, 추상적, 개괄적인 규정이라 할지라도 법관의 법보충작용으로서의 해석을 통하여 그 의미가 구체화, 명확화될 수 있다면 그 규정이 명확성을 결여하여 과세요건명확주의에 반하는 것으로 볼 수는 없다.

⑨ 조세는 과세요건(국민에게 불리)이거나 비과세요건 또는 조세감면요건(국민에게 유리)을 막론하고 법문대로 해석할 것이고 합리적 이유 없이 확장해석하거나 유추해석하는 것은 허용되지 않는다.

04 법규명령의 성립 · 하자

성립요건	주체	① 정당한 권한 있는 기관, ② 그 권한 범위 내
	내용	① 상위법령에 저촉되지 않을 것, ② 실현가능성, ③ 명확성
	절차	① 대통령령 : 국무회의 심의 + 법제처 심사 ② 총리령 · 부령 : 법제처 심사(국무회의 심의 불요) ③ 「행정절차법」상 입법예고
효력요건	형식	조문형식
하자 있는 법규명령의 효력		무효, 공정력(×) ∴ 취소라는 관념은 없음

05 법규명령의 통제

1. 국회에 의한 통제

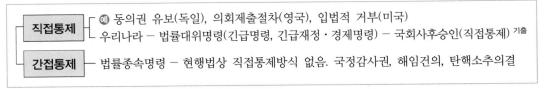

┌─ 직접통제 ┬ 예 동의권 유보(독일), 의회제출절차(영국), 입법적 거부(미국)
│   └ 우리나라 – 법률대위명령(긴급명령, 긴급재정 · 경제명령) – 국회사후승인(직접통제) 기출
└─ 간접통제 ── 법률종속명령 – 현행법상 직접통제방식 없음. 국정감사권, 해임건의, 탄핵소추의결

「국회법」상 국회송부제도에 대해 직접통제설과 간접통제설의 견해대립

2. 행정적 통제

감독권, 행정입법의 절차적 통제(위에 있는 표 중 절차적 요건), 시정조치요청권

3. 국민에 의한 통제

여론 · 압력단체의 활동 등과 같은 간접적인 수단 기출

4. 사법적 통제

(1) 법원에 의한 통제

> **헌법 제107조** ① <u>법률</u>이 헌법에 위반되는 여부가 <u>재판의 전제</u>가 된 경우에는 법원은 <u>헌법재판소</u>에 제청하여 그 심판에 의하여 재판한다.
> ② <u>명령·규칙</u> 또는 처분이 헌법이나 법률에 위반되는 여부가 <u>재판의 전제</u>가 된 경우에는 <u>대법원</u>은 이를 최종적으로 심사할 권한을 가진다. ^{기출}

① **원칙**

    ㉠ **구체적 규범통제의 원칙**: 특정 법규명령이 구체적 사건에서 재판의 전제가 된 경우 법원에 의한 위헌·위법심사 가능 ^{기출}

    ㉡ **법원에 의해 위법으로 판정**: 행정입법이 대법원에 의하여 위법하다는 판정이 있더라도 일반적으로 그 효력이 상실(×). 당해 사건에 한해 적용배제에 그치고 형식적 유효, 판결문 공고(행정안전부장관에게 통보) ^{기출}

② **항고소송 대상**

    ㉠ **원칙 부정**: 법규명령은 일반적·추상적 효력의 행정입법으로 처분이 아니므로 항고소송의 대상적격이 부정됨이 원칙

    ㉡ **처분법규**: 행정청의 구체적인 집행행위 매개 없이 직접 국민의 권리의무에 영향을 미치는 경우 항고소송의 대상 인정(두밀분교폐지에 관한 조례)

    ㉢ **행정입법부작위위법확인소송**: 행정청의 처분에 대한 부작위가 대상이므로 입법부작위위법확인소송은 부정 ^{기출}

(2) 헌법재판소에 의한 통제

① **명령·규칙에 대한 위헌심사권**: 법규명령의 헌법소원 대상 긍정, 입법부작위도 헌법소원의 대상 긍정

② **위헌결정의 효력**: 헌법재판소의 위헌결정은 모든 국가기관을 기속하므로 당해 행정입법은 효력을 상실

지문식 판례

① 법령 그 자체는 항고소송의 대상이 되지 않으나 집행행위의 개입 없이 그 자체로서 직접 권리의무에 영향을 미치는 처분법령은 항고소송의 대상이 된다. ^{기출}

② 조례가 집행행위의 개입 없이도 그 자체로서 직접 국민의 구체적인 권리의무나 법적 이익에 영향을 미치는 등의 법률상 효과를 발생하는 경우 그 조례는 항고소송의 대상이 되는 행정처분에 해당한다.

③ 추상적인 법령에 관하여 제정의 여부 등은 그 자체로서 국민의 구체적인 권리·의무에 직접적 변동을 초래하는 것이 아니어서 행정소송의 대상이 될 수 없다.

④ 진정입법부작위 – 법령이 명시적으로 행정입법을 위임하고 있음에도 행정부가 행정입법을 부작위하는 경우, 그 부작위가 기본권을 중대하게 침해하는 것이라면 행정입법부작위위헌소원이 가능하다.

⑤ 부진정입법부작위 – 입법부작위의 형태 중 기본권보장을 위한 법규정을 두고 있지만 불완전하게 규정하여 그 보충을 요하는 경우 입법부작위로서 헌법소원의 대상으로 삼을 수는 없다.

⑥ 행정청에 행정입법의 작위의무가 인정되기 위해서는 행정입법의 제정이 법률의 집행에 필수불가결한 것이어야 하고 행정입법의 제정 없이 상위법령의 규정만으로 집행이 이루어질 수 있는 경우 하위 행정입법을 제정할 작위의무는 인정되지 않는다.

⑦ 상위법령과 결합하여 대외적인 구속력을 갖는 법규명령으로서 기능하는 행정규칙이 별도의 집행행위를 기다리지 않고 직접 기본권을 침해하고 있는 경우 헌법소원심판을 청구할 수 있다. ^{기출}

15 행정규칙

01 의의

행정기관의 <u>법률의 수권 없이</u> 그의 권한 범위 내에서 정립하는 일반적·추상적 규율이다.

구분	법규명령	행정규칙
권력적 기초	일반권력관계	특별행정법관계
수권 여부	상위법의 위임(수권)(○)	상위법의 위임(수권)(×) [기출]
규율대상	국가기관과 국민	행정조직 내부 구성원
효력	대외적·양면적 구속력	내부적·일면적 구속력 [기출]
형식	조문형식(대통령령·부령)	일반형식 없음(−지침, −기준)
위반의 효과	직접위법	직접위법(×), 간접위법(자기구속원칙) [기출]
한계	법률우위, 법률유보	법률우위의 원칙만

02 행정규칙의 종류

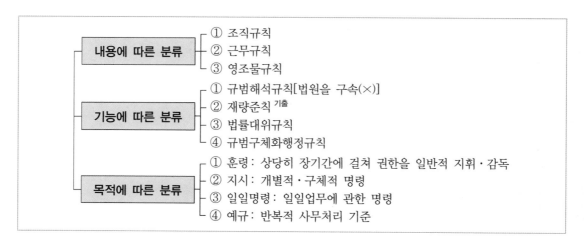

내용에 따른 분류
① 조직규칙
② 근무규칙
③ 영조물규칙

기능에 따른 분류
① 규범해석규칙[법원을 구속(×)]
② 재량준칙 [기출]
③ 법률대위규칙
④ 규범구체화행정규칙

목적에 따른 분류
① 훈령 : 상당히 장기간에 걸쳐 권한을 일반적 지휘·감독
② 지시 : 개별적·구체적 명령
③ 일일명령 : 일일업무에 관한 명령
④ 예규 : 반복적 사무처리 기준

03 행정규칙의 성질

1. 일반적 입장

(1) 원칙적 법규성 부정

원칙적 행정규칙에 대한 법규성을 부정하여 행정규칙을 위반한다고 해서 위법이라 볼 수 없다는 입장이다.

(2) 예외적 법규성 긍정

형식이 행정규칙이라도 상위 수권법률과 결합하여 법규성을 인정하거나 내용상 재량준칙(행정규칙)이라도 시행령(대통령령)에 규정되어 있는 경우 법규성을 인정한다.

지문식 판례

| 행정규칙 형식 예 |

① 서울특별시 → 개인택시운송사업면허업무처리요령
② 서울특별시 → 개인택시운송사업면허지침(재량준칙)
③ 공정거래위원회의 → 부당한 지원행위의 심사지침
④ 교육부장관 → 내신성적산정기준
⑤ 국가보훈처 훈령 → 국립묘지안장대상심의위원회 운영규정
⑥ 서울특별시 → 토지의 형질변경 등 행위허가사무취급요령
⑦ 중앙선거관리위원회 → 개표관리요령

---

2. 고시

어떠한 고시가 일반적·추상적 성격을 가질 때에는 법규명령 또는 행정규칙에 해당할 것이지만, 다른 집행행위의 매개 없이 그 자체로서 직접 국민의 구체적인 권리의무나 법률관계를 규율하는 성격을 가질 때에는 행정처분에 해당한다. [기출]

> ✔ **처분고시**
> ① 청소년유해매체물 결정 및 고시는 항고소송의 대상이 되는 처분이다.
> ② 보건복지부 고시인 구 약제급여·비급여목록 및 급여상한금액표는 항고소송의 대상되는 처분에 해당한다. [기출]
> ③ 항정신병 치료제의 요양급여에 관한 보건복지부 고시는 항고소송의 대상되는 행정처분에 해당한다.

04 내용과 형식이 불일치하는 행정규칙

법규명령 형식의 행정규칙	**판례** ① 시행령 형식의 제재적 처분기준 – 법규명령 ^{기출} ② 시행규칙(부령) 형식의 제재적 처분기준 – 행정규칙 ^{기출}
행정규칙 형식의 법규명령(법령보충규칙)	**판례** 상위법령과 결합하여 법규성 인정

> ✅ **법령보충적 행정규칙 형식 예**
> ① 국세청 훈령 → 재산제세사무처리규정
> ② 법무부장관 → 출국금지기준
> ③ 보건복지부장관 → 장기요양급여 제공기준 및 급여비용 산정방법 등에 관한 고시 ^{기출}
> ④ 주류도매면허제도개선업무처리지침
> ⑤ 상공부장관 → 공장입지기준고시
> ⑥ 석유판매업(주유소)허가기준고시
> ⑦ 국무총리 훈령 → 개별토지가격합동조사지침
> ⑧ 보건복지부장관 → 노인복지사업지침

지문식 판례

① 「식품위생법 시행규칙」 제53조에서 [별표 15]로 「식품위생법」 제58조에 따른 행정처분의 기준을 정하였다고 하더라도, 이는 형식은 부령으로 되어 있으나 그 성질은 행정기관 내부의 사무처리준칙을 정한 것에 불과한 것이다.

② 구 「여객자동차 운수사업법」 제11조 제4항의 위임에 따라 시외버스운송사업의 사업계획변경에 관한 절차, 인가기준 등을 구체적으로 규정한 경우 법규명령이다.

③ 「공익사업을 위한 토지 등의 취득 및 보상에 관한 법률」 제68조 제3항의 위임에 따라 보상기준을 정한 「공익사업을 위한 토지 등의 취득 및 보상에 관한 법률 시행규칙」 제22조는 대외적 구속력이 인정된다.

④ 「주택건설촉진법 시행령」 제10조의3 제1항 [별표 1]의 행정처분기준은 법규명령에 해당한다.

⑤ 「청소년보호법 시행령」 제40조 [별표 6]의 위반행위의 종별에 따른 과징금처분기준은 법규명령이기는 하나 그 수액은 정액이 아니라 최고한도액이다.

⑥ 법령의 규정이 행정청에게 그 법령내용의 사항을 정할 수 있는 권한을 부여하면서 그 권한행사의 절차나 방법을 정하지 아니하고 있는 경우, 그 법령의 내용이 될 사항을 구체적으로 규정한 행정청의 행정규칙은 그 법령의 규정과 결합하여 대외적인 구속력이 있는 법규명령으로서의 효력을 갖는다.

05 행정규칙의 사법적 통제

대법원	헌법재판소
① 구체적 규범통제 대상(×), 단 법규성이 인정되는 경우 가능 ② 항고소송의 대상(×)	① 원칙적 헌법소원의 대상(×) ^{기출} ② 예외적 헌법소원 대상(○) 예 서울대학교 '94학년도 대학입학고사 주요요강'

16 행정행위의 개념

01 행정행위 개념

최협의설 → 행정청이 법 아래에서 구체적 사실에 대한 법집행으로서 행하는 권력적 단독행위인 공법행위

"행정청"의 행위	① 기능적 의미의 행정청 ② 판례상 인정 - 지방의회의 지방의원제명처분, 지방의회의장에 대한 지방의회의 불신임의결, 교통안전공단의 분담금납부통지, 성업공사(현 한국자산관리공사)의 공매
구체적 사실에 대한 법집행	① 일반적·추상적 규범정립작용인 행정입법은 행정행위가 아님 ② 불특정 다수인에 대한 일반처분은 행정행위에 해당
권력적 단독행위	① 비권력적 작용인 공법상 계약이나 합동행위 등은 행정행위가 아님 ② 법률관계의 내용이 일방적으로 결정되는 한 상대방의 협력이 필요한 경우도 행정행위에 해당
직접적 법적 효과 발생	① 직접적인 법적 효과를 발생시키지 않는 사실행위와 행정내부행위는 행정행위가 아님 ② 행정청의 사경제작용으로서의 사법행위는 행정행위가 아님

02 지문식 판례 정리

> **✔ 판례 암기**
> ① 운전면허 행정처분처리대장상의 벌점부과 행위 → 행정처분(×)
> ② 당연퇴직의 인사발령 → 행정처분(×)
> ③ 군의관의 신체등위 판정 → 행정처분(×)
> ④ 정부투자기관에 대한 예산편성지침통보 → 행정처분(×)
> ⑤ 위성망국제등록신청 → 행정처분(×)
> ⑥ 「민원사무처리에 관한 법률」상 사전심사결과 통보 → 항고소송의 대상이 되는 행정처분(×)
> ⑦ 경찰공무원 시험승진후보자명부에 등재되어 있던 자에 대한 명부삭제 → 행정청 내부의 준비과정에 불과하므로 항고소송의 대상되는 처분(×)
> ⑧ 감사원의 징계 요구와 재심의결정 → 항고소송의 대상이 되는 처분(×)

17 제재처분 기준과 제척기간
(행정기본법 제22조, 제23조)

제재처분 기준		① 제재처분의 근거가 되는 법률에는 제재처분의 주체, 사유, 유형 및 상한을 명확하게 규정하여야 한다. 이 경우 제재처분의 유형 및 상한을 정할 때에는 해당 위반행위의 특수성 및 유사한 위반행위와의 형평성 등을 종합적으로 고려하여야 한다. ② 행정청은 재량이 있는 제재처분을 할 때에는 다음의 사항을 고려하여야 한다. 　㉠ 위반행위의 동기, 목적 및 방법 　㉡ 위반행위의 결과 　㉢ 위반행위의 횟수 　㉣ 그 밖에 제1호부터 제3호까지에 준하는 사항으로서 대통령령으로 정하는 사항
제재처분 제척기간	원칙 (5년)	행정청은 법령 등의 <u>위반행위가 종료된 날</u>부터 5년이 지나면 해당 위반행위에 대하여 제재처분(인허가의 정지·취소·철회, 등록 말소, 영업소 폐쇄와 정지를 갈음하는 과징금 부과를 말한다. 이하 이 조에서 같다)을 할 수 없다.
	적용제외	① 거짓이나 그 밖의 부정한 방법으로 인허가를 받거나 신고를 한 경우 ② 당사자가 인허가나 신고의 위법성을 알고 있었거나 중대한 과실로 알지 못한 경우 ③ 정당한 사유 없이 행정청의 조사·출입·검사를 기피·방해·거부하여 제척기간이 지난 경우 ④ 제재처분을 하지 아니하면 국민의 안전·생명 또는 환경을 심각하게 해치거나 해칠 우려가 있는 경우
	재결, 판결	행정심판의 재결이나 법원의 판결에 따라 제재처분이 취소·철회된 경우에는 재결이나 판결이 확정된 날부터 1년(합의제행정기관은 2년)이 지나기 전까지는 그 취지에 따른 새로운 제재처분을 할 수 있다.
		다른 법률에서 제1항 및 제3항의 기간보다 짧거나 긴 기간을 규정하고 있으면 그 법률에서 정하는 바에 따른다.

18 제3자효 행정행위

01 복효적 행정행위의 의의

1. 혼합효적 행정행위

하나의 행정행위 → 동일인에게 수익적 or 침익적 효과발생

2. 제3자효 행정행위

하나의 행정행위 → 일인에게 수익적(침익적) ≠ 제3자에게는 침익적(수익적)

02 제3자의 보호방안

1. 실체법상 방안

(1) **행정개입청구권**

자신의 이익을 위해 제3자에 대한 행정권 발동을 청구할 권리

(2) **행정행위의 취소 · 철회의 제한**

제3자의 이익 고려

2. 절차법상 방안

제3자의 의견반영 → 「행정절차법」상 처분의 상대방이 아니라도 당해 처분에 의해 자신의 이해관계에 영향을 받는 자는 직권 또는 신청에 의해 행정절차에 참여 가능

3. 쟁송법상 구제방안

행정심판 고지	제3자가 요구한 때 심판고지[행정청의 직권고지(×)]
심판청구 · 소송제기	처분의 직접 상대방이 아니라고 하더라도 처분에 대해 법률상 이익이 있는 경우 쟁송제기 가능
심판 · 소송참가	① 행정심판이나 행정소송의 결과에 대해 이해관계가 있는 자는 당해 행정심판 또는 행정소송에 참가할 수 있음(적극적 소송에서 소송상 참여하지 않아도 판결효력 받음) ② 피참가인이 항소나 상고를 한 경우 참가인은 항소포기나 상고포기를 할 수 없음
가구제	원고인 경우 집행정지신청 인정, 참가인은 부정(다수설)
쟁송제기기간 완화	통상 처분이 있음을 안 날로부터 90일 적용(×), 있은 날로부터 180일(소송 1년) 적용, 제3자의 경우 경과한 경우라도 특별한 사정이 없는 한 기간경과의 정당한 사유 인정
판결효력	확정판결의 효력은 제3자에게도 효력이 미침
재심청구	① 취소확정판결로 새롭게 권리침해가 있을 것 ② 책임 없는 사유로 소송에 참가하지 못할 것 ③ 판결의 결과에 영향을 미칠 공격 · 방어방법을 제출하지 못한 경우

19 재량행위

01 재량행위와 기속행위의 구별

1. 구별의 필요성

> **행정기본법 제21조【재량행사의 기준】** 행정청은 재량이 있는 처분을 할 때에는 관련 이익을 정당하게 형량하여야 하며, 그 재량권의 범위를 넘어서는 아니 된다.
>
> **행정소송법 제27조【재량처분의 취소】** 행정청의 재량에 속하는 처분이라도 재량권의 한계를 넘거나 그 남용이 있는 때에는 법원은 이를 취소할 수 있다. ^{기출}

지문식 판례

기속행위의 경우 그 법규에 대한 원칙적인 기속성으로 인하여 법원이 사실인정과 관련법규의 해석·적용을 통하여 일정한 결론을 도출한 후 그 결론에 비추어 행정청이 한 판단의 적법 여부를 독자의 입장에서 판정하는 방식에 의하게 되나, 재량행위의 경우 행정청의 재량에 기한 공익판단의 여지를 감안하여 법원은 독자의 결론을 도출함이 없이 당해 행위에 재량권의 일탈·남용이 있는지 여부만을 심사하게 된다.

2. 구별기준

(1) **요건재량설**

법규의 요건부분에 행정청의 재량 인정(불확정규정, 공백규정 요건판단에 행정청 재량)

(2) **효과재량설**

행정행위 성질에 따라 침익적 행정 − 기속행위, 수익적 행정 − 재량행위

(3) **종합적 고려설**

다수설과 판례

지문식 판례

| 개별적 종합고려설 |

기속행위와 재량행위의 구분은 당해 행위의 근거가 된 법규의 체재·형식과 그 문언, 당해 행위가 속하는 행정 분야의 주된 목적과 특성, 당해 행위자체의 개별적 성질과 유형 등을 모두 고려하여 판단하여야 한다.

| 효과재량설 입장 |

주택건설 사업계획의 승인은 상대방에게 권리나 이익을 부여하는 효과를 수반하는 이른바 수익적 행정처분으로서 법령에 행정처분의 요건에 관하여 일의적으로 규정되어 있지 아니한 이상 행정청의 재량행위에 속한다.

3. 판단여지론(판례는 재량행위로 판시)

요건규정에 재량(×) → 일정한 경우 행정청의 판단에 대해 법원의 심리에 갈음하거나 대체할 수 있음을 인정

비대체적 결정	공무원의 근무성적평정, 학생의 성적평가, 고시답안지 채점
구속적 가치평가	미술작품평가, 윤리적 결정
미래예측적 결정	환경행정, 경제행정분야에서 일정한 결정
형성적 결정	행정계획 등 형성·유도분야

4. 판례상 기속행위와 재량행위

재량행위		기속행위	
• 개인택시운송사업면허 • 어업면허 • 공무원임용 • 귀화허가 • 「출입국관리법」상 외국인에 대한 체류자격변경허가(외국인 사증발급 동일) • 주택재건축조합설립인가 • 마을버스운송사업면허 • 공유수면매립면허 • 공유수면 점용허가 기출 • 대기오염물질 총량관리사업장 설치 허가	강학상 특허	• 「건축법」상 건축허가 • 주유소영업허가 • 「식품위생법」상 일반음식점 허가 • 총포·도검·화약류판매허가 • 「기부금품모집규제법」상 기부금품모집	강학상 허가
		• 학교법인이사취임승인처분 • 토지거래허가	강학상 인가

• 개발제한구역 내 건축허가 • 토지형질변경행위를 수반하는 건축허가 ^{기출} • 주택건설사업계획승인 • 학교환경위생정화구역 안의 유흥음식점영업허가 • 자연공원법상 공원사업시행 허가 • 총포·도검·화약류소지허가 • 산림형질변경허가 • 임목의 벌채·굴채허가	예외적 승인 (허가)
• 사회복지법인의 정관변경 허가	강학상 인가
• 건축허가취소 • 자동차운송사업 면허취소 • 행정재산 사용허가 취소 • 대중음식점 영업정지 • 공정거래위원회의 과징금부과	제재적 조치
• 감정평가사시험의 합격기준선택 • 사법시험 문제출제행위 • 건설공사를 계속하기 위한 고분발굴 여부 • 한약조제시험 실시기관인 국립보건원장의 평가방법 및 채점기준설정 • 공인중개사시험출제 • 교과서검정	판단여지 영역
• 공무원에 대한 징계처분 • 국립대학 학생에 대한 퇴학처분	특수 신분관계
• 구 「도시계획법」상 도시계획결정 • 구 「자연공원법」상 자연공원사업시행허가	행정계획

• 총포·도검·화약류 등 단속법에 따른 면허취소 • 국유재산의 무단점유 등에 대한 변상금 징수 여부 • 음주측정거부에 따른 면허취소 • 공무원채용시험에서 부정행위를 한 응시자에 대한 시험응시제한	제재적 조치

02 재량행위의 한계

일탈·유월	법령상 주어진 재량의 한계를 벗어난 재량하자 예 법령에서 정한 액수 이상의 과태료를 부과하거나, 법령은 과태료 부과만을 예정하고 있으나 행정청이 영업허가를 취소한 경우
남용	법령상 주어진 재량권의 범위 내에서 재량권이 고려되었으나 잘못된 방향으로 사고되어 재량행사가 이루어지는 경우 예 일반원칙 위반, 비이성적인 형량에 따른 재량행사, 사실의 오인에 기인한 재량행사
재량권의 불행사 기출	행정청이 자신에게 부여된 재량권을 고려 가능한 모든 관점을 고려하여 행사한 것이 아닌 경우 예 재량행위를 기속행위로 오인한 경우, 행정규칙에 구속되는 것으로 오인한 경우, 재량권을 충분히 행사하지 아니한 경우
입증책임	재량권의 일탈·남용을 처분의 상대방이 입증

지문식 판례

재량행위에 대한 법원의 사법심사는 당해 행위가 사실오인, 비례·평등의 원칙위배, 당해 행위의 목적 위반이나 부정한 동기 등에 근거하여 이루어짐으로써 재량권을 일탈·남용한 위법이 있는지 여부만을 심사하게 되는 것이다.

20 법률행위적 행정행위

01 법률행위적 행정행위와 준법률행위적 행정행위의 구별 ^{기출}

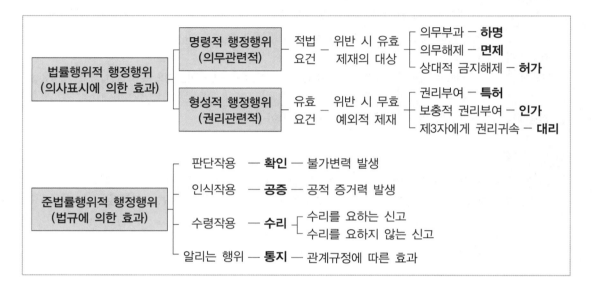

02 허가 / 특허 / 인가의 구별

구분	허가	특허	인가
개념	일반적·상대적 금지의 해제 → 자연적 자유회복	특정인에 대한 권리·능력·포괄적 법률관계 설정	제3자의 법률적 행위를 보충하여 그 법률상 효과를 완성 ^{기출}
성질	① 명령적·수익적·쌍방적 행정행위 ② 기속행위	① 형성적·수익적·쌍방적 행정행위 ② 재량행위	① 형성적·수익적·쌍방적 행정행위 ② 재량 또는 기속행위
출원 여부	① 출원 없이도 가능 ^{기출} ② 수정허가(○) ③ 선원주의(○)	① 반드시 출원요 ② 수정특허(×) ③ 선원주의(×)	① 반드시 출원요 ② 수정인가(×)

형식	① 처분형식(일반처분 가능) ② 법규허가(×)	① 처분형식(일반처분 불허) ② 법규특허(○)	① 처분형식(일반처분 불허) ② 법규인가(×)
상대방	특정인·불특정인	특정인	특정인
대상	사실행위, 법률행위		법률행위만 대상
효과	① 자연적 자유회복, 반사적 이익(전통적 견해) ② 대물적 허가 이전 가능	① 권리(공권·사권)설정 ② 이전 가능(일신전속적 권리 제외)	① 타인 간의 법률행위의 효력을 보충·완성 ② 이전 불가
적법·유효요건	① 적법요건 → 무허가 유효 ② 행정벌, 행정강제의 대상	① 유효(효력발생)요건 → 무특허 무효 ② 행정벌, 행정강제 대상이 안 됨	① 유효(효력발생)요건 → 무인가 무효 ② 행정벌, 행정강제 대상이 안 됨
구체적 예	건축허가, 운전면허, 의사면허, 통금해제, 양조업면허, 기부금품모집허가	광업허가, 어업면허 ^{기출}, 귀화허가, 공기업특허, 공물사용권특허, 자동차운수사업면허, 개인택시운송사업면허 ^{기출}, 하천점용허가 ^{기출}, 공유수면매립면허 ^{기출}, 보세구역의 설영특허 ^{기출}, 공증인 인가 ^{기출}	사립대설립인가, 공법인설립인가, 토지거래허가 ^{기출}, 하천사용권양도인가, 수도공급규정인가, 재단법인 정관변경 허가 ^{기출}, 사립학교법인의 임원에 대한 취임승인 ^{기출}, 자동차정비조합설립인가 ^{기출}

03 강학상 허가

1. 허가와 예외적 승인의 구별

구분	강학상 허가	예외적 승인
금지의 해제	예방적 금지의 해제	억제적 금지의 해제
행위기속성	기속행위	재량행위
행위대상	위험방지를 대상	사회적 유해, 바람직하지 않은 행위
예	건축허가, 운전면허, 의사면허, 통금해제, 양조업면허	개발제한구역 내 건축허가, 자연공원구역 내 단란주점허가·토지형질변경허가, 녹지구역 내 토석채취허가

① 기부금품모집허가는 강학상 허가에 해당 → 특별한 사정이 없는 한 기속행위 기출
② 개발제한구역 내 건축허가 → 억제적 금지, 예외적 허가 → 재량행위 기출
③ 학교위생정화구역 안 유흥업소 허가 → 억제적 금지, 예외적 허가 → 재량행위

2. 허가의 법적 성격

① 「건축법」상 건축허가는 관계법규에서 정하는 제한사유 이외의 사유를 들어 바로 그 허가신청을 거부할 수 없다(기속행위).
② 주유소 설치허가는 관계법규에서 정하는 제한사유 이외의 사유를 들어 바로 그 허가신청을 거부할 수 없지만, 심사결과 관계법령상의 제한 이외의 중대한 공익상의 필요가 있는 경우에는 그 허가를 거부할 수 있다(기속행위). 기출
③ 「산림법」상 산림훼손허가신청의 경우 명문의 근거가 없다 하더라도 공익상의 사유를 들어 허가를 거부할 수 있다(재량행위).
④ 건축허가는 대물적 성질을 갖는 것이어서 그 허가를 할 때에 인적 요소에 관해서는 형식적 심사만 한다. 기출
⑤ 건축 중인 건물의 소유자와 건축허가의 건축주가 반드시 일치하여야 하는 것은 아니다.

3. 신청 시와 허가 시의 법령이 개정된 경우

① 원칙적 허가처분 시 법령(개정 법령)에 따라 허가 또는 거부한다. 기출
② 행정청이 정당한 사유 없이 처리를 지연한 경우 신청 시 법에 의한다.

4. 허가의 갱신

의의	허가의 갱신은 종전허가의 효력을 지속시키는 것
기한 전 갱신	허가의 갱신은 기한의 도래 전에 이루어져야 함. 기한의 도래 전에 갱신이 이루어지면, 갱신 전후의 행위는 동일성 유지
기한 전 갱신신청	기한 도래 전에 갱신신청을 하였으나, 도래 후에 갱신이 이루어진 경우 특별한 사정이 없는 한 기한의 도래 전에 이루어진 것과 동일하게 봄
기한 도래 후 갱신신청	기한 도래 후에 갱신신청을 하였고, 갱신이 이루어지면, 갱신 전후의 행위는 별개의 행위로 볼 것

지문식 판례

① 유효기간연장제도가 마련되어 있지 않은 경우 유효기간 경과 후의 허가나 신고는 새로운 허가나 신고로서의 효력이 발생한다.

② 갱신허가가 있은 후에도 갱신 전의 법위반 사실을 근거로 허가를 취소할 수 있다.

③ 허가에 붙은 기한이 그 허가된 사업의 성질상 부당하게 짧은 경우에는 이를 그 허가 자체의 존속기간이 아니라 그 허가조건의 존속기간으로 보아 그 기한이 도래함으로써 그 조건의 개정을 고려한다는 뜻으로 해석할 수 있다. ^{기출}

④ 다만 그 허가기간이 연장되기 위해서는 그 종기가 도래하기 전에 그 허가기간의 연장에 관한 신청이 있어야 하며, 만일 그러한 연장신청이 없는 상태에서 허가기간이 만료하였다면 그 허가의 효력은 상실된다.

5. 인 · 허가 의제제도

(1) 다수법령에 의한 허가

원칙적으로 허가가 있으면 당해 허가의 대상이 된 행위에 대한 금지가 해제될 뿐 타법상의 금지까지 해제되는 것은 아니다. ^{기출}

(2) 「행정기본법」상 인 · 허가 의제

행정기본법

제24조【인허가의제의 기준】 ① 이 절에서 "인허가의제"란 하나의 인허가(이하 "주된 인허가"라 한다)를 받으면 법률로 정하는 바에 따라 그와 관련된 여러 인허가(이하 "관련 인허가"라 한다)를 받은 것으로 보는 것을 말한다.

② 인허가의제를 받으려면 주된 인허가를 신청할 때 관련 인허가에 필요한 서류를 함께 제출하여야 한다. 다만, 불가피한 사유로 함께 제출할 수 없는 경우에는 주된 인허가 행정청이 별도로 정하는 기한까지 제출할 수 있다. ^{기출}

③ 주된 인허가 행정청은 주된 인허가를 하기 전에 관련 인허가에 관하여 미리 관련 인허가 행정청과 협의하여야 한다. ^{기출}

④ 관련 인허가 행정청은 제3항에 따른 협의를 요청받으면 그 요청을 받은 날부터 20일 이내(제5항 단서에 따른 절차에 걸리는 기간은 제외한다)에 의견을 제출하여야 한다. 이 경우 전단에서 정한 기간(민원 처리 관련 법령에 따라 의견을 제출하여야 하는 기간을 연장한 경우에는 그 연장한 기간을 말한다) 내에 협의 여부에 관하여 의견을 제출하지 아니하면 협의가 된 것으로 본다.

⑤ 제3항에 따라 협의를 요청받은 관련 인허가 행정청은 해당 법령을 위반하여 협의에 응해서는 아니 된다. 다만, 관련 인허가에 필요한 심의, 의견 청취 등 절차에 관하여는 법률에 인허가의제 시에도 해당 절차를 거친다는 명시적인 규정이 있는 경우에만 이를 거친다. ^{기출}

제25조【인허가의제의 효과】 ① 제24조 제3항 · 제4항에 따라 협의가 된 사항에 대해서는 주된 인허가를 받았을 때 관련 인허가를 받은 것으로 본다. ^{기출}

② 인허가의제의 효과는 주된 인허가의 해당 법률에 규정된 관련 인허가에 한정된다.

> **제26조【인허가의제의 사후관리 등】** ① 인허가의제의 경우 관련 인허가 행정청은 관련 인허가를 직접 한 것으로 보아 관계 법령에 따른 관리·감독 등 필요한 조치를 하여야 한다.^{기출}
> ② 주된 인허가가 있은 후 이를 변경하는 경우에는 제24조·제25조 및 이 조 제1항을 준용한다.
> ③ 이 절에서 규정한 사항 외에 인허가의제의 방법, 그 밖에 필요한 세부 사항은 대통령령으로 정한다.

(3) 주요 내용

의의	복수의 인·허가를 받아야 할 사업에 대해 주된 인·허가를 받으면 다른 관련 인·허가를 받은 것으로 의제하는 제도
법적 근거	행정기관의 권한의 변경이 효과가 나올 수 있다는 점에서 개별법에 명시적 근거를 요함
의제되는 범위	① 의제되는 인·허가의 절차는 생략할 수 있지만 실체적 요건에는 구속 ② 의제되는 인·허가의 요건불비를 이유로 한 주된 인·허가신청에 대한 거부처분은 적법
소송대상	① 행정청이 주된 인·허가를 한 경우 의제되는 인·허가를 분리시켜 소송으로 다툴 수 있음 ② 행정청이 주된 인·허가를 불허하는 처분을 하면서, 주된 인·허가 사유와 의제되는 인·허가의 사유를 함께 제시한 경우, 주된 인·허가를 거부한 처분을 대상으로 쟁송을 제기해야 함

지문식 판례

① 건설부장관이 관계기관장과의 협의를 거쳐 주택건설사업계획 승인을 한 경우 별도로 「도시계획법」 소정의 중앙도시계획위원회의 의결이나 주민의 의견청취 등 절차를 거칠 필요가 없다.
② 주택건설사업계획 승인처분에 따라 의제된 인허가가 위법함을 다투고자 하는 이해관계인은, 주택건설사업계획 승인처분의 취소를 구할 것이 아니라 의제된 인허가의 취소를 구하여야 하며, 의제된 인허가는 주택건설사업계획 승인처분과 별도로 항고소송의 대상이 되는 처분에 해당한다.
③ 채광계획인가로 공유수면 점용허가가 의제될 경우 공유수면 점용불허사유로써 채광계획을 인가하지 아니할 수 있다.
④ 건축불허가처분을 하면서 그 처분사유로 건축불허가 사유뿐만 아니라 형질변경불허가 사유나 농지전용불허가 사유를 들고 있다고 하여 건축불허가처분 외에 형질변경불허가처분이나 농지전용불허가처분이 존재하는 것이 아니다.
⑤ 건축불허가처분을 하면서 처분사유로 건축불허가 사유뿐만 아니라 소방서장의 건축부동의 사유를 들고 있다고 하여 별개의 건축부동의처분이 존재하는 것은 아니다.

04 강학상 인가

1. 기본행위와 인가와의 관계

기본행위는 위법, 인가는 적법	① 기본행위가 무효 또는 불성립 : 적법한 인가가 있더라도 무효 ^{기출} ② 기본행위가 취소사유 : 하자가 치유되지 않고 적법한 인가 후라도 기본행위 취소 가능 　∴ 기본행위의 하자를 다투어야지 적법한 인가의 무효나 취소를 구할 법률상 이익 없음
기본행위는 적법, 인가는 위법	① 기본행위 유효 → 인가 무효하자 ⇒ 무인가 행위 ∴ 무효 ② 기본행위 유효 → 인가 취소하자 ⇒ 취소 전 유효, 취소 후 무효

2. 주택재개발조합설립인가

지문식 판례

| 조합설립인가 |

① 조합설립인가처분은 단순히 사인들의 조합설립행위에 대한 보충행위로서의 성질을 갖는 것에 그치는 것이 아니라 법령상 요건을 갖출 경우 「도시 및 주거환경정비법」상 주택재건축사업을 시행할 수 있는 권한을 갖는 행정주체(공법인)로서의 지위를 부여하는 일종의 설권적 처분(특허)의 성격을 갖는다. ^{기출}
② 조합설립결의에 하자가 있다면 그 하자를 이유로 직접 항고소송의 방법으로 조합설립인가처분의 취소 또는 무효확인을 구하여야 하고, 이와는 별도로 조합설립결의 부분만을 따로 떼어내어 그 효력 유무를 다투는 확인의 소를 제기할 수 없다.

| 관리처분계획 |

① 주택재건축정비사업조합을 상대로 관리처분계획안에 대한 조합 총회결의의 효력 등을 다투는 소송은 공법상 법률관계에 관한 것이므로 당사자소송에 의한다.
② 관리처분계획에 대하여 관할 행정청의 인가·고시까지 있게 되면 관리처분계획은 행정처분으로서 효력이 발생하게 된다.
③ 관리처분계획에 대한 총회결의의 하자를 이유로 행정처분의 효력을 다투는 항고소송으로 관리처분계획의 취소 또는 무효확인을 구하여야 하고, 그와 별도로 총회결의 부분만을 떼어내어 효력 유무를 다투는 확인의 소를 제기하는 것은 특별한 사정이 없는 한 허용되지 않는다.

| 주택재건축조합과 조합장 또는 임원사이의 법률관계 |

「도시 및 주거환경정비법」상 재개발조합과 조합장 또는 조합임원 사이의 선임·해임을 둘러싼 법률관계의 성질은 사법상 법률관계로, 그 조합장 또는 조합임원의 지위를 다투는 소송은 민사소송에 의하여야 할 것이다.

21 준법률행위적 행정행위

확인	공증	통지	수리
① 다툼이 있는 사실 → 판단작용 ② 준사법적 행정행위 ③ 불가변력	① 다툼이 없는 사실 → 인식표시작용 ② **공적증거력** : 반증에 의한 추정	특정한 사항을 알리는 행위	타인의 행위를 유효하다고 수령하는 행위
당선인**결정**, 국가시험합격자**결정**, 도로하천구역**결정**, **발명특허** ^{기출}, 교과서검정(판례는 특허), 소득금액결정, 군사시설보호구역지정, 행정심판재결	**등기 · 등록**(각종 등기부 · 등록부) ^{기출}, **등재**(각종 명부 · 장부 · 원부) ^{기출}, **기재**(회의록 · 의사록), **증명서 발급 · 교부**(영수증 · 허가증), **발급**(여권 · 감찰), **검인 · 압날**	대집행 **계고**, 조세체납 **독촉**, 귀화고시, 특허출원공고	수리를 요하는 신고 참조
판례	**판례**	**판례**	**판례**
[처분성 긍정] ① 감사원의 변상처분에 대한 재심판정 ② 친일반민족행위자재산조사위원회의 국가귀속결정 ③ 친일반민족행위자재산조사위원회의 재산조사개시결정 ④ 세무조사결정 ⑤ 진실 · 화해를 위한 과거사정리위원회의 진실규명결정 ⑥ 국가인권위원회의 진정에 대한 각하 및 기각결정	[처분성 긍정] ① 지목변경신청반려 ^{기출} ② 토지분할신청의 거부 ③ 토지대장 직권말소 ^{기출} ④ 특허청장의 상표사용권등록설정 ⑤ 건축물용도변경신청반려 ^{기출} ⑥ 건축물대장상 작성신청거부 ^{기출}	[처분성 긍정] ① 대집행 계고 ② 국 · 공립대학 임용기간 만료된 조교수에 대한 임용기간만료의 통지 ③ 농지처분의무통지 ④ 소득세원천징수자에 대한 소득금액변동 통지 ⑤ 과다지급된 연금환수통지	[처분성 긍정] 수리를 요하는 신고

[처분성 부정]	[처분성 부정]	[처분성 부정]	[처분성 부정]
공장입지기준확인	① 자동차운전면허대장에 등재 ② 토지대장상의 소유자 명의변경신청 거부 기출	① 「국가공무원법」상 당연퇴직의 인사발령 ② 소득의 귀속자에 대한 소득금액변동통지 ③ 공무원연금관리공단의 법령개정사실과 퇴직연금수급정지대상자지정통보 ④ 상표권자인 법인에 대한 청산종결등기가 됐음을 이유로 한 상표권의 말소등록	수리를 요하지 않는 신고

지문식 판례

① 건축물대장 소관청의 작성신청 반려행위는 국민의 권리관계에 영향을 미치는 것으로서 항고소송의 대상이 되는 행정처분에 해당한다.
② 건축물대장 소관청의 용도변경신청 거부행위는 국민의 권리관계에 영향을 미치는 것으로서 항고소송의 대상이 되는 행정처분에 해당한다.
③ 무허가건물관리대장에서 무허가건물을 삭제하는 행위는 항고소송의 대상이 되는 처분에 해당하지 않는다.
④ 지적공부 소관청의 지목변경신청 반려행위는 항고소송의 대상이 되는 행정처분에 해당한다.
⑤ 토지대장상의 토지소유자명의변경정정 거부는 항고소송의 대상되는 처분이 아니다.
⑥ 지적등록사항 정정신청을 반려한 행위는 헌법소원의 대상이 되는 공권력의 행사에 해당한다.
⑦ 상표권자인 법인에 대한 청산종결등기가 되었음을 이유로 한 상표권의 말소등록행위는 항고소송의 대상되는 처분이라 할 수 없다.
⑧ 과세관청이 사업자등록을 관리하는 과정에서 위장사업자의 사업자명의를 직권으로 실사업자의 명의로 정정하는 행위는 항고소송의 대상되는 처분에 해당하지 않는다.
⑨ 농지처분의무통지는 항고소송의 대상되는 처분에 해당한다.
⑩ 임용기간이 만료된 국·공립대학의 조교수에 대한 임용권자의 재임용을 거부하는 취지로 한 임용기간만료의 통지는 항고소송의 대상이 되는 처분에 해당한다.
⑪ 공무원연금관리공단의 법령 개정사실과 퇴직연금 중 일부금액의 지급정지대상자가 되었다는 사실의 통보는 항고소송의 대상되는 처분으로 볼 수 없다.
⑫ 「공무원연금법」상 과다지급된 퇴직연금에 대한 지급된 급여의 환수를 위한 행정청의 환수통지는 처분성이 인정된다.
⑬ 과세관청의 법인에 대한 소득금액변동통지는 항고소송의 대상이 되는 처분에 해당한다.
⑭ 소득의 귀속자에 대한 소득금액변동통지는 항고소송의 대상이 되는 처분에 해당하지 않는다.

22 행정행위의 부관

01 행정행위의 부관의 의의

1. 오늘날 부관의 의의

행정행위의 효과를 제한하거나 특별한 의무를 부과하거나 요건을 보충하기 위하여 주된 행위에 부가된 종된 규율이다.

2. 법정부관과 구별

① 법령에 의하여 직접 부가되는 법정부관과 구별된다.
② 법정부관에 대하여는 행정행위에 부관을 붙일 수 있는 한계에 관한 일반원칙이 적용되지 않는다. ^{기출}

02 부관의 종류

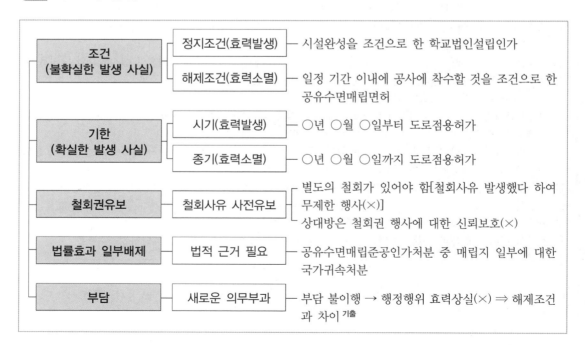

✅ 부담 정리

① 부담부 행정행위의 경우에는 부담을 이행하여야 주된 행정행위의 효력이 발생하는 것은 아니다. 기출
② 부담에 의해 부과된 의무를 상대방이 불이행할 경우 처분청은 주된 행정행위를 철회할 수 있으며 부담만을 강제집행하거나 이후의 단계적 조치를 거부할 수도 있다. 기출
③ 부담인지 조건인지 구별이 불분명한 경우 상대방에게 유리한 부담으로 본다.
④ 미리 협약으로 부담의 내용을 정한 다음 행정행위 시에 부담을 부가하는 것도 허용된다. 기출
⑤ 행정처분과 실체적 관련성이 없어 부관으로 붙일 수 없는 부담인 경우, 사법상 계약의 형식으로 처분의 상대방에게 그 부담을 부과할 수 없다. 기출

03 부관의 한계

1. 부관의 가능성

> **행정기본법 제17조【부관】** ① 행정청은 처분에 재량이 있는 경우에는 부관(조건, 기한, 부담, 철회권의 유보 등을 말한다. 이하 이 조에서 같다)을 붙일 수 있다.
> ② 행정청은 처분에 재량이 없는 경우에는 법률에 근거가 있는 경우에 부관을 붙일 수 있다. 기출
> ④ 부관은 다음 각 호의 요건에 적합하여야 한다.
>   1. 해당 처분의 목적에 위배되지 아니할 것 기출
>   2. 해당 처분과 실질적인 관련이 있을 것 기출
>   3. 해당 처분의 목적을 달성하기 위하여 필요한 최소한의 범위일 것 기출

지문식 판례

① 일반적으로 기속행위에는 법률의 근거 없이 부관을 붙일 수 없고 부관을 붙였다 하더라도 이는 무효이다. 기출
② 재량행위에 있어서는 법령상의 근거가 없다고 하더라도 부관을 붙일 수 있다. 기출
③ 포괄적인 신분관계를 설정하는 경우 효과 일부를 제한하는 부관을 붙일 수 없다.
④ 공법상 제한을 회피할 목적으로 행정처분과 실제적 관련성이 없는 부관을 상대방과 사법상 계약을 체결하는 형식으로 부가하는 것은 허용되지 않는다.

2. 사후부관의 가능성

> **행정기본법 제17조【부관】** ③ 행정청은 부관을 붙일 수 있는 처분이 다음 각 호의 어느 하나에 해당하는 경우에는 그 처분을 한 후에도 부관을 새로 붙이거나 종전의 부관을 변경할 수 있다.
>   1. 법률에 근거가 있는 경우
>   2. 당사자의 동의가 있는 경우
>   3. 사정이 변경되어 부관을 새로 붙이거나 종전의 부관을 변경하지 아니하면 해당 처분의 목적을 달성할 수 없다고 인정되는 경우 기출

04 하자 있는 부관과 행정행위

부관이 주된 행정행위의 본질적 요소인 경우 행정행위 전체가 위법하고, 본질적 요소가 아닌 경우 부관만 위법하다.

지문식 판례

① 도로점용허가의 점용기간은 행정행위의 본질적 요소이므로 점용기간을 정함에 위법이 있으면 도로점용허가 전부가 위법이 된다.
② 기부채납된 행정재산에 대한 사용·수익허가 기간은 행정행위의 본질적 요소에 해당, 부관인 허가기간에 위법사유가 있다면 이로써 이 사건 허가 전부가 위법하게 된다.

05 하자 있는 부관에 대한 행정쟁송

1. 독립쟁송가능성(대상적격)

부담만 독립하여 다툴 수 있고, 나머지 부관은 부관부행정행위를 전체로서 하나의 행정행위로 보아 취소소송을 제기해야 한다. ᄀ출

2. 일부취소소송(소송형태)

판례	부담	부담만 대상으로 일부취소소송제기 허용 - 진정일부취소소송(○)
	부담 이외의 부관	① 부관부행정행위 전체를 대상으로(소송형식), 부관만의 일부취소소송을 제기하는 것 불가(내용) - 부진정일부취소소송(×) ② 부관부 행정처분 전부취소를 구하거나 또는 부관변경신청 거부에 대해 거부처분취소소송 제기 가능

지문식 판례

① 공유수면매립준공인가 중 매립지 일부에 대한 국가귀속처분은 법률효과 일부배제에 해당하고 독립하여 행정소송의 대상이 될 수 없다. ᄀ출
② 어업면허처분 중 면허의 유효기간만 취소하여 달라는 소송을 제기하는 것은 허용될 수 없다. ᄀ출
③ 기부채납받은 행정재산에 대한 사용·수익허가에 있어서 공유재산 관리청이 정한 사용·수익허가의 기간은 독립하여 취소소송의 대상이 될 수 없다. ᄀ출
④ 개발제한구역 내 허가기간 연장신청 거부는 항고소송의 대상이 된다.

06 하자 있는 부관의 이행으로 이루어진 사법행위의 효력

① 토지형질변경행위허가에 붙은 기부채납의 부관에 따라 토지를 국가나 지방자치단체에 기부 (증여)한 경우 착오를 이유로 증여계약을 취소할 수 없다.

② 부관이 무효인 경우 그 이행으로 인한 사법행위까지 당연무효가 되는 것은 아니고 사법행위 는 취소사유에 해당할 수 있다. 기출

③ 부담이 제소기간이 경과한 경우(불가쟁력)라도 부담의 이행으로 하게 된 사법상 법률행위의 효력을 다툴 수 있다.

23 행정행위의 성립요건과 효력요건

01 성립요건과 효력발생요건

내부적 성립요건	주체	① 정당한 권한을 가진 행정청이, ② 그 권한 내의 사항에 관하여, ③ 정상적인 의사에 따른 행위
	내용	① 법률상·사실상 실현가능하고, ② 객관적으로 명확히 확정되어야 하며, ③ 적법·타당해야 함
	절차	개별법 절차 준수, 그 외 「행정절차법」상 절차 준수(독립적 위법사유)
	형식	원칙 - 서면, 예외 - 말 기타 방식
외부적 성립요건		외부에 표시, 표시되지 않은 경우 행정행위 부존재
효력발생요건		상대방에게 도달, 공고에 의한 경우 특별한 규정 없으면 14일 경과 후 효력발생

02 송달

송달 종류	우편송달	① 보통우편 송달 도달 추정(×) ② 등기우편 송달 도달 추정(○)
	교부송달	① 수령확인서를 받고 문서 교부 ② 본인 외 관계자에 교부 가능 ③ 정당한 사유 없이 거부하는 경우 그 사실을 수령확인서에 적고 문서를 송달장소에 놓아 둘 수 있음
	정보통신망 송달	송달받을 자가 지정한 컴퓨터에 입력된 때 도달
공고	사유	① 송달받을 자의 주소 등을 통상적인 방법으로 확인할 수 없는 경우 ② 송달이 불가능한 경우
	방법	관보, 공보, 게시판, 일간신문 중 하나 이상에 공고하고 인터넷에도 공고하여야 함
	효력발생	공고일부터 14일이 지난 때, 긴급히 시행할 필요가 있는 경우 예외

지문식 판례

① 납세자가 과세처분의 내용을 이미 알고 있는 경우에도 납세고지서의 송달이 불필요하다고 할 수는 없다.

② 납세고지서의 교부송달의 경우 납세의무자와 가족들이 부재중임을 알면서 아파트 문틈으로 납세고지서를 투입하는 방식으로 송달한 경우 송달의 효력이 발생하지 아니한다.

③ 통지서에 의하여 면허정지사실을 통지하지 아니하거나 처분집행예정일 7일 전까지 이를 발송하지 아니한 경우 처분은 무효이고, 면허관청이 임의로 출석한 상대방의 편의를 위하여 구두로 면허정지사실을 알렸다고 하더라도 마찬가지이다.

24 행정행위의 공정력

01 의의

행정주체의 의사는 당연무효의 하자를 제외하고 하자가 있더라도 권한 있는 기관이 취소하기 전까지 유효성의 추정을 받아 상대방 및 제3자와 취소권이 없는 타 국가기관을 구속하는 힘이다.

> **행정기본법 제15조【처분의 효력】** 처분은 권한이 있는 기관이 취소 또는 철회하거나 기간의 경과 등으로 소멸되기 전까지는 유효한 것으로 통용된다. 다만, 무효인 처분은 처음부터 그 효력이 발생하지 아니한다. 기출

02 공정력의 한계

① 행정행위에서만 인정된다. ∴ 비권력적 사실행위·법규명령·사인의 공법행위는 공정력이 인정되지 않는다.
② 무효인 행정행위는 인정되지 않는다. 기출
③ 소송법상 입증책임과 무관하다.

03 공정력과 선결문제

✔ 선결문제 정리

민사법원과 형사법원은 행정행위를 취소할 수 있는 권한 있는 기관이 아니므로 본안판단의 전제가 되는 행정행위의 효력을 부인할 수 있는지

행정행위의 효력 유무가 선결문제인 경우	
무효사유 → 선결적 무효판단 가능 [기출]	취소사유 → 선결적 취소 불가 [기출]

판례

① 과세처분의 하자가 단지 취소할 수 있는 정도에 불과할 때에는 과세관청이 이를 스스로 취소하거나 항고소송절차에서 취소되지 않는 한 그로 인한 조세의 납부가 부당이득이라 할 수 없다.
② 연령미달의 결격자가 타인명의 운전면허로 운전한 행위라도 면허가 취소되지 않는 한 무면허 운전이 아니다. [기출]

행정행위의 위법성 여부가 선결문제인 경우
행정행위의 위법성 판단은 행정행위의 효력을 부인하는 것이 아니므로 단순한 위법성 심사 가능 [기출]

판례

① 계고처분이 위법임을 이유로 배상을 청구하는 취지가 인정될 수 있는 사건에 있어, 미리 그 행정처분의 취소판결이 있어야만 그 위법임을 이유로 피고에게 배상을 청구할 수 있는 것은 아니다.
② 위법한 조치명령에 대해서는 조치명령 위반죄가 성립하지 않고, 형사법원은 시정명령이 당연무효가 아니라도 조치명령의 위법성을 심사할 수 있다.

25 행정행위의 확정력

01 불가쟁력(형식적 존속력)

1. 의의

① 쟁송기간이 경과하거나 쟁송수단을 모두 거친 행정행위일 때, 처분의 상대방 또는 이해관계인은 더 이상 그 행정행위의 효력을 다툴 수 없다. 기출
② 쟁송기간의 제한이 없는 무효인 행정행위에는 불가쟁력이 발생하지 않는다.

2. 불가쟁력이 발생한 행정처분의 효과

취소쟁송제기	① 취소쟁송제기 시 부적법 각하 ② 취소쟁송으로 그 효력을 다툴 수 없음 기출
국가배상청구	위법성이 치유되는 것은 아니므로 국가배상청구는 가능
행정청의 직권취소	행정청이 직권취소 가능 기출
기판력 기출	① 기판력 인정 안 됨 ② 처분의 기초가 된 사실관계나 법률적 판단이 확정되는 것은 아님 ③ 당사자들이나 법원이 이에 기속되어 모순되는 주장이나 판단을 할 수 없게 되는 것은 아님

02 불가변력(실질적 존속력)

1. 의의

① 행정행위에 하자나 사정변경이 있는 경우 원칙적으로 직권취소 또는 철회가 가능하다.
② 예외적으로 준사법적 행정행위는 그 성질상 행정청 스스로 직권취소나 철회할 수 없다.
③ 무효인 행정행위는 불가변력이 발생하지 않는다.

2. 불가변력이 논의되는 영역

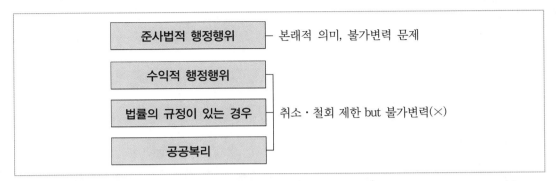

불가변력은 모든 행정행위에 인정되는 것은 아니며, 준사법적 행정행위에만 인정된다. ^{기출}

3. 불가변력의 한계

불가변력은 당해 행정행위에 대하여서만 인정되는 것이고, 동종의 행정행위라 하더라도 그 대상을 달리할 때에는 이를 인정할 수 없다. ^{기출}

4. 불가쟁력과 불가변력의 관계

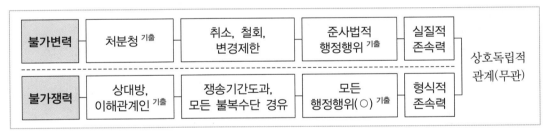

따라서, ① 불가쟁력이 발생한 행정행위라도 행정청은 직권취소(○)
② 불가변력이 있는 행정행위라도 상대방은 쟁송취소를 제기(○) ^{기출}

26 행정행위의 무효와 취소

01 무효와 취소의 구별

1. 구별의 실익

구분	효력	선결 문제	공정력	하자치유 · 전환	하자 승계	쟁송 방법	불가 쟁력	사정 판결
무효	처음부터 효력(×)	선결적 무효판단(○)	없음	하자전환	당연승계	확인 쟁송	인정 (×)	부정
취소	취소 시까지 효력(○)	선결적 취소(×)	인정	하자치유	1개의 효과 완성하는 경우	취소 쟁송	인정 (○)	긍정

2. 무효와 취소의 구별학설

중대 · 명백설	처분 당시 하자가 중대하고 명백하면 무효, 그 외는 취소사유 ^{기출}
명백성 보충설	처분 당시 하자가 중대하면 무효, 예외적으로 명백성까지 필요한 경우 있음

02 무효사유와 취소사유

1. 주요판례

무효 판례	① 권한 없는 행정청의 처분 ② 행정기관의 권한범위 밖의 행위 ③ 위법하게 구성된 입지선정위원회의 입지결정처분 ④ 문서(계고서)에 의하지 않은 계고, 독촉서에 의하지 않은 독촉 ^{기출} ⑤ 체납자 아닌 제3자에 대한 압류 ⑥ 행정재산의 착오에 의한 매각처분 ⑦ 특정되지 않은 계고처분 ⑧ 적법한 건축물에 대한 철거명령, 대집행 계고 ⑨ 거부처분이 행해진 후 거부처분이 취소되지 않는 한 거부처분을 반복하는 것 ⑩ 이미 위헌결정이 난 법률에 근거한 처분 ⑪ 환경영향평가를 거쳐야 할 대상사업에 대하여 환경영향평가를 거치지 않은 개발사업승인 ⑫ 필수적으로 거쳐야 할 과세전적부심사를 위반한 과세처분 ⑬ 도지사의 인사교류안의 작성과 그에 따른 인사교류의 권고가 전혀 이루어지지 않은 상태에서 행해진 처분 ⑭ 의견진술을 듣지 않은 공무원에 대한 징계처분
취소사유 판례	① 청문절차를 위반한 처분 ② 납세고지서에 기재사항이 누락된 처분 ③ 다른 행정기관의 필요적 자문을 거치지 않은 처분 ④ 독촉절차 없는 압류처분 ⑤ 기업자의 과실로 인하여 토지소유자나 관계인을 알지 못하여 이들의 참가 없이 한 수용재결 ⑥ 택지개발계획을 승인함에 있어서 이해관계자의 의견을 듣지 아니하였거나 토지소유자에 대한 통지를 하지 아니한 하자 ⑦ 2 이상의 시·도에 걸친 노선업종에 있어서 노선관련 사업계획의 변경인가처분이 미리 관계도지사와 협의를 거치지 않고 행해진 경우 ⑧ 압류재산의 가액이 징수할 국세액을 초과한 경우

2. 취소사유에 해당하지 않는 판례

지문식 판례

① 도시계획심의위원회의 심의를 거치지 않고 개발행위의 허가신청이 허가기준에 맞지 않다는 이유로 불허가를 한 경우 불허가처분에 취소사유에 이를 정도의 절차상 하자가 있다고 볼 수 없다. 다만 심의를 거치지 아니한 결과 마땅히 고려하여야 할 사정을 참작하지 아니하였다면 그 불허가 처분은 위법하다.

② 개발제한구역의 해제 여부의 결정을 위하여 개최된 중앙도시계획위원회의 표결과정에서 표결권이 없는 광역교통실장이 참석하여 다른 표결권자 대신 표결한 경우 건설교통부장관의 개발제한구역 해제결정까지 위법하다고 할 수 없다.

3. 위헌법령에 근거한 처분

지문식 판례

① 처분 후 근거법률이 위헌결정이 난 경우 처분은 취소사유, 이미 위헌결정이 난 법률에 근거한 처분은 무효이다. ^{기출}

② 법률의 위헌결정의 소급효는 불가쟁력이 발생한 처분에는 인정되지 않는다.

③ 헌법재판소는 중대명백설을 취하되 예외적으로 중대한 하자이기만 한 경우에도 무효를 인정한다.

4. 무효와 취소의 상대성

무효인 처분 → 취소소송 제기(○) → 무효선언의미 취소판결 → 제소기간 경과 시 → 각하판결
취소사유인 처분 → 무효확인소송 제기(○) → 취소판결 → 제소기간 경과 시 → 기각판결

27 하자의 승계

01 의의

동일한 행정목적을 달성하기 위하여 둘 이상의 행정행위가 단계적인 일련의 절차로 연속하여 행하여지는 경우, 불가쟁력을 발생한 선행행위가 지닌 흠을 이유로 흠 없는 후행행위의 효력을 다툴 수 있는지를 의미한다.

02 논의의 전제 ^{기출}

① 선행행위와 후행행위 모두 항고소송의 대상이 될 것
② 선행행위에 취소사유 → 선행처분이 무효인 경우 후행처분은 당연무효
③ 후행행위 적법
④ 선행행위에 불가쟁력 발생

03 하자의 승계인정 여부

1. 판례상 판단기준

원칙	선행처분과 후행처분이 서로 동일한 법적 효과를 목적으로 결합한 경우 하자승계 긍정, 서로 별개의 법적 효과를 목적으로 결합한 경우 하자승계 부정
예외	서로 별개의 법적 효과를 목적으로 결합한 경우, 선행처분에 대한 예측가능성 유무와 수인한 도론을 이유로 하자승계 예외적 인정

수인한도와 예측가능성을 이유로 하자승계 인정

위법한 개별공시지가결정에 대하여 그 정해진 시정절차를 통하여 시정하도록 요구하지 아니하였다는 이유로 위법한 개별공시지가를 기초로 한 과세처분 등 후행 행정처분에서 개별공시지가결정의 위법을 주장할 수 없도록 하는 것은 수인한도를 넘는 불이익을 강요하는 것으로서 국민의 재산권과 재판받을 권리를 보장한 헌법의 이념에도 부합하는 것이 아니라고 할 것이다.

수인한도를 넘는 불이익이 아니라면 하자의 승계는 인정되지 않음

개별공시지가 결정에 대한 재조사청구에 따른 감액조정에 대하여 더 이상 불복하지 아니한 경우, 이를 기초로 한 양도소득세 부과처분 취소소송에서 다시 개별토지가격 결정의 위법을 당해 과세처분의 위법사유로 주장할 수 없다.

2. 인정 여부 판례 정리

하자승계가 인정된 판례	① 조세체납처분에서의 독촉·압류·매각·충당의 각 행위 [기출] ② 행정대집행상의 계고·통지·실행·비용징수 간의 행위 [기출] ③ 암매장분묘개장명령과 계고처분 ④ 귀속재산의 임대처분과 매각처분 ⑤ 한지의사시험자격인정과 한지의사면허처분 ⑥ 안경사시험의 합격취소처분과 안경사면허취소처분 [기출] ⑦ 기준지가고시처분과 토지수용처분 ⑧ 개별공시지가결정과 과세처분(양도소득세 부과) ⑨ 개별공시지가결정과 개발부담금 부과 ⑩ 표준지공시지가 결정과 수용(수용금)재결 [기출] ⑪ 친일반민족행위자 최종발표와 유가족 등에 대한 독립유공자법 적용배제결정 [기출]
하자승계가 부정된 판례	① 건물철거명령과 대집행 계고 [기출] ② 조세부과처분과 체납처분 [기출] ③ 공무원 직위해제처분과 면직처분 [기출] ④ 변상판정과 변상명령 ⑤ 도시계획결정과 수용재결처분 ⑥ 도시계획시설변경과 사업계획승인처분 ⑦ 사업인정과 수용재결처분 [기출] ⑧ 택지개발승인과 수용재결처분 ⑨ 택지개발예정지구 지정과 택지개발계획 승인 [기출] ⑩ 「병역법」상 보충역편입처분과 공익근무요원소집처분 ⑪ 표준공시지가결정과 개별토지가격결정 ⑫ 표준공시지가결정과 과세처분

28 행정행위 하자의 치유와 전환

01 하자의 치유

제한적 인정	행정처분의 하자치유는 원칙적 부정, 그러나 행정처분의 무용한 반복을 피하고 법적 안정성 차원에서 국민의 권리나 이익을 침해하지 않는 범위 내 예외적 인정
사유	① 흠결된 요건의 사후보완, ② 장기간의 방치로 인한 법률관계의 확정, ③ 공공복리에 의한 취소권 행사의 제한(②, ③의 사유는 취소권의 제한으로 봄이 통설)
무효처분	처분이 취소사유인 경우로서 경미한 하자의 경우 인정되고 무효인 처분은 하자치유 부정 기출
내용상 하자치유	내용상 하자의 치유에 대해서는 부정(판례)
가능 시기	① 소송단계에서 하자의 치유를 부정(판례) ② 과세처분에 대한 불복 여부의 결정 및 불복신청에 편의를 줄 수 있는 상당한 기간 내에 보정행위를 하여야 그 하자가 치유
효과	치유 시가 아닌 처음부터 적법한 행위와 같은 효과

지문식 판례

｜하자치유 긍정판례｜

① 청문서 도달기간을 어겼더라도 영업자가 이의하지 아니한 채 스스로 청문일에 출석하여 의견을 진술하고 변명하는 등의 방어의 기회를 가진 경우 청문서 도달기간을 준수하지 아니한 하자는 치유되었다고 봄이 상당하다.

② 납세고지서의 기재사항 일부 등이 누락된 경우라도 앞서 보낸 과세예고통지서 등에 필요적 기재사항이 제대로 기재된 경우 납세고지서의 하자가 치유된다.

③ 압류처분의 단계에서 독촉의 흠결과 같은 절차상의 하자가 있었다고 하더라도 그 이후에 이루어진 공매절차에서 공매통지서가 적법하게 송달된 바가 있다면 매수인이 매각결정에 따른 매수대금을 납부한 이후에는 당해 공매처분을 취소할 수 없다.

④ 징계처분에 대한 재심절차는 원래의 징계절차와 함께 전부가 하나의 징계처분 절차를 이루는 것으로서 원래의 징계과정에 절차 위반의 하자가 있더라도 재심과정에서 보완되었다면 그 절차 위반의 하자는 치유된다.

┃하자치유 부정판례┃

① 처분의 하자가 내용에 관한 것이고 새로운 노선면허가 소제기 이후에 이루어진 경우 하자치유는 부정된다.

② LPG충전사업허가의 경우 인근주민의 동의를 받아야 함에도 받지 않은 자에게 허가가 발령되어 경원자가 그 신규사업허가의 취소를 구한 소송에서 처분 후 동의를 받았다는 이유로 그 하자가 치유되지 않는다.

③ 납세고지서에 세액산출근거를 전혀 명기하지 아니하였다면 설사 과세관청이 사전에 납세의무회사의 직원을 불러 과세의 근거와 세액산출근거 등을 사실상 알려준 바 있다 하더라도 하자치유되지 않는다.

④ 납세고지서에 세액산출근거 등이 기재사항이 누락된 하자는 납세의무자가 나름대로 산출근거를 알고 있다거나 사실상 이를 알고서 쟁송에 이르렀다 하더라도 치유되지 않는다.

⑤ 청문일시에 불출석하였다는 이유만으로 청문을 실시하지 아니한 침익적 처분은 하자가 치유되지 않고 위법하다.

⑥ 공무원 임용결격사유가 있는 경우 임용은 무효이므로 국가가 과실에 의하여 이를 밝혀내지 못하였다고 하더라도 그 하자는 치유되지 않는다.

⑦ 과세처분에 대한 전심절차가 모두 끝나고 상고심의 계류 중에 세액산출근거의 통지가 있었다고 하여 과세처분의 하자는 치유되지 않는다.

02 하자의 전환

요건	① 전환될 행정행위의 요건·목적·효과 사이에 실질적 공통성이 있을 것 ② 전환될 행정행위의 처분청과 절차 및 형식의 동일성이 있을 것 ③ 전환되는 행정행위는 적법한 성립·발효요건을 갖추고 있을 것 ④ 당사자가 전환을 의욕하는 것으로 인정될 것 ⑤ 행위의 중복을 회피하는 의미가 있을 것
전환의 효과	전환 시가 아닌 종전의 행정행위의 발령 당시로 소급하여 효력발생
전환의 성질	상대방에 대한 새로운 행정행위. 상대방은 전환 후 처분을 항고소송으로 다툴 수 있음

29 행정행위의 취소와 철회

01 행정행위의 직권취소와 쟁송취소

구분	직권취소	쟁송취소
취소권자	처분행정청, 감독청 견해대립	• 이의신청 : 처분청 • 행정심판 : 행정심판위원회 • 행정소송 : 항고소송 법원
취소대상	수익적 행정행위, 부담적 행정행위	부담적 행정행위
법적 근거	별도의 법적 근거 불요(「행정기본법」 일반적 근거)	「행정심판법」, 「행정소송법」
신청권	직권취소 신청권 일반적 부정	일반적 재판청구권, 행정심판청구권 인정
취소사유	위법성, 부당성	항고소송은 위법성만, 이의신청과 행정심판은 위법성, 부당성
취소권의 제한	공익·사익의 이익형량	사정판결, 사정재결
취소기간	기간제한 없음 기출	쟁송제기기간의 제한
취소절차	「행정절차법」상 절차	「행정심판법」, 「행정소송법」에 따른 절차
취소의 내용	적극적 변경이 가능	• 행정소송 : 처분의 전부취소 또는 일부취소 의미의 소극적 변경 • 이의신청, 행정심판 : 적극적 변경 가능
취소의 효력	원칙적 소급효, 신뢰보호 소급효 제한	원칙적 소급효 기출, 사정판결에 의한 제한

02 행정행위의 직권취소와 철회

구분	직권취소	철회
사유	성립 당시 존재한 하자 기출	성립 후 새로운 사유 기출
인정취지	위법성의 시정	합리적 공익유지
주체	처분청, 감독청(견해대립)	처분청만, 감독청 부정 기출
법적 근거	불요(일반적 당사자의 신청권 부정)	불요(일반적 당사자의 신청권 부정)
소급효	소급효 긍정, 단 기득권 보호의 제한	원칙적 소급효 부정

행정기본법

제18조【위법 또는 부당한 처분의 취소】 ① 행정청은 위법 또는 부당한 처분의 전부나 일부를 소급하여 취소할 수 있다. 다만, 당사자의 신뢰를 보호할 가치가 있는 등 정당한 사유가 있는 경우에는 장래를 향하여 취소할 수 있다. ^{기출}

② 행정청은 제1항에 따라 당사자에게 권리나 이익을 부여하는 처분을 취소하려는 경우에는 취소로 인하여 당사자가 입게 될 불이익을 취소로 달성되는 공익과 비교·형량(衡量)하여야 한다. 다만, 다음 각 호의 어느 하나에 해당하는 경우에는 그러하지 아니하다.

1. 거짓이나 그 밖의 부정한 방법으로 처분을 받은 경우
2. 당사자가 처분의 위법성을 알고 있었거나 중대한 과실로 알지 못한 경우

제19조【적법한 처분의 철회】 ① 행정청은 적법한 처분이 다음 각 호의 어느 하나에 해당하는 경우에는 그 처분의 전부 또는 일부를 장래를 향하여 철회할 수 있다. ^{기출}

1. 법률에서 정한 철회 사유에 해당하게 된 경우
2. 법령등의 변경이나 사정변경으로 처분을 더 이상 존속시킬 필요가 없게 된 경우 ^{기출}
3. 중대한 공익을 위하여 필요한 경우

② 행정청은 제1항에 따라 처분을 철회하려는 경우에는 철회로 인하여 당사자가 입게 될 불이익을 철회로 달성되는 공익과 비교·형량하여야 한다. ^{기출}

지문식 판례

① 처분에 하자가 있는 경우 원칙적 별도의 법적 근거가 없더라도 행정청은 스스로 이를 직권으로 취소할 수 있다. ^{기출}

② 직권취소를 할 수 있다는 사정만으로 이해관계인에게 처분청에 대하여 그 취소를 요구할 신청권이 부여된 것으로 볼 수는 없다.

③ 행정청은 그 처분 당시에 별다른 하자가 없었고, 별도의 법적 근거가 없더라도 원래 처분을 존속시킬 필요가 없게 된 사정변경이나 중대한 공익상 필요가 발생한 경우 철회할 수 있다.

④ 상대방 등에게 행정행위의 철회, 변경을 요구할 신청권까지 부여한 것은 아니다.

⑤ 취소소송이 진행 중이라도 그 부과권자로서는 위법한 처분을 스스로 취소하고 그 하자를 보완하여 다시 적법한 부과처분을 할 수도 있다. ^{기출}

⑥ 수익적 처분의 직권취소 필요성에 관한 증명책임은 행정청에 있다. ^{기출}

⑦ 「산업재해보상보험법」상 연금지급결정을 취소하는 처분이 적법하다고 하여 그에 터 잡은 징수처분이 반드시 적법한 것은 아니다. ^{기출}

03 행정행위의 취소(철회)의 취소

침익적 처분의 취소의 취소는 부정되고, 취소하더라도 원처분은 부활하지 않는다. 수익적 처분의 취소의 취소는 긍정되고, 중간에 새로운 이해관계인이 없다면 원처분은 부활·유지된다. 기출

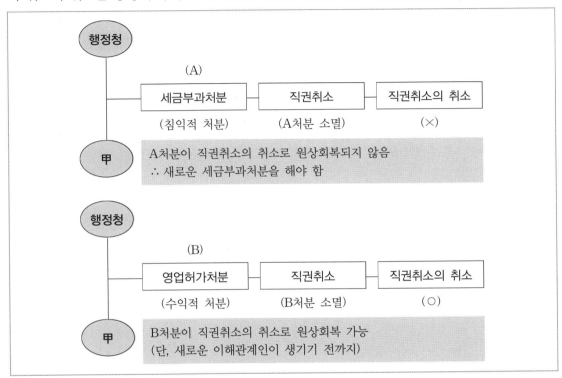

지문식 판례

│ 침익적 처분의 취소의 취소 │

① 과세관청은 부과의 취소를 다시 취소함으로써 원부과처분을 소생시킬 수는 없고 납세의무자에게 종전의 과세대상에 대한 납부의무를 지우려면 다시 법률에서 정한 부과절차에 좇아 동일한 내용의 새로운 처분을 하는 수밖에 없다.

② 종전의 병역처분의 효력은 취소 또는 철회되어 확정적으로 상실된다고 보아야 할 것이므로 그 후 새로운 병역처분의 성립에 하자가 있었음을 이유로 하여 이를 취소한다고 하더라도 종전의 병역처분의 효력이 되살아난다고 할 수 없다.

│ 수익적 처분의 취소의 취소 │

① 행정청이 의료법인의 이사에 대한 이사취임승인취소처분(제1처분)을 직권으로 취소(제2처분)한 경우에는 그로 인하여 이사가 소급하여 이사로서의 지위를 회복하게 된다.

② 영업허가취소처분이 행정쟁송절차에 의하여 취소되었다면 그 영업허가취소처분 이후의 영업행위를 무허가 영업이라고 볼 수는 없다.

04 실효

실효사유
① 해제조건의 성취, 종기의 도래   ② 행정행위의 대상 소멸
③ 목적의 달성 또는 불가능   ④ 예식장영업허가를 받은 자가 자진폐업
⑤ 유기장영업허가를 받은 자가 유기시설을 철거   ⑥ 실효 후 영업재개는 무허가영업

지문식 판례

① 유기장영업허가를 받은 자가 영업장소를 명도하고 유기시설을 모두 매각함으로써 유기장업을 폐업한 경우 그 영업허가취소처분의 취소를 구할 소의 이익이 없다.

② 종전의 결혼예식장영업을 자진폐업한 이상 다시 예식장영업허가신청을 하였더라도 이는 전혀 새로운 영업 하가의 신청이므로 소멸한 종전의 영업허가권이 당연히 되살아나는 것은 아니다.

30 행정행위의 확약

01 구별개념

예비(사전)결정 기출	• 예비결정: 한정된 사항에 대한 것이기는 하지만 종국적 결정 • 확약: 종국적 결정을 하겠다는 약속
가행정행위	• 가행정행위: 잠정적이기는 하지만 확정적인 효력 인정 • 확약: 약속에 불과하여 확정적 효력이 발생하지 않음
부분허가	• 부분허가: 부분허가 범위 내 허가의 법적효과 발생 • 확약: 확약 자체에 대한 확정적 법적 효과 부정
공법상 계약 기출	• 공법상 계약: 복수당사자의 의사의 합치 • 확약: 행정청의 일방적인 행위

지문식 판례

┃ 부분허가 ┃

원자로 및 관계시설의 부지사전승인처분은 그 자체로 독립적인 행정처분이지만, 나중에 건설허가처분이 있게 되면 건설허가처분에 흡수되어 독립된 존재가치를 상실하여 건설허가처분만이 쟁송의 대상이 된다. 기출

┃ 예비결정 ┃

① 「폐기물관리법」 규정에 의한 폐기물처리업사업계획에 대한 적정·부적정통보는 행정처분에 해당한다.
② 정부 간 잠정협정에 의한 운수권배분은 처분이다.

┃ 확약 ┃

① 어업권면허에 선행하는 우선순위결정은 강학상 확약이고 행정처분이 아니므로 공정력이나 불가쟁력이 발생하지 않는다. 기출
② 확약 후 사실적·법률적 상태가 변경되었다면, 행정청의 별다른 의사표시를 기다리지 않고 실효된다. 기출
③ 내인가를 한 후 그 본인가 신청이 있음에도 내인가를 취소함으로써 다시 본인가에 대하여 따로 인가 여부의 처분을 한다는 사정이 보이지 않는 경우 내인가취소를 인가신청거부처분으로 볼 수 있다.

02 확약의 근거와 한계

> **행정절차법 제40조의2【확약】** ① 법령등에서 당사자가 신청할 수 있는 처분을 규정하고 있는 경우 행정청은 당사자의 신청에 따라 장래에 어떤 처분을 하거나 하지 아니할 것을 내용으로 하는 의사표시(이하 "확약"이라 한다)를 할 수 있다.
> ② 확약은 문서로 하여야 한다.
> ③ 행정청은 다른 행정청과의 협의 등의 절차를 거쳐야 하는 처분에 대하여 확약을 하려는 경우에는 확약을 하기 전에 그 절차를 거쳐야 한다.
> ④ 행정청은 다음 각 호의 어느 하나에 해당하는 경우에는 확약에 기속되지 아니한다.
>   1. 확약을 한 후에 확약의 내용을 이행할 수 없을 정도로 법령등이나 사정이 변경된 경우
>   2. 확약이 위법한 경우
> ⑤ 행정청은 확약이 제4항 각 호의 어느 하나에 해당하여 확약을 이행할 수 없는 경우에는 지체 없이 당사자에게 그 사실을 통지하여야 한다.

법적 근거	법령이 행정청에 대해 본 행정행위를 할 수 있는 권한을 부여한 이상 확약의 권한도 아울러 주어진 것으로 볼 수 있음(본처분포함설 – 다수설)
한계	① 기속행위 : 확약 가능 ② 본 처분요건 구비 후 : 확약 가능(준비이익, 기대이익)
성립요건	본 처분의 권한 있는 행정청이 ^{기출}, 내용상 실현 가능하고 명확하게 본 처분이 요구하는 사전절차가 있는 경우 이를 모두 거친 후 확약

03 확약의 효과

1. 확약의 구속력(다수설)

행정청은 확약된 내용을 이행할 의무가 있고, 상대방에게는 확약된 내용의 이행을 청구할 권리를 가진다. 확약의 구속력에 대해서는 신뢰보호의 원칙이 다수설이다.

2. 확약의 취소 · 변경 · 철회의 제한

직권취소 · 철회의 제한법리가 그대로 적용될 수 있다(이익형량에 따른 제한).

3. 사정변경과 확약의 실효

확약 후 사실적 법률적 상태가 변경되었다면 그와 같은 확약은 행정청의 별다른 의사표시를 기다리지 않고 실효된다(판례).

31 행정계획

01 행정계획의 법적 성질

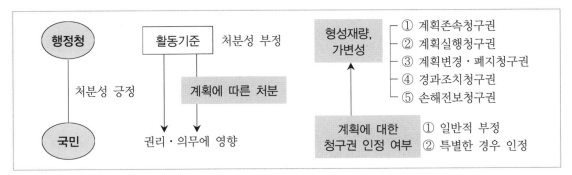

구분	처분성 인정 여부(개별적 검토설)
처분성 인정판례	① 도시·군관리계획결정 [기출] ②「도시재개발법」상의 관리처분계획 ③ 택지개발예정지구의 지정·고시 ④ 개발제한구역의 지정·고시 [기출]
처분성 부정판례	① 각종 기본계획 또는 종합계획, 4대강 마스터플랜 ② 택지개발사업 시행자의 택지공급방법 결정(분양계획을 위한 사전준비절차로서 사실행위) ③ 환지계획

02 행정계획의 법적 근거

1. 작용법적 근거

구속적 행정계획은 작용법적 근거가 필요하나 비구속적 행정계획은 필요하지 않다고 본다.

2. 절차법적 근거

① 현행「행정절차법」상 행정계획 수립에 관한 일반절차나 국민의 재산상 손실의 보상에 관한 규정을 두고 있지 아니하다. [기출]

② 개별법에 규정된 절차가 있는 경우 이를 거치지 않은 행정계획은 위법하다.

03 행정계획의 효력

지문식 판례

① 관보에 게재하여 고시하지 아니한 도시계획결정은 대외적으로 아무런 효력도 발생하지 아니한다.
② 후행 도시계획에 선행 도시계획과 서로 양립할 수 없는 내용이 포함되어 있다면 특별한 사정이 없는 한 선행 도시계획은 후행 도시계획과 같은 내용으로 변경된다. 기출
③ 후행 도시계획의 결정을 하는 행정청이 선행 도시계획의 결정·변경 등에 관한 권한을 가지고 있지 아니한 경우에는 선행 도시계획과 양립할 수 없는 내용이 포함된 후행 도시계획결정의 효력은 무효이다.

04 계획재량과 행정재량의 비교

행정절차법 제40조의4【행정계획】 행정청은 행정청이 수립하는 계획 중 국민의 권리·의무에 직접 영향을 미치는 계획을 수립하거나 변경·폐지할 때에는 관련된 여러 이익을 정당하게 형량하여야 한다.

구분	계획재량	행정행위 재량
근거법 구조	목적프로그램	조건프로그램
판단대상	새로운 질서의 형성에 관한 것(형성재량)	기존의 구체적인 생활관계에 대한 것
통제	절차적 통제 중심, 실체적 통제는 형량명령	절차적 통제 + 실체적 통제(일탈·남용)
관련 판례	① 「도시계획법」상의 소정의 절차를 위반한 행정처분은 위법 ② 도시계획안의 공고 및 공람절차에 하자가 있는 도시계획결정은 위법 ③ 행정주체는 구체적인 행정계획을 입안, 결정함에 있어서 광범위한 형성의 자유를 가짐 기출 ④ 행정주체가 행정계획을 입안, 결정함에 있어서 이익형량을 전혀 행하지 아니하거나 이익형량의 고려 대상에 마땅히 포함시켜야 할 사항을 누락한 경우 또는 이익형량을 하였으나 정당성, 객관성이 결여된 경우에는 그 행정계획결정은 재량권을 일탈, 남용한 것으로서 위법 기출	

05 행정계획과 권리구제

구분	구제상의 문제점
사전적 구제	「행정절차법」상 계획확정절차와 같은 사전구제수단에 관한 일반규정이 없음
행정쟁송	① 광범위한 형성재량으로 사법적 통제가 용이하지 않음 ② 형량하자가 인정되는 경우 위법성 인정(형량의 해태, 형량의 흠결, 형량조사의 하자, 형량위배)
손해전보	국가배상과 손실보상의 요건구비에 따라 손해배상청구권, 손실보상청구권 인정
계획보장 청구권	① 행정계획의 가변성, 광범위한 형성재량 등을 이유로 일반적인 계획보장청구권은 인정되지 않음 ② 예외적으로 계획변경이나 계획입안을 요구할 법규상 조리상 신청권이 인정되는 자에 대한 계획보장청구권은 인정

지문식 판례

① 도시계획이 일단 확정된 후에 어떤 사정의 변동이 있다고 하여 지역주민에게 일일이 그 계획의 변경 또는 폐지를 청구할 권리를 인정해 줄 수 없다(원칙적 계획변경청구권은 인정되지 않는다). 기출
② 장래 일정 기간 내에 관계법령이 규정하는 시설 등을 갖추어 일정한 행정처분을 구하는 신청을 할 수 있는 법률상 지위에 있는 자의 국토이용계획변경신청을 거부하는 것이 실질적으로 당해 행정처분 자체를 거부하는 결과가 되는 경우에는 예외적으로 그 신청인에게 국토이용계획변경을 신청할 권리가 인정된다.
③ 도시계획구역 내 토지 등을 소유하고 있는 주민으로서는 입안권자에게 도시계획입안을 요구할 법규상 조리상의 신청권이 있고 이러한 신청에 대한 거부행위는 항고소송의 대상이 되는 행정처분에 해당한다. 기출
④ 문화재보호구역 내 토지소유자의 문화재보호구역 지정해제신청에 대한 행정청의 거부는 항고소송의 대상되는 처분에 해당한다.
⑤ 도시계획시설부지로 지정하고 장기간 도시계획사업을 시행하지 않은 경우 다양한 보상가능성을 통해 보상을 하여야 한다.
⑥ 장기미집행 도시계획시설결정의 실효제도는 법률상 권리일 뿐 헌법상 재산권으로부터 도출되는 권리는 아니다.

32 공법상 계약

01 공법상 계약의 법적 근거

원칙적 법률유보 적용(×), 법률우위의 원칙 적용(○) 기출

> **행정기본법 제27조【공법상 계약의 체결】** ① 행정청은 법령등을 위반하지 아니하는 범위에서 행정목적을 달성하기 위하여 필요한 경우에는 공법상 법률관계에 관한 계약(이하 "공법상 계약"이라 한다)을 체결할 수 있다. 이 경우 계약의 목적 및 내용을 명확하게 적은 계약서를 작성하여야 한다. 기출
> ② 행정청은 공법상 계약의 상대방을 선정하고 계약 내용을 정할 때 공법상 계약의 공공성과 제3자의 이해관계를 고려하여야 한다. 기출

02 공법상 계약의 특질

구분		행정행위	공법상 계약	사법상 계약
성립상의 특징		행정청의 권력작용	① 성립상 감독청의 승인·보고를 요하는 경우가 많음 ② 계약 내용의 획일·정형화	계약자유의 원칙
효력상의 특징		공정력·확정력·자력집행력(○)	① 공정력·확정력·자력집행력(×) ② 공익상 필요에 의한 행정청의 일방적 해지(가능)	사정변경만으로 해지제한
하자 있는 행위		공정력에 의해 취소 전 유효	공정력 없으므로 무효	공정력 없으므로 무효
의무강제수단		행정청의 자력집행력의 인정	법원에 의한 강제집행	법원에 의한 강제집행
쟁송절차		행정소송 중 항고소송	행정소송 중 당사자소송 기출	민사소송

① 계약직공무원 채용계약해지의 의사표시는 일반공무원에 대한 징계처분이 아니어서 항고소송의 대상인 처분이 아니므로 당사자소송으로 분쟁을 해결한다.
② 계약직공무원 채용계약해지의 의사표시는 행정처분이 아니므로 「행정절차법」상 근거와 이유를 제시하여야 하는 것은 아니다.
③ 지방계약직공무원에 대하여 「지방공무원법」등에 정한 징계절차에 의하지 않고 보수를 삭감할 수 없다.

03 공법상 계약의 종류

행정주체 상호 간 계약	① 지방자치단체 간 교육사무위탁 ② 지방자치단체 상호 간의 도로·하천의 관리 및 경비부담에 관한 협의
행정주체와 사인 간의 계약	① 영조물 이용관계를 위한 계약 ② 임의적 공용부담(예 문화재·도로용지의 기증) ③ 행정사무의 위탁(예 별정우체국의 지정) ④ 보조금지급에 관한 계약 ⑤ 전문직 공무원채용계약
사인 간의 계약	공무수탁사인과 다른 사인 간의 계약

04 판례(공법관계 / 사법관계 분류판례 참조)

① 도시계획사업의 시행자가 그 사업에 필요한 토지를 협의취득하는 행위는 사법상 계약
② 지방자치단체와 기업 간의 생활폐기물수집·운반대행위탁계약은 사법상 계약기출
③ 국립의료원 부설 주차장 운영계약 해지의 실질은 행정처분으로 강학상 특허(항고소송)
④ 서울특별시무용단원 위촉은 공법상 계약, 그 해촉은 당사자소송으로 무효확인을 청구
⑤ 공중보건의사채용계약 해지의 의사표시는 공법상 당사자소송으로 무효확인을 청구
⑥ 지방전문직공무원채용계약 해지의 의사표시는 공법상 당사자소송으로 의사표시의 무효확인을 청구
⑦ 중소기업 정보화지원사업에 따른 지원금 출연계약은 공법상 계약으로 당사자소송 청구

지문식 판례

① 「국가를 당사자로 하는 계약에 관한 법률」이나 「공공기관의 운영에 관한 법률」에 따른 국가나 공기업이 일방당사자가 되는 계약은 사법상 계약과 다를 바가 없다. ^{기출}

② 중소기업 정보화지원사업에 따른 지원금 출연을 위하여 중소기업청장이 체결하는 협약은 공법상 계약이고 협약의 해지 및 그에 따른 환수통보는 공권력 행사로서 처분에 해당한다고 볼 수 없다.

③ 「사회기반시설에 대한 민간투자법」상 민간투자사업의 사업시행자 지정은 행정처분으로 항고소송의 대상이 된다.

④ 지방자치단체 등이 허가권자인 다른 지방자치단체의 장과 건축협의를 하던 중에 한 건축협의 취소는 항고 소송의 대상되는 처분에 해당한다.

⑤ 재단법인 한국연구재단이 갑 대학교 총장에게 연구개발비의 부당집행을 이유로 2단계 두뇌한국(BK21)사 업협약을 해지하는 것은 항고소송의 대상되는 행정처분에 해당한다.

⑥ 전문직 공무원채용계약의 해지의 의사표시는 행정처분이 아니므로 「행정절차법」에 의하여 근거와 이유를 제시하여야 하는 것은 아니다. ^{기출}

⑦ 지방계약직공무원에 대하여 「지방공무원법」 등에 정한 징계절차에 의하지 않고 보수를 삭감할 수 없다.

33 행정지도

01 「행정절차법」 규정

의의	비권력적 사실행위	① 행정기관이 일정한 행위를 하거나 하지 아니하도록 지도, 권고, 조언 등을 하는 행정작용 ② 법적 효과의 발생을 목적으로 하는 행정청의 의사표시(×) 기출
기본원칙	비례원칙	행정지도는 그 목적 달성에 필요한 최소한도에 그쳐야 함 기출
	임의성원칙	지도받는 자의 의사에 반하여 부당하게 강요하여서는 안 됨 기출
	불이익조치금지	행정기관은 상대방이 행정지도에 따르지 아니하였다는 것을 이유로 불이익한 조치를 하여서는 안 됨 기출
행정지도의 방식	실명제	행정지도를 하는 자는 상대방에게 당해 행정지도의 취지·내용 및 신분을 밝혀야 함 기출
	서면교부	행정지도가 말로 이루어지는 경우에 상대방이 서면의 교부를 요구하면 직무 수행에 특별한 지장이 없으면 이를 교부해야 함
	공통사항 공표	행정기관이 같은 목적을 실현하기 위하여 다수의 상대방에게 행정지도를 하고자 하는 경우에는 특별한 사정이 없으면 행정지도에 공통적인 내용이 되는 사항을 공표해야 함 기출
	의견제출	행정지도의 상대방은 해당 행정지도의 방식·내용 등에 대하여 행정기관에 의견제출을 할 수 있음 기출

02 행정지도의 한계와 권리구제

법적 한계	법률유보	① 원칙적 작용법적 근거 불요 ^{기출} ② 규제적 지도의 경우 작용법적 근거가 필요
	법률우위	법률우위의 원칙 적용 ^{기출}
권리구제	위법성 조각	위법한 관행에 따라 허위신고행위에 이르렀다고 하여 그 범법행위가 정당화되지 않음(판례). 위법성 조각(×) ^{기출}
	국가배상	공무원의 직무행위에는 포함되나, 인과관계나 위법성 인정이 곤란함. 판례는 인정하는 경우가 있음 ^{기출}
	항고소송	원칙 부정, 예외 인정
	헌법소원	원칙 부정, 예외 인정

지문식 판례

① 주류거래를 일정 기간 중지하여 줄 것을 요청한 행위는 권고 내지 협조를 요청하는 권고적 성격의 행위로 원고의 법률상의 지위에 직접적인 법률상의 변동을 초래하는 행정처분이라 볼 수 없다.
② 소속 장관의 서면에 의한 경고는 항고소송의 대상이 되는 처분에 해당하지 않는다.
③ 행정규칙에 의한 '불문경고조치'는 처분에 해당한다.
④ 금융기관의 임원에 대한 금융감독원장의 문책경고는 처분에 해당한다.
⑤ 문책경고장을 보내는 행위는 행정처분에 해당하지 않는다.
⑥ 시정조치에 대한 결과를 증빙서를 첨부한 문서로 보고하도록 하는 것은 행정처분에 해당한다.
⑦ 국가인권위원회의 성희롱결정 및 시정조치권고는 처분에 해당한다.
⑧ 교육인적자원부장관의 국·공립대학총장들에 대한 학칙시정요구는 규제적·구속적 성격을 상당히 강하게 갖는 것으로서 헌법소원의 대상이 된다. ^{기출}
⑨ 서울대학교의 "94학년도 대학입학고사 주요요강"은 헌법소원의 대상이 된다.
⑩ 한계를 일탈하지 않은 행정지도에 의한 손해는 배상책임이 없으나 한계를 일탈한 위법한 행정지도는 불법행위를 구성한다.

34 행정절차법

01 서론

1. 「행정절차법」의 구조와 특징

특징	① 총칙・처분・신고・확약・위반사실의 공표・행정계획・행정상 입법예고・행정예고・행정지도 규정・국민의 행정참여・보칙으로 구성 ② 절차적 규정이 중심이나, 신의성실, 신뢰보호의 원칙, 투명성의 원칙, 행정지도의 원칙 등 실체적 규정도 있음
문제점	절차규정이 규정만 되어 있고 절차상 하자 있는 처분의 효력과 치유 등의 규정이 없음 ^{기출}

2. 「행정절차법」 적용 배제

① 국회 또는 지방의회의 의결을 거치거나 동의 또는 승인을 얻어 행하는 사항 ^{기출}
② 법원 또는 군사법원의 재판에 의하거나 그 집행으로 행하는 사항
③ 헌법재판소의 심판을 거쳐 행하는 사항
④ 각급 선거관리위원회의 의결을 거쳐 행하는 사항
⑤ 감사원이 감사위원회의의 결정을 거쳐 행하는 사항 ^{기출}
⑥ 형사・행형 및 보안처분 관계법령에 의하여 행하는 사항
⑦ 국가안전보장・국방・외교 또는 통일에 관한 사항 중 행정절차를 거칠 경우 국가의 중대한 이익을 현저히 해할 우려가 있는 사항 ^{기출}
⑧ 심사청구・해양안전심판・조세심판・특허심판・행정심판 기타 불복절차에 의한 사항 ^{기출}
⑨ 병역법에 의한 징집・소집, 외국인의 출입국・난민인정・귀화, 공무원 인사관계 법령에 의한 징계 기타 처분 또는 이해조정을 목적으로 법령에 의한 알선・조정・중재・재정 기타 처분 등 당해 행정작용의 성질상 행정절차를 거치기 곤란하거나 불필요하다고 인정되는 사항과 행정절차에 준하는 절차를 거친 사항으로서 대통령령으로 정하는 사항

지문식 판례

① 공정거래위원회의 시정조치 및 과징금 납부명령에 대해서는 「행정절차법」을 적용하여 의견청취절차를 생략할 수 없다(「행정절차법」 적용 배제).

② 산업기능요원 편입취소처분은 「병역법」상 소집에 관한 사항이 아니므로 「행정절차법」이 적용된다.

③ 군인사법령에 의하여 진급예정자명단에 포함된 자에 대하여 의견제출의 기회를 부여하지 아니한 채 진급선발을 취소하는 처분을 한 것은 절차상 하자가 있어 위법하다(「행정절차법」 적용).

④ 대통령의 한국방송공사 사장 해임에 「행정절차법」이 적용된다.

⑤ 「출입국관리법」 규정은 난민인정 거부처분의 이유제시에 관한 「행정절차법」 중 이유제시에 대한 배제 조항이다.

⑥ 공무원에 대한 직위해제처분은 성질상 행정절차를 거치기 곤란하거나 불필요하다고 인정되는 사항 또는 행정절차에 준하는 절차를 거친 사항에 해당한다(「행정절차법」 적용 배제). 기출

⑦ 별정직 공무원인 대통령기록관장에 대한 직권면직 처분은 처분의 사전통지 및 의견청취 등에 관한 「행정절차법」의 적용 배제사항이 아니다.

⑧ 「군인사법」에 따른 군인에 대한 보직해임은 성질상 행정절차를 거치기 곤란하거나 불필요하다고 인정되는 사항 또는 행정절차에 준하는 절차를 거친 사항에 해당한다(「행정절차법」 적용 배제).

⑨ 정규공무원임용처분을 취소하는 처분은 성질상 행정절차를 거치는 것이 불필요하여 「행정절차법」의 적용이 배제되는 경우에 해당하지 않는다.

⑩ 외국인의 사증발급 신청에 대한 거부처분은 성질상 「행정절차법」 제24조에서 정한 '처분서 작성·교부'를 할 필요가 없거나 곤란하다고 일률적으로 단정하기 어렵다.

3. 총칙편

(1) 일반

행정절차의 원칙	① 행정청은 직무를 수행할 때 신의(信義)에 따라 성실히 해야 함 ② 행정청은 법령 등의 해석 또는 행정청의 관행이 일반적으로 국민들에게 받아들여졌을 때에는 공익 또는 제3자의 정당한 이익을 현저히 해칠 우려가 있는 경우를 제외하고는 새로운 해석 또는 관행에 따라 소급하여 불리하게 처리하여서는 안 됨 ③ 행정청이 행하는 행정작용은 그 내용이 구체적이고 명확하여야 하며, 행정작용의 근거가 되는 법령 등의 내용이 명확하지 아니한 경우 상대방은 해당 행정청에 그 해석을 요청할 수 있음
관할	① 관할에 속하지 않거나 관할이 변경된 사안을 접수 → 관할 행정청에 이송 기출 ② 관할이 분명하지 않은 경우 → 해당 행정청을 공통으로 감독하는 상급행정청이 그 관할을 결정, 공통으로 감독하는 상급행정청이 없는 경우 각 상급행정청이 협의하여 결정 기출

행정응원	① 행정응원을 위하여 파견된 직원은 응원을 요청한 행정청의 지휘·감독을 받음 ② 행정응원에 드는 비용은 응원을 요청한 행정청이 부담하며, 그 부담금액 및 방법은 응원을 요청한 행정청과 응원을 하는 행정청이 협의로 결정 ^{기출} ③ 행정응원을 요청받은 행정청은 응원을 거부하는 경우 그 사유를 응원을 요청한 행정청에 통지해야 함 ^{기출}	
송달 (도달주의) ^{기출}	종류	우편송달, 교부송달, 정보통신망을 통한 송달
	기록보존	행정청은 송달하는 문서의 명칭과 송달받는 자의 성명 등을 확인할 수 있는 기록을 보존 ^{기출}
	교부송달	① 수령확인서를 받고 교부 ② 사무원·피용자(被用者) 또는 동거인으로서 사리를 분별할 지능이 있는 사람에게 문서를 교부할 수 있음 ③ 정당한 사유 없이 송달받기를 거부하는 때에는 그 사실을 수령확인서에 적고, 문서를 송달할 장소에 놓아둘 수 있음
	정보통신망 송달	① 송달받을 자의 동의 ^{기출} ② 상대방이 지정한 컴퓨터에 입력된 때 도달
공고	사유	① 송달받을 자의 주소 등을 통상적인 방법으로 확인할 수 없는 경우 ② 송달이 불가능한 경우
	방법	관보, 공보, 게시판, 일간신문 중 하나 이상에 공고하고 인터넷에도 공고해야 함
	효력발생	공고일부터 14일 경과
기간	기간의 정지	천재지변이나 그 밖에 당사자 등에게 책임이 없는 사유로 기간 및 기한을 지킬 수 없는 경우에는 그 사유가 끝나는 날까지 기간의 진행이 정지 ^{기출}
	외국에 대한 기한	외국에 거주하거나 체류하는 자에 대한 기간 및 기한은 행정청이 그 우편이나 통신에 걸리는 일수를 고려하여 정해야 함 ^{기출}

(2) 당사자 등의 지위승계

당사자 등	① 행정청의 처분에 대하여 직접 그 상대가 되는 당사자(자연인, 법인, 법인이 아닌 사단 또는 재단 ^{기출}, 그 밖에 권리·의무의 주체가 될 수 있는 자) ② 행정청이 직권으로 또는 신청에 따라 행정절차에 참여하게 한 이해관계인 ^{기출}
당연승계 (행정청 승인 불요)	① 사망 → 상속인, 다른 법령 등에 따라 당사자 등의 권리 또는 이익을 승계한 자 승계 ② 합병 → 합병 후 존속하는 법인 등이나 합병 후 새로 설립된 법인 등이 당사자 등의 지위를 승계
특정승계 (행정청 승인 필요)	처분에 관한 권리 또는 이익을 사실상 양수한 행정청의 승인을 받아 승계

(3) 대표자

당사자 등에 의한 선정	다수의 당사자 등이 공동으로 행정절차에 관한 행위를 하는 경우
행정청에 의한 선정	① 당사자 등이 대표자를 선정하지 아니하거나 대표자가 지나치게 많아 행정절차가 지연될 우려가 있는 경우 ② 3인 이내의 대표자를 선정할 것을 요청 → 선정(×) → 행정청이 직접 대표자 선정 ☑ 행정심판은 행정심판위원회의 직접 선정이 없음

02 처분절차

1. 개요

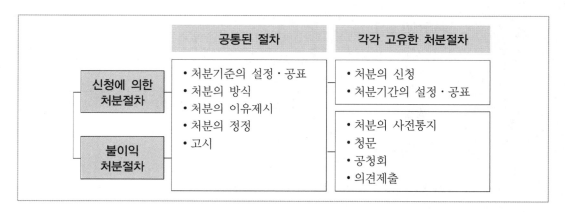

2. 공통된 절차

처분의 방식	원칙	문서, 전자문서 − 당사자 등의 동의 필요(문서에 의하지 않은 처분은 무효) 기출
	예외	신속히 처리, 경미한 사안 − 말 또는 그 밖의 방법 but 요청 시 문서교부 기출
처분기준 설정·공표		① 원칙: 처분의 성질에 비추어 되도록 구체적으로 정하여 공표 ② 생략: 처분의 성질상 현저히 곤란하거나 공공의 안전 또는 복리를 현저히 해치는 것으로 인정될 만한 상당한 이유가 있는 경우 기출

	상대방	행정청은 처분을 할 때에는 <u>당사자</u>에게 그 근거와 이유를 제시, 이해관계인 (×) ^{기출}
이유제시	생략사유	① 신청 내용을 모두 그대로 인정하는 처분인 경우 ^{기출} ② 단순·반복적인 처분 또는 경미한 처분으로서 당사자가 그 이유를 명백히 알 수 있는 경우 ^{기출} ③ 긴급히 처분을 할 필요가 있는 경우 ✐ ②, ③의 경우 당사자가 요청하는 경우 이유제시, but ①은 요청 시에도 그럴 필요 없음
	이유제시 정도	① 일률적 기준(×), 당사자가 알 수 있을 정도로 상당한 이유제시 ② 상당한 이유제시가 된 경우 처분의 구체적 조항 및 내용까지 명시할 필요 없음
처분의 정정		처분에 오기, 오산 또는 그 밖에 이에 준하는 명백한 잘못이 있을 때 정정 통지 ^{기출}
고지		① 행정심판 및 행정소송에 관한 사항 통지 ② 고지절차에 관한 규정을 위반하였다고 하여 그러한 이유만으로 처분이 위법하게 되는 것은 아님(판례) ^{기출}

지문식 판례

① 「행정절차법」 제20조 제1항의 처분기준 사전공표 의무를 위반하여 미리 공표하지 아니한 기준을 적용하여 처분을 하였다고 하더라도, 그러한 사정만으로 곧바로 해당 처분에 취소사유에 이를 정도의 흠이 존재한다고 볼 수는 없다.

② 당사자가 그 근거를 알 수 있을 정도로 상당한 이유를 제시한 경우에는 당해 처분의 근거 및 이유를 구체적 조항 및 내용까지 명시하지 않았더라도 그로 말미암아 그 처분이 위법한 것이 된다고 할 수 없다.

③ 하나의 납세고지서에 의하여 복수의 과세처분을 함께 하는 경우 과세처분별로 그 세액과 산출근거 등을 구분하여 기재하여야 한다.

3. 신청에 대한 처분

처분의 신청	신청 방식	① 원칙: 문서 ② 예외: 다른 법령 등에 특별한 규정이 있는 경우 또는 행정청이 미리 다른 방법을 정하여 공시한 경우
	전자문서 신청	행정청의 컴퓨터에 입력된 때에 신청한 것으로 봄 ^{기출}
	구비서류 흠결	보완을 요구하여야 함(기속) → 보완하지 않은 경우 반려
	다른 행정청 접수	신청인의 편의를 위해 다른 행정청에 신청을 접수하게 할 수 있음 ^{기출}
처리기간 설정·공표		① 신청인의 편의를 위해 처분의 처리기간을 종류별로 미리 정하여 공표 ② 기간 내 처리가 곤란한 경우 처리기간 범위 내 한 번만 연장 가능

지문식 판례

① 신청에 앞서 신청서의 내용에 대한 검토 요청만으로 「행정절차법」상 명시적이고 확정적인 신청의 의사표시가 있었다고 하기 어렵다.

② 신청에 대한 구비서류의 미비 등 흠의 보완은 행정청으로 하여금 신청에 대하여 거부처분을 하기 전에 반드시 신청인에게 신청의 내용이나 처분의 실체적 발급요건에 관한 사항까지 보완할 기회를 부여하여야 할 의무를 정한 것은 아니라고 보아야 한다.

③ 실질적인 요건에 관한 흠이 있는 경우라도 그것이 민원인의 단순한 착오나 일시적인 사정 등에 기한 경우에는 보완을 요구하여야 한다.

4. 의견청취절차

대상처분	행정청의 직권에 의한 불이익처분[수익적 처분(×), 신청에 대한 거부처분(×)]		
공통적 생략사유 (사전통지, 의견제출, 청문, 공청회)	① 공공의 안전 또는 복리를 위하여 긴급히 처분을 할 필요가 있는 경우 ② 법령 등에서 요구된 자격이 없거나 없어지게 되면 반드시 일정한 처분을 하여야 하는 경우에 그 자격이 없거나 없어지게 된 사실이 법원의 재판 등에 의하여 객관적으로 증명된 경우 ③ 해당 처분의 성질상 의견청취가 현저히 곤란하거나 명백히 불필요하다고 인정될 만한 상당한 이유가 있는 경우 ^{기출} ✎ 의견청취: 당사자가 의견진술 기회를 포기한다는 뜻을 명백히 표시한 경우 추가 ^{기출}		
의견의 반영 (공통)	• 조문상 — 상당한 이유가 있다고 인정하는 경우에 반영하여야 함 • 어느 정도 의견 반영할 것인지는 행정청의 재량, 의견에 행정청 기속 안 됨		
의견제출	① 주재자(×), 청문 또는 공청회를 거친 경우 생략, 거치지 않은 경우에는 최소한 필수적 거쳐야 함(청문, 공청회에 보충적 but 필수적) ② 서면, 말, 정보통신망 이용 ③ 증거자료 등 첨부 가능 ④ 의견제출기한까지 의견제출을 하지 않은 경우 의견이 없는 것으로 봄 ⑤ 사전통지는 10일 이상 기간을 두고 통지		
문서의 열람복사청구	당사자 등은 의견제출의 경우에는 처분의 사전통지가 있는 날부터 의견제출기한까지, 청문의 경우에는 청문의 통지가 있는 날부터 청문이 끝날 때까지 행정청에 해당 사안의 조사결과에 관한 문서와 그 밖에 해당 처분과 관련되는 문서의 열람 또는 복사를 요청할 수 있음 ^{기출}		
공청회	개최사유	① 다른 법령 등에서 공청회를 개최하도록 규정하고 있는 경우 ② 널리 의견을 수렴할 필요가 있다고 행정청이 인정하는 경우 ^{기출} ③ 대통령령으로 정하는 일정 수 이상의 요구가 있는 경우	
	절차개시	개최 14일 전까지 통지 ^{기출}, 일반인에 공고	
	주재자	행정청이 선정	

	발표자	• 1차적: 신청자 중 선정 • 2차적: 신청자 없는 경우 또는 공정성확보를 위해 필요한 경우 행정청이 지명, 위촉
	온라인 공청회	일반 공청회와 병행하여서만 가능
		[단독 개최] ① 국민의 생명·신체·재산의 보호 등 국민의 안전 또는 권익보호 등의 이유로 제38조에 따른 공청회를 개최하기 어려운 경우 ② 제38조에 따른 공청회가 행정청이 책임질 수 없는 사유로 개최되지 못하거나 개최는 되었으나 정상적으로 진행되지 못하고 무산된 횟수가 3회 이상인 경우 ③ 행정청이 널리 의견을 수렴하기 위하여 온라인공청회를 단독으로 개최할 필요가 있다고 인정하는 경우
청문	개최사유	① 다른 법령 등에서 청문을 하도록 규정하고 있는 경우 ② 행정청이 필요하다고 인정하는 경우 [기출] ③ 다음 각 목의 처분을 하는 경우 　가. 인허가 등의 취소 [기출] 　나. 신분·자격의 박탈 　다. 법인이나 조합 등의 설립허가의 취소 [기출]
	절차개시	개최 10일 전까지 통지
	주재자	① 행정청이 (소속 직원 또는 대통령령으로 정하는 자격을 가진 사람 중에서) 선정하는 사람 ② 다수 국민의 이해가 상충되는 처분을 하려는 경우에는 청문 주재자를 2명 이상으로 선정 가능 ③ 행정청은 청문 시작 7일 전까지 주재자에게 청문과 관련된 필요한 자료를 미리 통지
	증거조사	① 주재자의 직권 또는 당사자 신청에 따라 조사 ② 당사자 등이 주장하지 않은 사실도 조사할 수 있음 [기출]
	청문의 공개	① 비공개 원칙, 당사자의 신청 또는 주재자 직권으로 공개 가능 ② 단, 공익 또는 제3자의 정당한 이익을 현저히 해할 우려가 있는 경우 공개 불가
	청문의 병합·분리	행정청은 직권으로 또는 당사자의 신청에 따라 여러 개의 사안을 병합하거나 분리하여 청문을 할 수 있음[당사자 등(×)] [기출]
	청문의 종결	주재자가 청문이 충분히 이루어졌다고 인정하는 경우 종결[청문기간의 제한(×)]

지문식 판례

① 처분상대방이나 관계인의 의견진술권이나 방어권 행사에 실질적으로 지장이 초래되었다고 볼 수 없는 특별한 사정이 있는 경우에는, 절차 규정 위반으로 인하여 처분절차의 절차적 정당성이 상실되었다고 볼 수 없으므로 해당 처분을 취소할 것은 아니다.
② 수익적 행정행위의 신청에 대한 거부처분은 사전통지와 의견제출의 대상이 아니다. 기출
③ 사전통지로 많은 액수의 손실보상금을 기대하여 공사를 강행할 우려가 있다는 사정은 사전통지의 예외가 아니다.
④ 도로구역변경고시는 사전통지나 의견청취의 대상이 되는 처분이 아니다.
⑤ 고시의 방법으로 불특정 다수인을 상대로 권익을 제한하는 처분을 하는 경우 의견제출의 기회를 줄 처분에 해당하지 않는다. 기출
⑥ 사인과의 협약으로 법령상 요구되는 청문을 배제할 수 없다. 기출
⑦ 상대방이 청문에 불출석했다는 사유만으로 청문의 생략사유가 되지 않는다. 기출
⑧ 처분의 전제가 되는 '일부' 사실만 증명된 경우이거나 의견청취에 따라 행정청의 처분 여부나 처분 수위가 달라질 수 있는 경우는 「행정절차법」상 사전통지나 의견청취의 생략사유에 해당하지 않는다.
⑨ 서울특별시, 비영리법인, 일반 기업 등이 공동발족한 협의체인 추모공원건립협의회는 행정청이 아니므로 「행정절차법」상 공청회 절차를 거쳐야 하는 것은 아니다.

03 그 밖의 절차

1. 입법예고

예고사유	법령 등을 제정·개정·폐지하려는 경우 해당 입법안
생략사유	① 신속한 국민의 권리 보호 또는 예측 곤란한 특별한 사정의 발생 등으로 입법이 긴급을 요하는 경우 ② 상위 법령 등의 단순한 집행을 위한 경우 기출 ③ 입법내용이 국민의 권리·의무 또는 일상생활과 관련이 없는 경우 기출 ④ 단순한 표현·자구를 변경하는 경우 등 입법내용의 성질상 예고의 필요가 없거나 곤란하다고 판단되는 경우 ⑤ 예고함이 공공의 안전 또는 복리를 현저히 해칠 우려가 있는 경우
예고기간	특별한 사정이 없으면 40일 이상, 자치법규는 20일 이상 기출
전문 열람·복사	예고된 입법안의 전문에 대한 열람 또는 복사를 요청받았을 때에는 특별한 사유가 없으면 그 요청에 따라야 함 기출
의견제출	누구든지 예고된 입법안에 대하여 의견을 제출할 수 있음 기출

2. 행정예고

예고사유	정책, 제도, 계획을 수립·시행·변경하는 경우 원칙 예고
생략사유	① 신속하게 국민의 권리를 보호하여야 하거나 예측이 어려운 특별한 사정이 발생하는 등 긴급한 사유로 예고가 현저히 곤란한 경우 ② 법령 등의 단순한 집행을 위한 경우 ③ 정책 등의 내용이 국민의 권리·의무 또는 일상생활과 관련이 없는 경우 ④ 정책 등의 예고가 공공의 안전 또는 복리를 현저히 해칠 우려가 상당한 경우
예고기간	20일 이상, 법령 등의 입법을 포함하는 행정예고는 입법예고로 갈음할 수 있음
입법예고로 갈음	법령 등의 입법을 포함하는 행정예고는 입법예고로 갈음

35 정보공개

01 정보공개청구절차 흐름도

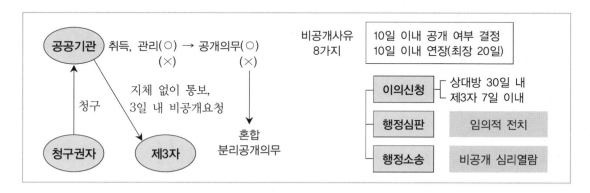

02 정보공개청구절차

정보공개청구권의 법적 근거	• 「헌법」상 표현의 자유 → 알 권리 → 정보공개청구권(법률 없이 인정) • 「공공기관의 정보공개에 관한 법률」	
공공기관 기출	① 국가기관, 지방자치단체, 공공기관 모두 대상 ② 대통령령으로 정하는 공공기관(각급 학교)	
청구권자	① 모든 국민 기출 ② 국내 일정한 주소를 두고 거주하거나 학술연구를 목적으로 일시체류하는 외국인 (법인은 국내에 사무소가 있어야 함) 기출	
청구방법	정보공개청구서 제출 또는 말로 청구 기출	
비용부담	실비의 범위에서 청구인이 부담 기출	
공개 여부 결정	결정기간	① 원칙 − 10일 내, 예외 − 부득이한 경우 10일 내 연장 가능 ② 20일 내 결정 없는 경우 → 불복제기[비공개결정으로 봄(×)]
	제3자 통지 기출	공공기관은 지체 없이 통지 → 제3자는 3일 내 비공개요청
전자적 공개	전자적 형태로 보유 · 관리(○)	전자적 형태로 공개청구 → 청구인의 요청에 따라야 함
	전자적 형태로 보유 · 관리(×)	전자적 형태로 공개청구 → 변환하여 공개할 수 있음

이의신청	사유	비공개결정, 부분공개결정, 20일이 지나도 결정 없는 경우
	기간	① 청구권자: 30일 내 ② 제3자: 7일 내
	소송관계	임의적 전치, 이의신청을 거치지 않고 행정심판이나 행정소송 제기 가능 기출

지문식 판례

① 형사재판확정기록의 공개에 관하여는 「공공기관의 정보공개에 관한 법률」에 의한 공개청구가 허용되지 않는다.

② 공무원 또는 공무원이었던 사람이 그 직무와 관련하여 보관하거나 가지고 있는 문서의 공개에 관하여는 「민사소송법」이 아닌 「공공기관의 정보공개에 관한 법률」에서 정한 절차와 방법에 의한다.

③ 사립대학교가 국비의 지원을 받는 범위 내에서만 공공기관의 성격을 가지는 것은 아니다. 기출

④ 한국방송공사는 「정보공개법」에 따라 정보를 공개할 의무가 있는 '특별법에 의하여 설립된 특수법인'에 해당한다. 기출

⑤ '한국증권업협회'는 「공공기관의 정보공개에 관한 법률 시행령」 제2조 제4호의 '특별법에 의하여 설립된 특수법인'에 해당한다고 보기 어렵다. 기출

⑥ 국민에는 자연인은 물론 법인, 권리능력 없는 사단·재단도 포함되고, 법인, 권리능력 없는 사단·재단 등의 경우에는 설립목적도 불문한다. 기출

⑦ 정보공개청구권은 법률상 보호되는 구체적인 권리이므로 청구인이 공공기관에 대하여 정보공개를 청구하였다가 거부처분을 받은 것 자체가 법률상 이익의 침해에 해당한다. 기출

⑧ 정보공개를 청구한 목적이 손해배상소송에 제출할 증거자료를 획득하기 위한 것이었고 그 소송이 이미 종결되었다고 하더라도 정보공개청구가 권리남용에 해당하지 않는다. 기출

⑨ 공공기관이 그 정보를 보유·관리하고 있지 않은 경우 특별한 사정이 없는 한 정보공개거부처분의 취소를 구할 법률상 이익이 없다. 기출

⑩ 당해 정보를 공공기관이 보유·관리하고 있을 상당한 개연성이 있다는 점에 대한 증명책임은 공개청구권자, 그 정보를 더 이상 보유·관리하고 있지 않다는 점에 대한 증명책임은 공공기관에 있다. 기출

⑪ 정보공개청구가 없었던 경우 정보공개의 의무는 인정되지 않는다.

⑫ 비공개대상정보와 공개대상정보가 분리될 수 있는 경우 공개가 가능한 부분을 특정하고 판결주문에 공개가 가능한 부분만 취소한다고 표시하여야 한다. 기출

⑬ 이미 다른 사람에게 공개되어 널리 알려져 있다거나 인터넷 등을 통하여 공개되어 인터넷 검색 등을 통하여 쉽게 알 수 있는 경우에도 정보공개청구가 가능하다. 기출

⑭ 정보공개방법에 대해서는 청구권자가 선택한 공개방법에 따라 공개해야 하며, 공공기관에게 재량이 인정되지 않는다.

⑮ 공개청구대상정보는 반드시 원본일 필요는 없다. 기출

⑯ 전자적 형태로 보유·관리되는 정보가 정보공개청구인이 구하는 대로 되어 있지 않더라도 전문지식을 사용하여 그 기초자료를 검색하여 청구인이 구하는 대로 편집할 수 있다면 공개의무를 진다.

⑰ 청구권자가 청구한 공개방법이 아닌 방법으로 공개결정한 경우 정보공개청구에 일부거부가 된다(항고소송 제기 가능). 기출

⑱ 청구권자가 청구한 방법이 아닌 소송 중에 증거자료의 제출 형식으로 공개된 경우 정당한 공개로 볼 수 없다.

⑲ 정보공개를 요구받은 공공기관이 공개를 거부하는 경우에는 비공개사유에 해당하는지를 주장·입증하지 아니한 채 개괄적인 사유만을 들어 공개를 거부할 수 없다. 기출

⑳ '진행 중인 재판에 관련된 정보'에 해당한다는 사유로 정보공개를 거부하기 위하여는 반드시 그 정보가 진행 중인 재판의 소송기록 자체에 포함된 내용일 필요는 없다. ^{기출} 그러나 재판에 관련된 일체의 정보가 그에 해당하는 것은 아니고 진행 중인 재판의 심리 또는 재판결과에 구체적으로 영향을 미칠 위험이 있는 정보에 한정된다.

03 공개 / 비공개 판례

비공개대상정보	공개대상정보
① 의사결정과정에 제공된 회의관련자료나 의사결정과정이 기록된 회의록 등은 의사결정과정에 있는 사항에 준하는 사항으로서 비공개대상정보에 포함될 수 있음 ^{기출}	① 사법시험 2차 시험의 답안지
② 독립유공자서훈 공적심사위원회의 심의·의결과정 및 그 내용을 기재한 회의록	② 「교육공무원 승진규정」은 법률이 위임한 명령에 해당하지 아니하므로 위 규정을 근거로 정보공개청구를 거부하는 것은 위법(교육공무원 근무평정자료)
② 「보안관찰법」 소정의 보안관찰 관련 통계자료	③ 「검찰보존사무규칙(법무부령)」은 "다른 법률 또는 법률에 의한 명령에 의하여 비공개사항으로 규정"된 경우에 해당하지 않음
③ 시험문항에 대한 채점위원별 채점결과	④ 대한주택공사의 아파트분양원가 산출내역에 관한 정보
④ 문제은행 출제방식을 채택하고 있는 치과의사 국가시험의 문제지와 정답지	⑤ 한국방송공사의 '수시집행 접대성 경비의 건별 집행서류 일체'에 관한 정보
⑤ 지방자치단체의 업무추진비 세부항목별 집행내역 및 그에 관한 증빙서류에 포함된 개인에 관한 정보	⑥ 사면대상자들의 사면실시건의서와 그와 관련된 국무회의 안건자료
⑥ 법인 등이 거래하는 금융기관의 계좌번호 ^{기출}	⑦ 2002학년도부터 2005학년도까지의 대학수학능력시험 원데이터
⑦ 국방부의 한국형 다목적 헬기(KMH) 도입사업에 대한 감사원장의 감사결과보고서	⑧ 아파트재건축주택조합의 조합원들에게 제공될 무상보상평수의 사업수익성을 검토한 자료
⑧ 학교폭력대책자치위원회의 회의록 ^{기출}	⑨ 1979년 및 1980년의 우리나라 정치상황과 관련한 미국 정부로부터 제공받아 보관하고 있는 문서사본
⑨ 국가정보원이 직원에게 지급하는 현금급여 및 월초수당에 관한 정보	⑩ 수용자자비부담물품의 판매수익금총액과 교도소장에게 배당된 수익금액 및 사용내역
⑩ 국가정보원의 조직·소재지 및 정원에 관한 정보	⑪ 교도관의 근무보고서와 재소자의 진술, 위원장 및 위원들과 재소자 사이의 문답 등 징벌절차 진행 부분
⑪ 도시공원위원회의 심의사항에 관하여 대외적으로 공표하기 전에 위원회의 회의 관련 자료 및 회의록	⑫ 간담회 등에 공무원이 직무와 관련하여 참석한 경우의 정보
⑫ 불기소처분 기록 중 피의자신문조서 등에 기재된 피의자 등의 인적사항 이외의 진술내용	
⑬ 간담회 등에 공무원이 직무와 관련 없이 개인적 자격으로 행사에 참석한 경우의 정보	
⑭ 한국방송공사의 프로그램 편성과정상의 정보 ^{기출}	

개인정보 보호법

01 「개인정보 보호법」 주요 내용

1. 특징

① 살아 있는 개인에 관한 정보에 한정되므로 사인(死人)의 정보 또는 법인의 정보의 경우에는 적용되지 않는다. [기출]

② 수작업에 의한 정보도 포함된다.

✔ 「개인정보 보호법」 정의조항

① 개인정보 : 살아 있는 개인에 관한 정보로서 ㉠ 개인을 알아볼 수 있는 정보, ㉡ 다른 정보와 쉽게 결합하여 알아 볼 수 있는 정보, ㉢ 가명처리 함으로써 원래의 상태로 복원하기 위한 추가정보의 사용·결합 없이는 특정 개인을 알아볼 수 없는 정보

② 개인정보처리자 : 업무를 목적으로 개인정보파일을 운용하기 위하여 스스로 또는 다른 사람을 통하여 개인정보를 처리하는 공공기관, 법인, 단체 및 개인 등

③ 개인정보주체 : 처리되는 정보에 의하여 알아볼 수 있는 사람으로서 그 정보의 주체가 되는 사람

④ 개인정보파일 : 개인정보를 쉽게 검색할 수 있도록 일정한 규칙에 따라 체계적으로 배열하거나 구성한 개인정보의 집합물

---

2. 개인정보 보호의 원칙과 정보주체의 권리

개인정보 보호의 원칙	① 개인정보처리자는 개인정보의 처리 목적을 명확하게 하여야 하고 그 목적에 필요한 범위에서 최소한의 개인정보만을 적법하고 정당하게 수집하여야 한다. ② 개인정보처리자는 개인정보의 처리 목적에 필요한 범위에서 적합하게 개인정보를 처리하여야 하며, 그 목적 외의 용도로 활용하여서는 아니 된다. [기출] ③ 개인정보처리자는 개인정보의 처리 목적에 필요한 범위에서 개인정보의 정확성, 완전성 및 최신성이 보장되도록 하여야 한다. [기출] ④ 개인정보처리자는 개인정보의 처리 방법 및 종류 등에 따라 정보주체의 권리가 침해받을 가능성과 그 위험 정도를 고려하여 개인정보를 안전하게 관리하여야 한다. ⑤ 개인정보처리자는 개인정보 처리방침 등 개인정보의 처리에 관한 사항을 공개하여야 하며, 열람청구권 등 정보주체의 권리를 보장하여야 한다. [기출] ⑥ 개인정보처리자는 정보주체의 사생활 침해를 최소화하는 방법으로 개인정보를 처리하여야 한다. [기출]

	⑦ 개인정보처리자는 개인정보를 익명 또는 가명으로 처리하여도 개인정보 수집목적을 달성할 수 있는 경우 익명처리가 가능한 경우에는 익명에 의하여, 익명처리로 목적을 달성할 수 없는 경우에는 가명에 의하여 처리될 수 있도록 하여야 한다. ^{기출}
	⑧ 개인정보처리자는 이 법 및 관계법령에서 규정하고 있는 책임과 의무를 준수하고 실천함으로써 정보주체의 신뢰를 얻기 위하여 노력하여야 한다.
정보주체의 권리	① 개인정보의 처리에 관한 정보를 제공받을 권리 ^{기출}
	② 개인정보의 처리에 관한 동의 여부, 동의 범위 등을 선택하고 결정할 권리 ^{기출}
	③ 개인정보의 처리 여부를 확인하고 개인정보에 대한 열람(사본의 발급을 포함한다. 이하 같다) 및 전송을 요구할 권리 ^{기출}
	④ 개인정보의 처리 정지, 정정·삭제 및 파기를 요구할 권리 ^{기출}
	⑤ 개인정보의 처리로 인하여 발생한 피해를 신속하고 공정한 절차에 따라 구제받을 권리
	⑥ 완전히 자동화된 개인정보 처리에 따른 결정을 거부하거나 그에 대한 설명 등을 요구할 권리

3. 개인정보의 수집과 이용

개인정보 수집·이용	① 정보주체의 동의를 받은 경우
	② 법률에 특별한 규정이 있거나 법령상 의무를 준수하기 위하여 불가피한 경우
	③ 공공기관이 법령 등에서 정하는 소관 업무의 수행을 위하여 불가피한 경우
	④ 정보주체와 체결한 계약을 이행하거나 계약을 체결하는 과정에서 정보주체의 요청에 따른 조치를 이행하기 위하여 필요한 경우 ^{기출}
	⑤ 명백히 정보주체 또는 제3자의 급박한 생명, 신체, 재산의 이익을 위하여 필요하다고 인정되는 경우
	⑥ 개인정보처리자의 정당한 이익을 달성하기 위하여 필요한 경우로서 명백하게 정보주체의 권리보다 우선하는 경우. 이 경우 개인정보처리자의 정당한 이익과 상당한 관련이 있고 합리적인 범위를 초과하지 아니하는 경우에 한한다.
	⑦ 공중위생 등 공공의 안전과 안녕을 위하여 긴급히 필요한 경우
개인정보의 수집 제한	① 개인정보처리자는 제15조 제1항 각 호의 어느 하나에 해당하여 개인정보를 수집하는 경우에는 그 목적에 필요한 최소한의 개인정보를 수집하여야 한다. 이 경우 최소한의 개인정보 수집이라는 입증책임은 개인정보처리자가 부담한다.
	② 개인정보처리자는 정보주체의 동의를 받아 개인정보를 수집하는 경우 필요한 최소한의 정보 외의 개인정보 수집에는 동의하지 아니할 수 있다는 사실을 구체적으로 알리고 개인정보를 수집하여야 한다.
	③ 개인정보처리자는 정보주체가 필요한 최소한의 정보 외의 개인정보 수집에 동의하지 아니한다는 이유로 정보주체에게 재화 또는 서비스의 제공을 거부하여서는 아니 된다.

4. 개인정보의 제3자 제공과 목적 외 이용·제공

개인정보의 제3자 제공	① 정보주체의 동의를 받은 경우 ② 제15조 제1항 제2호·제3호 및 제5호부터 제7호까지에 따라 개인정보를 수집한 목적 범위에서 개인정보를 제공하는 경우
목적 외 이용·제공	① 정보주체로부터 별도의 동의를 받은 경우 ② 다른 법률에 특별한 규정이 있는 경우 ③ 명백히 정보주체 또는 제3자의 급박한 생명, 신체, 재산의 이익을 위하여 필요하다고 인정되는 경우 ④ 개인정보를 목적 외의 용도로 이용하거나 이를 제3자에게 제공하지 아니하면 다른 법률에서 정하는 소관 업무를 수행할 수 없는 경우로서 보호위원회의 심의·의결을 거친 경우 ⑤ 조약, 그 밖의 국제협정의 이행을 위하여 외국정부 또는 국제기구에 제공하기 위하여 필요한 경우 ⑥ 범죄의 수사와 공소의 제기 및 유지를 위하여 필요한 경우 ⑦ 법원의 재판업무 수행을 위하여 필요한 경우 ⑧ 형(刑) 및 감호, 보호처분의 집행을 위하여 필요한 경우 ⑨ 공중위생 등 공공의 안전과 안녕을 위하여 긴급히 필요한 경우

5. 민감정보, 고유식별정보 처리

민감정보	의의	사상·신념, 노동조합·정당의 가입·탈퇴, 정치적 견해, 건강, 성생활 등에 관한 정보, 그 밖에 정보주체의 사생활을 현저히 침해할 우려가 있는 개인정보
	원칙	처리 금지
	허용	① 별도의 동의 ② 법령에서 요구하거나 허용
고유식별정보	의의	법령에 따라 개인을 고유하게 구별하기 위하여 부여된 식별정보로서 대통령령으로 정하는 정보
	원칙	처리 금지
	허용	① 별도의 동의 ② 법령에서 요구하거나 허용

주민등록 번호	원칙	처리 금지
	허용	① 법률·대통령령·국회규칙·대법원규칙·헌법재판소규칙·중앙선거관리위원회규칙 및 감사원규칙에서 구체적으로 주민등록번호의 처리를 요구하거나 허용한 경우 ② 정보주체 또는 제3자의 급박한 생명, 신체, 재산의 이익을 위하여 명백히 필요하다고 인정되는 경우 ③ 제1호 및 제2호에 준하여 주민등록번호 처리가 불가피한 경우로서 보호위원회가 고시로 정하는 경우 ☑ 별도의 동의(×) ④ 개인정보처리자는 주민등록번호를 처리하는 경우에도 정보주체가 인터넷 홈페이지를 통하여 회원으로 가입하는 단계에서는 주민등록번호를 사용하지 아니하고도 회원으로 가입할 수 있는 방법을 제공하여야 한다.

6. 영상정보처리기기의 설치·운영 제한

고정형 영상정보 처리기기	의의	일정한 공간에 설치되어 지속적 또는 주기적으로 사람 또는 사물의 영상 등을 촬영하거나 이를 유·무선망을 통하여 전송하는 장치로서 대통령령으로 정하는 장치
	원칙	누구든지 공개된 장소에 고정형 영상정보처리기기를 설치·운영하여서는 아니 된다.
	허용	① 법령에서 구체적으로 허용하고 있는 경우 ② 범죄의 예방 및 수사를 위하여 필요한 경우 ③ 시설의 안전 및 관리, 화재 예방을 위하여 정당한 권한을 가진 자가 설치·운영하는 경우 ④ 교통단속을 위하여 정당한 권한을 가진 자가 설치·운영하는 경우 ⑤ 교통정보의 수집·분석 및 제공을 위하여 정당한 권한을 가진 자가 설치·운영하는 경우 ⑥ 촬영된 영상정보를 저장하지 아니하는 경우로서 대통령령으로 정하는 경우
	임의 조작 금지	고정형 영상정보처리기기의 설치 목적과 다른 목적으로 고정형 영상정보처리기기를 임의로 조작하거나 다른 곳을 비춰서는 아니 되며, 녹음기능은 사용할 수 없다.
이동형 영상정보 처리기기	의의	사람이 신체에 착용 또는 휴대하거나 이동 가능한 물체에 부착 또는 거치(据置)하여 사람 또는 사물의 영상 등을 촬영하거나 이를 유·무선망을 통하여 전송하는 장치로서 대통령령으로 정하는 장치
	원칙	업무를 목적으로 이동형 영상정보처리기기를 운영하려는 자는 공개된 장소에서 이동형 영상정보처리기기로 사람 또는 그 사람과 관련된 사물의 영상(개인정보에 해당하는 경우로 한정한다)을 촬영하여서는 아니 된다.

	허용	① 개인정보의 수집·이용에 해당하는 경우 ② 촬영 사실을 명확히 표시하여 정보주체가 촬영 사실을 알 수 있도록 하였음에도 불구하고 촬영 거부 의사를 밝히지 아니한 경우. 이 경우 정보주체의 권리를 부당하게 침해할 우려가 없고 합리적인 범위를 초과하지 아니하는 경우로 한정한다.
사생활을 현저히 침해할 우려가 있는 장소	고정형	① 누구든지 불특정 다수가 이용하는 목욕실, 화장실, 발한실(發汗室), 탈의실 등 개인의 사생활을 현저히 침해할 우려가 있는 장소의 내부를 볼 수 있도록 고정형 영상정보처리기기를 설치·운영하여서는 아니 된다. ② 다만, 교도소, 정신보건 시설 등 법령에 근거하여 사람을 구금하거나 보호하는 시설로서 대통령령으로 정하는 시설에 대하여는 그러하지 아니하다.
	이동형	① 누구든지 불특정 다수가 이용하는 목욕실, 화장실, 발한실, 탈의실 등 개인의 사생활을 현저히 침해할 우려가 있는 장소의 내부를 볼 수 있는 곳에서 이동형 영상정보처리기기로 사람 또는 그 사람과 관련된 사물의 영상을 촬영하여서는 아니 된다. ② 다만, 인명의 구조·구급 등을 위하여 필요한 경우로서 대통령령으로 정하는 경우에는 그러하지 아니하다.

7. 가명정보

① 개인정보처리자는 통계작성, 과학적 연구, 공익적 기록보존 등을 위하여 정보주체의 동의 없이 가명정보를 처리할 수 있다. ^{기출}

② 가명정보를 제3자에게 제공하는 경우에는 특정 개인을 알아보기 위하여 사용될 수 있는 정보를 포함해서는 아니 된다.

8. 손해배상책임

① 정보주체는 개인정보처리자가 이 법을 위반한 행위로 손해를 입으면 개인정보처리자에게 손해배상을 청구할 수 있다. 이 경우 그 개인정보처리자는 고의 또는 과실이 없음을 입증하지 아니하면 책임을 면할 수 없다.

② 개인정보처리자의 고의 또는 중대한 과실로 인하여 개인정보가 분실·도난·유출·위조·변조 또는 훼손된 경우로서 정보주체에게 손해가 발생한 때에는 법원은 그 손해액의 5배를 넘지 아니하는 범위에서 손해배상액을 정할 수 있다. 다만, 개인정보처리자가 고의 또는 중대한 과실이 없음을 증명한 경우에는 그러하지 아니하다.

02 단체소송

소송대상	① 정보처리자가 집단분쟁조정을 거부하거나 집단분쟁조정의 결과를 수락하지 않는 경우 ② 법원의 허가 [기출]	
단체	**소비자단체**	① 공정거래위원회에 등록 ② 정관에 따라 상시적으로 정보주체의 권익증진을 주된 목적으로 하는 단체일 것 ③ 단체의 정회원수가 1천명 이상일 것 ④ 「소비자기본법」 제29조에 따른 등록 후 3년이 경과하였을 것
	비영리 민간단체	① 법률상 또는 사실상 동일한 침해를 입은 100명 이상의 정보주체로부터 단체소송의 제기를 요청받을 것 ② 정관에 개인정보 보호를 단체의 목적으로 명시한 후 최근 3년 이상 이를 위한 활동실적이 있을 것 ③ 단체의 상시 구성원수가 5천명 이상일 것 ④ 중앙행정기관에 등록되어 있을 것
소송대리인	변호사를 반드시 소송대리인으로 선임	
확정판결의 효력	**원칙**	원고 청구를 기각하는 판결로 확정된 경우 다른 단체는 단체소송 제기(×)
	허용사유	① 판결이 확정된 후 그 사안과 관련하여 국가·지방자치단체 또는 국가·지방자치단체가 설립한 기관에 의하여 새로운 증거가 나타난 경우 ② 기각판결이 원고의 고의로 인한 것임이 밝혀진 경우
「민사소송법」 준용	① 「개인정보보호법」에 특별한 규정이 없으면 「민사소송법」을 적용 ② 단체소송의 허가결정이 있는 경우 「민사집행법」에 따른 보전처분 가능	

37 행정상 강제

행정기본법 제30조【행정상 강제】 ① 행정청은 행정목적을 달성하기 위하여 필요한 경우에는 법률로 정하는 바에 따라 필요한 최소한의 범위에서 다음 각 호의 어느 하나에 해당하는 조치를 할 수 있다.

1. 행정대집행 : 의무자가 행정상 의무(법령등에서 직접 부과하거나 행정청이 법령등에 따라 부과한 의무를 말한다. 이하 이 절에서 같다)로서 타인이 대신하여 행할 수 있는 의무를 이행하지 아니하는 경우 법률로 정하는 다른 수단으로는 그 이행을 확보하기 곤란하고 그 불이행을 방치하면 공익을 크게 해칠 것으로 인정될 때에 행정청이 의무자가 하여야 할 행위를 스스로 하거나 제3자에게 하게 하고 그 비용을 의무자로부터 징수하는 것
2. 이행강제금의 부과 : 의무자가 행정상 의무를 이행하지 아니하는 경우 행정청이 적절한 이행기간을 부여하고, 그 기한까지 행정상 의무를 이행하지 아니하면 금전급부의무를 부과하는 것
3. 직접강제 : 의무자가 행정상 의무를 이행하지 아니하는 경우 행정청이 의무자의 신체나 재산에 실력을 행사하여 그 행정상 의무의 이행이 있었던 것과 같은 상태를 실현하는 것 [기출]
4. 강제징수 : 의무자가 행정상 의무 중 금전급부의무를 이행하지 아니하는 경우 행정청이 의무자의 재산에 실력을 행사하여 그 행정상 의무가 실현된 것과 같은 상태를 실현하는 것
5. 즉시강제 : 현재의 급박한 행정상의 장해를 제거하기 위한 경우로서 다음 각 목의 어느 하나에 해당하는 경우에 행정청이 곧바로 국민의 신체 또는 재산에 실력을 행사하여 행정목적을 달성하는 것
   가. 행정청이 미리 행정상 의무 이행을 명할 시간적 여유가 없는 경우 [기출]
   나. 그 성질상 행정상 의무의 이행을 명하는 것만으로는 행정목적 달성이 곤란한 경우

1. 강제집행과 행정벌의 병과 가능성

행정상 강제집행은 장래 의무의 이행을 강제하기 위한 수단이고 행정벌은 과거의 의무위반에 대한 제재라는 점에서 구별된다. 즉 서로 목적을 달리하므로 같은 의무위반에 대해 병과할 수 있다.

2. 강제집행과 즉시강제의 구별

행정상 강제집행은 의무의 존재와 그 불이행을 전제로 하지만 행정상 즉시강제는 의무를 과하지 아니하고 즉시에 실력으로서 강제하는 점에서 구별된다.

01 행정대집행

1. 대집행의 주체

① 의무를 부과한 행정청과 대집행권한을 위임받은 수임청이 주체이다. ^{기출}
② 대집행을 실행만 하는 제3자는 대집행 주체가 아니다. ^{기출}

2. 대집행 요건

① 대체적 작위의무의 불이행(불가쟁력을 요하지 않음) ^{기출}	
비대체적 의무 대집행 불가 ^{기출}	㉠ 장례식장 사용을 중지할 것과 이를 불이행할 경우 대집행 계고는 위법(부작위 의무) ^{기출} ㉡ 건물에서 퇴거 및 명도의무는 대집행의 대상이 아님 ^{기출} ㉢ 철거의무가 주된 의무이고 퇴거의무는 부수적인 경우 대집행 가능 ^{기출} ㉣ 피수용자의 수용대상 토지의 인도의무는 「행정대집행법」상의 대집행의 대상이 될 수 없음 ^{기출}
사법상 의무 대집행 불가 ^{기출}	㉠ 토지의 협의취득 시 매매대상 건물에 대한 철거의무 약정은 행정대집행의 대상 이 아님(사법상의 의무) ㉡ 일반(잡종)재산을 포함한 모든 국유재산에 대해서는 철거의무가 공법상의 의무 인 여부에 관계없이 대집행을 할 수 있음 ㉢ 「지방재정법」상 공유재산에 대해서는 「행정대집행법」상의 대집행 요건이 필요 하지 않음
② 다른 수단으로는 그 이행확보가 곤란할 것(보충성) ^{기출}	

㉠ 행정대집행의 절차가 인정되는 경우에는 따로 민사소송의 방법으로 공작물의 철거를 구할 수
없음 ^{기출}
㉡ 행정청이 행정대집행을 실시하지 않는 경우, 그 국유재산에 대한 사용청구권을 가지고 있는 자가
국가를 대위하여 민사소송으로 그 시설물의 철거를 구할 수 있음

③ 그 불이행의 방치가 심히 공익을 해하는 것으로 인정 ^{기출}

㉠ 도시미관, 주거환경, 교통소통에 지장이 없다는 사유가 있다 하더라도 불법건축물을 방치하는 것
이 심히 공익을 해하는 것으로 인정될 수 있음
㉡ 불법증축부분이 합법화될 가능성이 있게 된 경우 철거의무를 방치하는 것이 심히 공익을 해하는
것이라고 볼 수 없음

3. 대집행의 절차

계고 ⇨	영장에 의한 통지 ⇨	실행 ⇨	비용징수
① 항고소송의 대상(○) ② 예외적 생략 가능 기출 ③ 문서에 의하지 않은 계고는 무효 기출 ④ 계고 시 대집행할 행위의 내용 및 범위가 특정되어 있을 것 ⑤ 상당한 이행기간을 정하여야 함 기출	① 항고소송의 대상(○) 기출 ② 대집행의 시기, 집행 책임자의 성명, 비용 견적액을 통지 ③ 예외적 생략 가능 기출	① 상대방의 수인의무 ② 야간실행 불가, 주간 착수 후 야간까지 진행은 가능 기출	① 「국세징수법」에 의해 강제징수 기출 ② 사무비의 소속에 따라 국세에 다음가는 순위의 선취득권 기출 ③ 사무비의 소속에 따라 국고 또는 지방자치단체의 수입

지문식 판례

① 대집행의 내용 및 범위가 반드시 대집행 계고서에 의하여만 특정되어야 하는 것은 아니다.
② 계고서라는 명칭의 1장의 문서로서 철거명령과 동시에 대집행할 뜻을 계고하는 것도 적법하다. 기출
③ 의무이행의 상당한 기간을 부여하지 않은 대집행 계고는 위법(대집행의 시기를 늦추었더라도 위법한 처분)이다.
④ 반복된 계고처분 중 제1차 계고처분 이후의 계고처분은 독립된 행정처분이라 할 수 없다. 기출
⑤ 대집행 실행 완료 후 처분의 취소를 구할 법률상 이익이 없다.
⑥ 행정처분의 취소판결이 있어야만 그 행정처분이 위법임을 이유로 손해배상청구를 할 수 있는 것은 아니다.
⑦ 적법한 건축물에 대한 철거명령에 대한 대집행 계고처분은 당연무효이다.
⑧ 후행처분인 대집행영장발부통보처분의 취소소송에서, 선행처분인 계고처분의 위법을 이유로 대집행영장발부통보처분이 위법하다는 주장을 할 수 없다. 기출

4. 대집행에 대한 권리구제

행정심판 기출, 행정소송, 손해배상, 결과제거청구

지문식 판례

① 취소소송의 변론종결 전에 대집행의 실행이 완료된 경우 처분의 취소를 구할 소의 이익은 없다.
② 실행 완료된 후 위법을 이유로 손해배상이나 원상회복 등을 청구할 수는 있다.

02 이행강제금

1. 이행강제금의 의의

> **행정기본법 제31조【이행강제금의 부과】** ③ 행정청은 이행강제금을 부과하기 전에 미리 의무자에게 적절한 이행기간을 정하여 그 기한까지 행정상 의무를 이행하지 아니하면 이행강제금을 부과한다는 뜻을 문서로 계고(戒告)하여야 한다.
> ④ 행정청은 의무자가 제3항에 따른 계고에서 정한 기한까지 행정상 의무를 이행하지 아니한 경우 이행강제금의 부과 금액·사유·시기를 문서로 명확하게 적어 의무자에게 통지하여야 한다.
> ⑤ 행정청은 의무자가 행정상 의무를 이행할 때까지 이행강제금을 반복하여 부과할 수 있다. ^{기출} 다만, 의무자가 의무를 이행하면 새로운 이행강제금의 부과를 즉시 중지하되, 이미 부과한 이행강제금은 징수하여야 한다.
> ⑥ 행정청은 이행강제금을 부과받은 자가 납부기한까지 이행강제금을 내지 아니하면 국세강제징수의 예 또는 「지방행정제재·부과금의 징수 등에 관한 법률」에 따라 징수한다.

구분	구별개념
행정벌	① 이행강제금은 장래 의무이행의 확보를 위한 강제수단, 형벌이나 과태료는 처벌의 성질을 갖는 것으로 성질을 달리함 ② 이행강제금은 과태료나 형벌과 병과될 수 있음 ^{기출}
대집행	① 대집행은 「행정대집행법」이라는 일반법이 있지만, 이행강제금은 일반법이 없음 ^{기출} ② 대체적 작위의무의 위반의 경우에 과해진다는 점에서 동일하나, 대집행은 직접적 실력행사이고 이행강제금은 금전부과에 의한 간접적 강제수단임 ③ 대집행이 부적절한 경우 대체적 작위의무의 강제를 위해 이행강제금이 사용될 수 있음 ④ 어느 것을 선택할 것인지는 행정청의 합리적 재량에 의해 선택적으로 활용될 수 있음

2. 이행강제금의 성질

일신전속적 성질이다.

지문식 판례
① 이행강제금 납부의무는 상속인 기타의 사람에게 승계될 수 없는 일신전속적인 성질의 것이다. ^{기출}
② 이행강제금을 부과받은 사람의 이의에 의해 재판절차가 개시된 후에 그 이의한 사람이 사망한 때에는 절차가 종료된다(소송수계가 이루어지지 않는다).
③ 대체적 작위의무 위반에 대한 이행강제금도 허용된다(대집행과 선택적 행사). ^{기출}
④ 「건축법」상 시정기간이 경과하였더라도 이행강제금이 부과되기 전 시정이 된 경우 이행강제금을 부과할 수 없다.
⑤ 시정명령의 이행 기회가 제공되지 않았다가 뒤늦게 이행 기회가 제공된 경우라면 이행 기회가 제공되지 않은 과거의 기간에 대한 이행강제금까지 한꺼번에 부과할 수 없다.

3. 불복

① 이행강제금 부과처분에 대한 불복방법이 개별법에 별도로 규정된 경우 항고소송의 대상
되는 처분성이 부정된다(예「농지법」상 이행강제금).

② 개별 법률에 특별히 정함이 없다면, 「행정심판법」이나 「행정소송법」이 정하는 바에 따라
다툴 수 있다(예「건축법」상 이행강제금). 기출

03 강제징수

1. 「국세징수법」상 강제징수의 절차

독촉	① 국세 등 금전채권의 소멸시효를 중단시키는 효과 기출 ② 항고소송의 대상(○) ③ 납기경과 후 10일 내에 독촉장 발부 ④ 납부기한은 발부일로부터 20일 이내 ⑤ 문서에 의하지 않은 독촉은 무효 ⑥ 독촉절차 없이 행해진 압류처분 취소사유(판례)	
⇩		
체납처분	**압류**	① 금전적 가치를 가진 양도성 있는 재산 ② 체납자 점유배제·보존의무 발생 ∴ 항고소송대상 처분(○)
	⇩	
	매각	① 원칙 – 공매, 예외 – 수의계약 ② 법적 성질 – 공법상 대리(항고소송의 대상이 되는 행정처분)
	⇩	
	청산	국세·가산세·체납처분비 기타 채권에 배분, 잔액은 체납자에게 지급

지문식 판례

① 독촉절차 없는 압류처분이라도 당연무효가 아니다.
② 독촉 후 동일한 내용의 독촉을 반복한 경우 최초의 독촉만이 항고소송의 대상이 되는 처분에 해당한다.
③ 체납자 아닌 제3자 소유물건에 대한 압류처분의 효력은 당연무효이다(과잉압류는 취소사유).
④ 체납처분으로서 공매는 항고소송의 대상이 되는 처분이나, (재)공매결정·공매통지는 처분이 아니다. ^{기출}
⑤ 체납자는 공매처분취소소송에서 다른 권리자에 대한 공매통지의 하자를 이유로 공매처분의 취소를 구할 수 있다. ^{기출}
⑥ 성업공사(한국자산관리공사)의 공매는 성업공사가 피고이고 위임청인 세무서장은 피고적격이 없다.
⑦ 압류처분 후 과세처분의 근거법률이 위헌으로 결정된 경우에 체납자의 압류해제신청을 거부한 행정청의 행위는 위법하다. ^{기출}
⑧ 체납처분 간 하자승계 긍정 ^{기출}

2. 조세징수에 대한 불복

임의적 전치	세무서장에 대한 이의신청
필수적 전치	① 국세청장에 대한 심사청구와 조세심판원에 대한 심판청구 중 어느 하나를 반드시 거친 후 항고소송제기 ② 둘 다 거칠 필요(×)

38 즉시강제와 행정조사

01 즉시강제

행정기본법
제30조【행정상 강제】 ① 행정청은 행정목적을 달성하기 위하여 필요한 경우에는 법률로 정하는 바에 따라 필요한 최소한의 범위에서 다음 각 호의 어느 하나에 해당하는 조치를 할 수 있다.
　5. 즉시강제: 현재의 급박한 행정상의 장해를 제거하기 위한 경우로서 다음 각 목의 어느 하나에 해당하는 경우에 행정청이 곧바로 국민의 신체 또는 재산에 실력을 행사하여 행정목적을 달성하는 것
　　가. 행정청이 미리 행정상 의무 이행을 명할 시간적 여유가 없는 경우
　　나. 그 성질상 행정상 의무의 이행을 명하는 것만으로는 행정목적 달성이 곤란한 경우
제33조【즉시강제】 ① 즉시강제는 다른 수단으로는 행정목적을 달성할 수 없는 경우에만 허용되며, 이 경우에도 최소한으로만 실시하여야 한다.
② 즉시강제를 실시하기 위하여 현장에 파견되는 집행책임자는 그가 집행책임자임을 표시하는 증표를 보여 주어야 하며, 즉시강제의 이유와 내용을 고지하여야 한다.

1. 행정상 강제집행과 즉시강제의 비교

구분	행정상 즉시강제	행정상 강제집행
차이점	의무의 존재와 그 불이행을 전제로 하지 않고 즉시 실력을 가하는 경우	의무의 존재와 그 불이행을 전제로 하여 실력을 가하는 경우
공통점	① 법률에 근거 ③ 장래에 대한 의무이행의 실현 ⑤ 신체 또는 재산에 대한 실력행사	② 권력적 사실행위 ④ 행정권의 자력집행

2. 즉시강제 수단

대인적 수단	불심검문(행정조사로 보는 견해가 다수설), 보호조치(경찰관서에서 보호조치는 24시간 초과금지), 위험발생방지, 범죄의 예방과 제지, 장구의 사용 및 무기의 사용, 강제격리·강제건강진단, 강제퇴거
대물적 수단	물건 등의 임시영치, 위해방지조치, 물건의 폐기, 물건의 영치, 물건의 파괴, 교통장애물의 제거
대가택적 수단	위해방지를 위한 가택출입, 개별법상의 임검·검사 및 수색

3. 즉시강제의 한계

실체법상 한계	① 급박성, ② 보충성, ③ 비례성, ④ 소극성(공공복리 목적 발동 불가)
절차법상 한계	사전영장주의 예외를 인정(헌재)

02 행정조사

1. 행정조사의 기본원칙

기본원칙	법령상의 내용(키워드)
조사범위의 최소화	조사목적 달성에 필요한 최소한의 범위
조사권 남용금지	다른 목적 등을 위하여 조사권을 남용하여서는 안 됨
조사목적의 적합성	조사목적에 적합하도록 조사대상자 선정
중복조사의 제한	유사하거나 동일한 사안에 대한 공동조사를 실시해야 함 [기출]
예방 위주의 행정조사	처벌보다는 법령 등을 준수하도록 유도하는 데 중점 [기출]
조사내용 공표 금지	조사의 내용을 공표 금지, 직무상 알게 된 비밀을 누설금지
조사결과에 대한 이용제한	원래의 조사목적 이외의 용도로 이용제한, 타인에게 제공금지

2. 「행정조사기본법」의 내용

(1) 행정조사의 법적 근거

법령 등에서 행정조사를 규정하고 있는 경우에 한하여 행정조사를 실시할 수 있다. 다만, 조사대상자의 자발적인 협조를 얻어 실시하는 행정조사의 경우 그러하지 아니하다.

(2) 적용제외

제4조(행정조사의 기본원칙), 제5조(행정조사의 법적 근거) 및 제28조(정보통신수단을 통한 행정조사)는 적용한다.

> ① 행정조사를 한다는 사실이나 조사내용이 공개될 경우 국가의 존립을 위태롭게 하거나 국가의 중대한 이익을 현저히 해칠 우려가 있는 국가안전보장·통일 및 외교에 관한 사항
> ② 국방 및 안전에 관한 사항 중 다음 각 목의 어느 하나에 해당하는 사항
>   ㉠ 군사시설·군사기밀보호 또는 방위사업에 관한 사항
>   ㉡ 「병역법」·「예비군법」·「민방위기본법」·「비상대비에 관한 법률」·「재난관리자원의 관리 등에 관한 법률」에 따른 징집·소집·동원 및 훈련에 관한 사항

ⓒ 「공공기관의 정보공개에 관한 법률」 제4조 제3항의 정보에 관한 사항
ⓔ 「근로기준법」 제101조에 따른 근로감독관의 직무에 관한 사항
ⓜ 조세·형사·행형 및 보안처분에 관한 사항
ⓗ 금융감독기관의 감독·검사·조사 및 감리에 관한 사항
ⓐ 「독점규제 및 공정거래에 관한 법률」, 「표시·광고의 공정화에 관한 법률」, 「하도급거래 공정화에 관한 법률」, 「가맹사업거래의 공정화에 관한 법률」, 「방문판매 등에 관한 법률」, 「전자상거래 등에서의 소비자보호에 관한 법률」, 「약관의 규제에 관한 법률」 및 「할부거래에 관한 법률」에 따른 공정거래위원회의 법률위반행위 조사에 관한 사항

(3) 정기조사의 원칙

연도별 조사운영계획의 수립	행정기관의 장은 매년 12월 말까지 다음 연도의 행정조사운영계획을 수립하여 국무조정실장에게 제출
예외적 수시조사	① 법률의 규정 ② 법령 등의 위반에 대한 혐의 ③ 법령 등의 위반에 관한 혐의를 통보 또는 이첩받은 경우 ④ 법령 등의 위반에 대한 신고를 받거나 민원이 접수된 경우 ⑤ 그 밖에 조사의 필요성이 인정되는 사항(대통령령으로 정함)

(4) 행정조사의 방법(조사개시 7일 전까지 서면으로 통지)

출석·진술요구	① 출석요구서의 발송 ② 원칙: 1회 출석으로 당해 조사를 종결 　예외: 출석요구서에 기재된 내용을 이행하지 아니하여 행정조사의 목적을 달성할 수 없는 경우
보고요구와 자료제출요구	각각 보고요구서, 자료제출요구서 발송
현장조사	① 현장출입조사서 또는 법령상의 문서를 발송 ② 원칙: 해 뜨기 전이나 해 진 뒤에는 할 수 없음 　예외: ⓐ 조사대상자의 동의 　　　　ⓑ 사업장의 업무시간에 행정조사를 실시하는 경우 　　　　ⓒ 조사목적달성의 불가 또는 증거인멸방지
시료채취와 손실보상	정상적인 경제활동을 방해하지 아니하는 범위에서 최소한도로
자료 등 영치	① 조사대상자 또는 그 대리인을 입회하에 영치 ② 사진 촬영이나 사본을 작성하는 방법으로 영치에 갈음할 수 있음 ③ 영치조서의 작성 1부를 입회인에게 교부
공동조사	① 당해 행정기관 내의 2 이상의 부서가 동일하거나 유사한 업무분야에 대해 동일한 조사대상 자에게 행정조사를 실시하는 경우 ② 서로 다른 행정기관이 동일한 조사대상자에게 행정조사를 실시하는 경우

중복조사의 제한	① 정기조사 또는 수시조사를 실시한 행정기관의 장은 동일한 사안에 대해 동일한 조사대상자를 재조사해서는 안 됨 ② 이미 조사를 받은 조사대상자에 대해 위법행위가 의심되는 새로운 증거를 확보한 경우 그러하지 않음

⑸ **자율관리체제의 구축**

① **자율신고·관리체제 구축 지원**: 행정기관의 장은 법령 등에서 규정하고 있는 조사사항을 조사대상자로 하여금 스스로 신고하도록 하는 제도를 운영할 수 있고, 조사대상자의 자율관리체제 구축을 지원하여야 한다.

② **행정상 지원**: 자율관리체제의 기준을 준수한 자에 대하여는 행정조사의 감면, 행정·세제상의 지원 등 필요한 혜택을 부여할 수 있다.

⑹ **위법한 행정조사와 행정처분의 관계**

① 행정조사의 위법이 곧 행정처분을 위법하게 하는 것은 아니지만,

② 행정조사에 의해 수집된 정보나 자료 자체가 부당한 경우에는 그에 기초한 행정처분은 위법한 처분이 된다.

39 행정벌

01 행정형벌

행정형벌과 과태료 병과 가능성	① 대법원은 병과 긍정[일사부재리에 해당(×)] ② 헌법재판소 부정[이중처벌에 해당(○)]
과실범 처벌	① 원칙: 고의범 처벌, 과실범은 별도의 처벌규정 있을 것 ② 예외: 과실범처벌의 명문의 규정이 없더라도 해석상 과실범을 처벌하는 것으로 명백히 인정되는 경우 처벌 [기출]
양벌규정	① 양벌규정에 의한 영업주의 처벌은 선임·감독상의 과실책임 ② 지방자치단체 – 자치사무를 처리하는 경우 양벌규정 적용, 기관위임사무를 처리하는 경우 양벌규정 부정

지문식 판례

① 양벌규정에 의한 영업주의 처벌은 종업원의 처벌에 종속하는 것이 아니라 독립해서 그 자신의 종업원에 대한 선임감독상의 과실로 인하여 처벌되는 것이다.
② 영업주나 감독자를 처벌하는 경우 종업원의 범죄성립이나 처벌이 영업주 처벌의 전제조건이 될 필요는 없다. [기출]
③ 기관위임사무를 처리하는 경우 지방자치단체는 국가기관의 일부로 볼 수 있으므로 양벌규정이 적용되지 않는다.
④ 지방자치단체가 그 고유의 자치사무를 처리하는 경우 지방자치단체는 국가기관과는 별도의 독립한 공법인이므로 양벌규정에 따라 처벌대상이 된다.

02 통고처분

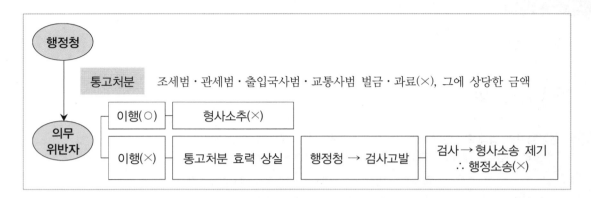

① 통고처분은 행정심판이나 행정소송의 대상이 되지 않는다. 기출
② 통고처분권자의 고발 없이 공소가 제기된 경우 공소를 기각하여야 한다.
③ 통고처분에 불복하여 재판을 청구한 후에는 통고처분의 취소를 구하는 헌법소원이 허용되지 않는다.
④ 세무공무원의 고발 없이 공소제기된 후 세무공무원이 고발을 하여도 공소절차의 무효는 치유되지 않는다.
⑤ 고발 후에는 통고처분을 할 수 없고, 통고처분을 한 경우 이는 무효이다.
⑥ 통고처분 여부는 행정청의 재량이며 통고처분을 하지 아니한 채 검사에게 고발하였다 하여 그 고발 및 공소제기가 부적법하게 되는 것은 아니다.

03 「질서위반행위규제법」상 과태료

1. 질서위반행위의 의의

법률(조례 포함)상의 의무를 위반하여 과태료를 부과하는 행위이다.

2. 「질서위반행위규제법」 적용제외

① 과태료의 부과·징수 등의 절차에 관한 다른 법률의 규정 중 「질서위반행위규제법」의 규정에 저촉되는 것은 「질서위반행위규제법」으로 정하는 바에 따른다. 기출
② 대통령령으로 정하는 ㉠ 사법상·소송법상 의무위반, ㉡ 법률의 규정에 따른 징계사유에 해당하여 과태료를 부과하는 행위는 제외된다. 기출

3. 「질서위반행위규제법」적용범위

시간적 범위	① 질서위반행위의 성립과 과태료 처분은 <u>행위 시</u>의 법률에 따름 ^{기출} ② 질서위반행위 후 법률이 변경되어 그 행위가 질서위반행위에 해당하지 아니하게 되거나 과태료가 변경되기 전의 법률보다 가볍게 된 때에는 법률에 특별한 규정이 없는 한 <u>변경된</u> 법률을 적용 ^{기출} ③ 행정청의 과태료 처분이나 법원의 과태료 재판이 확정된 후 법률이 변경되어 그 행위가 질서위반행위에 해당하지 아니하게 된 때에는 변경된 법률에 특별한 규정이 없는 한 과태료의 징수 또는 집행을 <u>면제</u>
장소적 범위	① 대한민국 영역 안에서 질서위반행위를 한 자에게 적용 ② 대한민국 영역 밖에서 질서위반행위를 한 대한민국의 국민에게 적용 ^{기출} ③ 대한민국 영역 밖에 있는 대한민국의 선박 또는 항공기 안에서 질서위반행위를 한 외국인에게 적용 ^{기출}

4. 「질서위반행위규제법」주요 내용

질서위반 행위의 성립	법정주의	법률에 따르지 아니하고는 어떤 행위도 과태료를 부과하지 않음 ^{기출}
	구성요건	① 고의 · 과실이 없는 경우 과태료를 부과하지 않음(책임주의) ^{기출} ② 위법하지 않다고 오인한 경우 그 오인에 정당한 이유가 있는 때에 한하여 과태료를 부과하지 않음 ③ 14세 미만자의 질서위반행위에는 과태료를 부과하지 않음 ^{기출} ④ 심신상실자에는 과태료 부과 불가, 심신미약자에는 감경, 스스로 상태를 야기한 자에는 감면하지 않음
	법인처벌	대표자나 종업원 등의 개인의 의무위반행위에 대해 법인 또는 그 개인에게 과태료 부과, 「도로교통법」상 과태료 부과의 경우 예외 인정
	다수인 처벌	① 2인 이상이 가담한 때 각자가 질서위반행위를 한 것으로 봄 ^{기출} ② 신분 없는 자가 신분에 의해 성립하는 질서위반행위에 가담한 때에도 질서위반행위가 성립 ^{기출} ③ 신분에 의한 감경 또는 가중 사유는 신분이 없는 자에게 미치지 않음
	다수법 위반	하나의 행위가 둘 이상의 질서위반행위에 해당하는 경우 가장 중한 과태료 부과 ^{기출}

행정청의 과태료 부과	① 부과 전 사전통지, 10일 이상 의견제출 기회, 지정된 기일까지 의견제출이 없는 경우 의견이 없는 것으로 봄^{기출} ② 의견제출절차를 마친 후 서면으로 과태료를 부과 ③ 과태료 부과통지를 받은 날부터 60일 이내에 서면으로 이의제기. 이의제기가 있는 경우 행정청의 과태료 부과처분은 효력을 상실^{기출} ④ 이의제기를 받은 행정청은 14일 이내에 관할법원에 통보 ⑤ 자진납부자에 대한 과태료를 감경할 수 있음 ⑥ 제척기간: 질서위반행위가 종료된 날부터 5년이 경과한 경우 과태료를 부과할 수 없음 ⑦ 소멸시효: 확정된 과태료에 대해 5년간 징수하지 않은 경우 소멸^{기출}
불복방법	행정심판이나 항고소송의 대상되는 처분(×)^{기출}
가산금 징수	① 납부기한까지 과태료를 납부하지 아니한 때 3/100 가산금 ② 체납된 과태료를 납부하지 아니한 때 매 1개월 경과마다 12/1000 가산금
과태료재판	① 관할법원: 당사자의 주소지의 지방법원 ② 심문기일 지정 후 심문 ③ 결정: 과태료재판은 이유를 붙인 결정으로 함. 즉시항고 가능(집행정지)^{기출} ④ 약식재판: 심문 없이 과태료재판 ⑤ 검사명령으로 과태료 집행[판사명령(×)]^{기출}
과태료 체납자에 대한 조치	① 관허사업의 정지 또는 허가 등의 취소: 3회 이상 체납하고 있고, 체납발생일부터 각 1년이 경과하였으며, 체납금액의 합계가 500만 원 이상인 체납자 ② 신용정보 등 제공: 신용정보업자에 대한 체납자료 제공, 당사자에 대해 미리 통지 ③ 고액상습체납자: 감치에 처할 수 있음[징역(×)], 동일위반행위로 재차 감치 불가 ㉠ 3회 이상 체납, 체납발생일로부터 1년 경과 체납금액합계 1천만 원 이상 ㉡ 과태료 납부능력이 있음에도 불구하고 정당한 사유 없이 체납한 경우

04 제재처분

1. 제재처분의 기준

행정기본법 제22조【제재처분의 기준】① 제재처분의 근거가 되는 법률에는 제재처분의 주체, 사유, 유형 및 상한을 명확하게 규정하여야 한다. 이 경우 제재처분의 유형 및 상한을 정할 때에는 해당 위반행위의 특수성 및 유사한 위반행위와의 형평성 등을 종합적으로 고려하여야 한다.
② 행정청은 재량이 있는 제재처분을 할 때에는 다음 각 호의 사항을 고려하여야 한다.
  1. 위반행위의 동기, 목적 및 방법
  2. 위반행위의 결과
  3. 위반행위의 횟수
  4. 그 밖에 제1호부터 제3호까지에 준하는 사항으로서 대통령령으로 정하는 사항

2. 제재처분의 요건

법령상 책임자	반드시 현실적 위반행위자가 아니라도 법령상 책임자로 규정된 자에게 부과 ^{기출}
고의·과실 불요	① 위반자의 고의·과실을 요하지 않음 ^{기출} ② 위반자의 의무해태를 탓할 수 없는 정당한 사유가 있는 경우에는 부과할 수 없음

3. 제재처분의 제척기간

행정기본법 제23조【제재처분의 제척기간】① 행정청은 법령등의 위반행위가 종료된 날부터 5년이 지나면 해당 위반행위에 대하여 제재처분(인허가의 정지·취소·철회, 등록 말소, 영업소 폐쇄와 정지를 갈음하는 과징금 부과를 말한다. 이하 이 조에서 같다)을 할 수 없다.
② 다음 각 호의 어느 하나에 해당하는 경우에는 제1항을 적용하지 아니한다.
  1. 거짓이나 그 밖의 부정한 방법으로 인허가를 받거나 신고를 한 경우
  2. 당사자가 인허가나 신고의 위법성을 알고 있었거나 중대한 과실로 알지 못한 경우
  3. 정당한 사유 없이 행정청의 조사·출입·검사를 기피·방해·거부하여 제척기간이 지난 경우
  4. 제재처분을 하지 아니하면 국민의 안전·생명 또는 환경을 심각하게 해치거나 해칠 우려가 있는 경우
③ 행정청은 제1항에도 불구하고 행정심판의 재결이나 법원의 판결에 따라 제재처분이 취소·철회된 경우에는 재결이나 판결이 확정된 날부터 1년(합의제행정기관은 2년)이 지나기 전까지는 그 취지에 따른 새로운 제재처분을 할 수 있다.
④ 다른 법률에서 제1항 및 제3항의 기간보다 짧거나 긴 기간을 규정하고 있으면 그 법률에서 정하는 바에 따른다.

05 그 밖의 의무이행확보수단

구분		주요 내용
과징금	본래 의미	경제법상 의무위반행위로 얻은 불법적 이익을 박탈하기 위한 금전적 제재
	변형된 과징금	공공성이 강한 사업을 시행하는 자에 대해 영업정지나 인·허가 취소에 갈음하여 그 영업으로 인한 이익을 박탈하는 금전적 제재
	판례	① 과징금 채무는 부과받은 자가 사망한 경우 그 상속인에게 포괄승계 ② 과징금 부과처분과 별도로 감면신청에 대한 감면불인정 통지는 항고소송의 대상되는 처분 ③ 형사처벌과 아울러 과징금 병과가 예정되어 있다 하여 이중처벌금지원칙에 위반되지 않음 ^{기출} ④ 재량행위인 과징금 부과처분이 법정한도액을 초과한 경우 그 전부를 취소 ⑤ 과징금 감액처분에 의하여 감액된 부분에 대한 부과처분 취소청구는 부적법 ⑥ 과징금 부과처분을 취소한 재결에 대해 제3자는 취소를 구할 법률상 이익(×) ⑦ 과징금을 부과하면서 추후에 부과금 산정 기준이 되는 새로운 자료가 나올 경우에는 과징금액이 변경될 수도 있다고 유보(×), 실제로 추후에 새로운 자료가 나왔다고 하여 새로운 부과처분(×) ⑧ 법령으로 정한 '과징금을 부과하는 위반행위와 과징금의 금액'에 열거되지 않은 위반행위에 대해 사업정지처분을 갈음하여 과징금을 부과(×) ^{기출}
가산금과 가산세	가산금	금전급부의무 불이행에 대한 지연이자
	가산세	세법에 규정하는 의무의 성실한 이행을 확보하기 위하여 그 세법에 의하여 산출한 세액에 가산하여 징수하는 금액
	판례	① 「국세징수법」상 가산금, 중가산금의 고지는 항고소송의 대상되는 처분이라 볼 수 없음 ② 가산세는 의무위반에 대해 고의·과실을 요하지 않음 ③ 가산세는 의무해태를 탓할 수 없는 정당한 사유가 있는 경우에는 가산세를 부과할 수 없음

핵심정리

40 국가배상

01 「국가배상법」 제2조 요건

> **국가배상법 제2조【배상책임】** ① 국가나 지방자치단체는 공무원 또는 공무를 위탁받은 사인(이하 "공무원"이라 한다)이 직무를 집행하면서 고의 또는 과실로 법령을 위반하여 타인에게 손해를 입히거나, 「자동차손해배상 보장법」에 따라 손해배상의 책임이 있을 때에는 이 법에 따라 그 손해를 배상하여야 한다. 다만, 군인·군무원·경찰공무원 또는 예비군대원이 전투·훈련 등 직무 집행과 관련하여 전사(戰死)·순직(殉職)하거나 공상(公傷)을 입은 경우에 본인이나 그 유족이 다른 법령에 따라 재해보상금·유족연금·상이연금 등의 보상을 지급받을 수 있을 때에는 이 법 및 「민법」에 따른 손해배상을 청구할 수 없다.
> ② 제1항 본문의 경우에 공무원에게 고의 또는 중대한 과실이 있으면 국가나 지방자치단체는 그 공무원에게 구상(求償)할 수 있다. ^{기출}

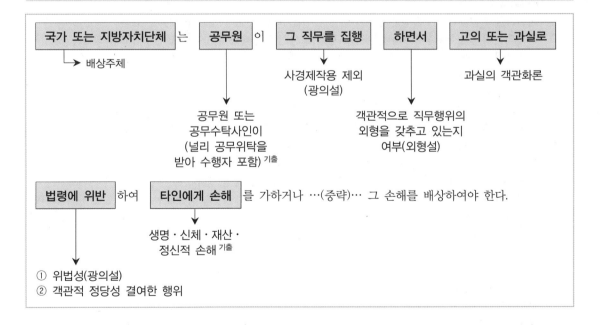

1. 공무원

판례상 공무원 인정	소집 중인 향토예비군, 전투경찰, 미군부대의 카투사, 지방자치단체에 근무하는 청원경찰, 시청소차운전수, 전입신고서에 확인인을 찍는 통장, 집행관, 교통할아버지
판례상 공무원 부정	시영버스 운전사, 의용소방대원, 공무에 자진협력하는 사인, 정부기관에서 아르바이트하는 자, 단순노무자

2. 직무행위

직무범위		① 사경제주체로서의 작용 제외 모든 국가작용 ^{기출} ② 비권력작용 포함 ③ 행정작용, 입법작용, 사법작용 모두 포함 ^{기출} ④ 사익보호성이 인정되는 직무일 것
직무를 집행하면서	판단기준	외형설 − 공무원의 직무집행 의사(×), 객관적으로 직무행위의 외형을 갖추고 있는지 여부
	판례	① 공무원이 출근 중에 자가용으로 사고가 난 경우 → 직무관련성 부정 ② 공무원이 공무수행을 마치고 복귀하던 중에 자가용으로 사고 → 직무관련성 인정 ③ 인사업무 담당공무원이 다른 공무원의 공무원증 위조 → 직무관련성 인정 ^{기출} ④ 세무공무원이 시영아파트 불법분양에 관여한 경우 → 직무관련성 부정

지문식 판례

① 국회의원의 입법행위는 특수한 경우가 아닌 한 「국가배상법」상 위법행위로 볼 수 없음

국회의원의 입법행위는 그 입법 내용이 헌법의 문언에 명백히 위반됨에도 불구하고 국회가 굳이 당해 입법을 한 것과 같은 특수한 경우가 아닌 한 국가배상법 제2조 제1항 소정의 위법행위에 해당된다고 볼 수 없다(대판 1997. 6. 13. 96다56115).

② 법관의 재판에 관한 국가배상 인정요건

법관의 재판에 법령의 규정을 따르지 아니한 잘못이 있다 하더라도 이로써 바로 국가의 손해배상책임이 발생하는 것은 아니고, 그 국가배상책임이 인정되려면 당해 법관이 위법 또는 부당한 목적을 가지고 재판을 하는 등 법관이 그에게 부여된 권한의 취지에 명백히 어긋나게 이를 행사하였다고 인정할 만한 특별한 사정이 있어야 한다(대판 2001. 4. 24. 2000다16114).

③ 헌법재판소 재판관이 청구인의 본안판단을 받을 기회를 상실케 한 경우 ^{기출}

헌법재판소의 재판관이 위법한 직무집행의 결과 잘못된 각하결정을 함으로써 청구인으로 하여금 본안판단을 받을 기회를 상실하게 한 이상, … 그 침해로 인한 정신상 고통에 대하여는 위자료를 지급할 의무가 있다(대판 2003. 7. 11. 99다24218).

④ 검사의 공소제기 · 불기소처분

검사의 공소제기로 인해 무죄판결이 확정되었다는 이유만으로 구속이나 공소제기가 위법하다고 할 수 없다(대판 2002. 2. 22. 2001다23447).

⑤ 공무원의 부작위도 직무행위에 포함 ^{기출}

부작위에 의한 국가배상책임의 성립요건인 직무상 작위의무는 법령, 법률행위, 선행행위로 인한 경우는 물론, 신의성실의 원칙이나 사회상규 혹은 조리상 작위의무가 기대되는 경우에도 인정된다(대판 2015. 11. 12. 2015도6809).

3. 위법성

법령위반행위 → 광의설 – 당해 직무가 객관적 정당성을 결한 경우

4. 고의 · 과실

과실의 판단기준	보통 일반의 (평균적) 공무원을 표준으로 하여 볼 때 객관적 주의의무를 결한 경우
가해자 특정	가해공무원이 특정되지 않더라도 국가조직 전체의 흠이 인정된다면 과실 인정

지문식 판례

│ 공무원의 법령해석 오해 │

① 법규해석을 그르친 경우 과실 인정

특별한 사정이 없는 한 일반적으로 공무원이 관계법규를 알지 못하거나 필요한 지식을 갖추지 못하고 법규의 해석을 그르쳐 행정처분을 하였다면 그가 법률전문가가 아닌 행정직 공무원이라고 하여 과실이 없다고는 할 수 없다(대판 2001. 2. 9. 98다52988).

② 관계법령의 해석이 확립되기 전이라면 과실 인정 안 됨

행정청이 관계법령의 해석이 확립되기 전에 어느 한 설을 취하여 업무를 처리한 것이 결과적으로 위법하게 되어 그 법령의 부당집행이라는 결과를 빚었다고 하더라도 처분 당시 그와 같은 처리방법 이상의 것을 성실한 평균적 공무원에게 기대하기 어려웠던 경우라면 특별한 사정이 없는 한 이를 두고 공무원의 과실로 인한 것이라고는 볼 수 없다(대판 2001. 3. 13. 2000다20731).

③ 항고소송에서 처분이 취소된 경우 과실 인정 여부 ^{기출}

행정처분이 후에 항고소송에서 취소되었다고 할지라도 그 기판력에 의하여 당해 행정처분이 곧바로 공무원의 고의 또는 과실로 인한 것으로서 불법행위를 구성한다고 단정할 수는 없다(대판 2000. 5. 12. 99다70600).

│ 법원직 공무원 관련 판례 │

① 등기 담당관이 판결서의 형식을 자세히 확인절차를 거치지 않은 경우 과실 부정

등기신청의 첨부서면으로 제출한 판결서의 일부 기재사항 및 기재 형식이 일반적인 판결서의 작성 방식과 다른 경우에 담당 등기관이 자세한 확인절차를 거치지 않은 경우 그 위조 여부에 관하여 보다 자세한 확인을 할 주의의무가 있다고 할 수 없다(대판 2005. 2. 25. 200313048).

② 경매 담당 공무원이 기일통지를 잘못한 것이 원인되어 경락허가결정이 취소된 경우

경매담당 공무원이 이해관계인에게 기일통지를 잘못한 것이 원인이 되어 경락허가결정이 취소된 사안에서, 그 사이 경락대금을 완납하고 소유권이전등기를 마친 경락인에 대해 국가는 배상책임을 진다(대판 2001. 3. 13. 2000다20731).

5. 타인에게 손해가 발생하였을 것

(1) 군인에 대한 특례 − 이중배상금지 원칙

이중배상금지	군인·군무원·경찰공무원 또는 예비군대원이 전투·훈련 등 직무 집행과 관련하여 전사·순직하거나 공상을 입은 경우에 본인이나 그 유족이 다른 법령에 따라 재해보상금·유족연금·상이연금 등의 보상을 지급받을 수 있을 때에는 이 법 및 「민법」에 따른 손해배상을 청구할 수 없음 기출
대상자	• 공익근무요원·경비교도대원 → 이중배상금지의 군인·경찰공무원(×) 기출 • 전투경찰순경 → 경찰공무원(○) • 경찰서지서의 숙직실 → 이중배상금지의 전투·훈련에 관련된 시설(×)
직무집행 관련	일반 직무집행도 포함 기출
보상지급 거절금지	「국가배상법」에 따라 손해배상을 받았다는 사정을 들어 보상금 등 보훈급여금의 지급을 거부할 수 없음

민간인의 구상권	문제사안	민간인과 군인이 공동불법행위로 군인에게 피해를 입힌 경우
	헌법재판소	민간인이 군인의 부담부분에 관해 손해를 배상한 경우 국가에 구상권 행사 가능
	대법원	민간인은 자신의 부담부분에 한해 손해배상의무를 부담하고 군인의 부담부분에 관한 구상권을 행사할 수 없음 기출

(2) 외국인

외국인이 피해자인 경우에는 해당 국가와 상호 보증이 있을 때에만 적용된다. 기출

02 선택적 청구

공무원이 고의·중과실	공무원도 책임(민법상), 선택청구 가능 기출
공무원이 경과실	공무원은 면책, 선택청구 불가
경과실인 공무원이 배상한 경우	① 공무원이 국가에 대해 구상권 행사 ② 피해자에게 부당이득반환청구 불가(민법상 비채변제 해당)
「자동차손해배상 보장법」	공무원이 자신의 승용차로 사고를 낸 경우 자동차손해배상보장법에 따라 운행자책임이 있고 고의, 중과실, 경과실을 구별할 필요가 없음 기출

03 「국가배상법」 제5조 (영조물 하자) 요건

> **국가배상법 제5조【공공시설 등의 하자로 인한 책임】** ① 도로·하천, 그 밖의 공공의 영조물의 설치나 관리에 하자가 있기 때문에 타인에게 손해를 발생하게 하였을 때에는 국가나 지방자치단체는 그 손해를 배상하여야 한다. 이 경우 제2조 제1항 단서, 제3조 및 제3조의2를 준용한다.
> ② 제1항을 적용할 때 손해의 원인에 대하여 책임을 질 자가 따로 있으면 국가나 지방자치단체는 그 자에게 구상할 수 있다.

구분		주요 내용
「민법」상 공작물책임		둘 다 무과실책임. 대상에 있어 「민법」의 공작물보다 그 범위를 확대, 「민법」과 달리 점유자의 면책사유를 인정하지 않고 있음 ^{기출}
영조물		강학상 공물의 개념. 국·공유의 사물은 제외(일반재산), 철도운행과 관련된 사고 (기관사 과실 = 「민법」상 책임, 철도시설물의 하자 = 「국가배상법」상 영조물책임)
설치·관리상의 하자		① 영조물이 통상적으로 갖추어야 할 안전성을 결하고 있는 것 ^{기출} ② 공공의 영조물의 설치·관리의 하자에는 물적 하자만이 아니라 기능적 하자 또는 이용상 하자도 포함 ^{기출}
	판례	① 객관설적 판례: 국가 또는 지방자치단체는 영조물의 설치·관리상의 하자로 인하여 타인에게 손해를 가한 경우 그 손해의 방지에 필요한 주의를 해태하지 아니하였다 하여 면책을 주장할 수 없음 ② 주관설적 판례: 안전성의 구비 여부를 판단함에 있어서는 설치관리자가 그 영조물의 위험성에 비례하여 사회통념상 일반적으로 요구되는 정도의 방호조치의무를 다하였는지 여부를 기준으로 삼아야 함
타인에게 손해발생		하자와 손해의 발생 사이에 인과관계
불가항력으로 인한 면책		① 예산부족과 같은 재정적 사유는 안전성을 요구하는 데 대한 정도 문제로서 참작사유에는 해당할지언정 안전성을 결정지을 절대적 요건은 아님 ② 자연적 사실이나 제3자의 행위 또는 피해자의 행위와 경합하여 손해가 발생하더라도 영조물의 설치 또는 관리상의 하자가 공동원인의 하나가 되는 이상 그 손해는 영조물의 설치 또는 관리상의 하자에 의해 발생한 것이라고 해석
제2조와 경합문제		피해자는 어느 규정에 의하여도 손해배상을 청구할 수 있음

지문식 판례

① 일반 공중의 이용에 제공되지 않고 있었던 이상 「국가배상법」 제5조 제1항 소정의 영조물에 해당한다고 할 수 없다.
② 사실상 군민의 통행에 제공되고 있던 도로는 「국가배상법」상 영조물에 해당하지 않는다.
③ 국유 일반재산은 「국가배상법」상 영조물에 해당하지 않는다.
④ 국가 또는 지방자치단체가 소유권, 임차권 그 밖의 권한에 기하여 관리하고 있는 경우뿐만 아니라 사실상 관리를 하고 있는 경우도 포함된다. ^{기출}

⑤ 영조물의 결함이 영조물의 설치관리자의 관리행위가 미칠 수 없는 상황 아래에 있는 경우에는 영조물의 설치관리상의 하자를 인정할 수 없다.

⑥ 매향리 사격장에서 발생하는 소음 등으로 지역 주민들이 입은 피해는 사회통념상 참을 수 있는 정도를 넘는 것으로서 사격장의 설치 또는 관리에 하자가 있다.

⑦ 김포공항에서 발생하는 소음 등으로 인근주민들이 입은 피해는 사회통념상 수인한도를 넘는 것으로서 김포공항의 설치·관리에 하자가 있다.

⑧ 고속도로 관리상의 하자는 점유관리자가 손해방지에 필요한 주의를 해태하지 않았다는 것을 입증하여야 면책된다.

⑨ 자연현상이나 제3자의 행위가 그 손해의 원인으로 경합하는 경우에도 영조물의 하자와 손해발생 사이에 상당인과관계가 있는 한 국가 등의 배상책임은 인정된다.

⑩ 예산부족과 같은 재정적 사유는 안전성을 요구하는 데 대한 정도 문제로서 참작사유에는 해당할지언정 안전성을 결정지을 절대적 요건은 아니다.

⑪ 고속도로의 관리자가 고립구간의 교통정체를 충분히 예견할 수 있었음에도 교통제한 및 운행정지 등 필요한 조치를 충실히 이행하지 아니하였으므로 고속도로의 관리상 하자가 있다.

⑫ 100년 발생빈도의 강우량을 기준으로 책정된 계획홍수위를 초과하여 600년 또는 1,000년 발생빈도의 강우량에 의한 하천의 범람은 예측가능성 및 회피가능성이 없는 불가항력적인 재해로서 그 영조물의 관리청에 책임을 물을 수 없다.

⑬ 사고당일의 집중호우가 50년 빈도의 최대강우량에 해당한다는 사실만으로 불가항력에 기인한 것으로 볼 수 없다.

⑭ 겨울철 산간지역에 위치한 도로에 강설로 생긴 빙판을 그대로 방치하고 도로상황에 대한 경고나 위험표지판을 설치하지 않았다는 사정만으로 도로관리상의 하자가 있다고 볼 수 없다.

⑮ 영조물이 완전무결한 상태에 있지 아니하고 그 기능상 어떠한 결함이 있다는 것만으로 영조물의 설치 또는 관리에 하자가 있다고 할 수 없는 것이고, 설치 관리자가 그 영조물의 위험성에 비례하여 사회통념상 일반적으로 요구되는 정도의 방호조치의무를 다하였는지 여부를 그 기준으로 삼아야 한다.

⑯ 가변차로에 설치된 두 개의 신호기에서 서로 모순되는 신호가 들어오는 고장을 예방할 방법이 없음에도 그와 같은 신호기를 설치하여 그와 같은 고장을 발생하게 한 것이라면 불가항력으로 볼 수 없고 면책되지 않는다.

04 비용부담자로서 배상책임자

국가배상법 제6조【비용부담자 등의 책임】 ① 제2조·제3조 및 제5조에 따라 국가나 지방자치단체가 손해를 배상할 책임이 있는 경우에 공무원의 선임·감독 또는 영조물의 설치·관리를 맡은 자와 공무원의 봉급·급여, 그 밖의 비용 또는 영조물의 설치·관리 비용을 부담하는 자가 동일하지 아니하면 그 비용을 부담하는 자도 손해를 배상하여야 한다. 기출
② 제1항의 경우에 손해를 배상한 자는 내부관계에서 그 손해를 배상할 책임이 있는 자에게 구상할 수 있다.

05 배상책임의 내용

배상책임자	① 헌법: 국가 또는 공공단체 ② 국가배상법: 국가 또는 지방자치단체(합헌)	
배상범위	① 공무원의 상당인과관계가 있는 모든 손해 ② 「국가배상법」 제3조 및 제3조의2 예시규정 − 배상의 상한을 규정(×)	
양도·압류금지	생명·신체의 침해로 인한 국가배상을 받을 권리는 양도하거나 압류하지 못함 ^{기출}	
소멸시효	① 손해 및 가해자를 안 날로부터 3년 ② 불법행위를 한 날로부터 5년 ^{기출}	
배상절차	배상심의회	배상심의회에 배상신청(임의적) ^{기출}
	법원의 재판	① 공법설(당사자소송)·사법설(민사소송) ② 판례 − 소송실무상 민사소송

41 손실보상

01 「헌법」 제23조 제3항의 효력

> **헌법 제23조** ① 모든 국민의 재산권은 보장된다. 그 내용과 한계는 법률로 정한다.
> ② 재산권의 행사는 공공복리에 적합하도록 하여야 한다.
> ③ 공공필요에 의한 재산권의 수용·사용 또는 제한 및 그에 대한 보상은 법률로써 하되, 정당한 보상을 지급하여야 한다.

02 특별한 희생

재산권행사의 공공복리성(사회적 제약)에 적합한 제한은 당사자가 수인하여야 하고 손실보상청구를 할 수 없다. 그 기준에 대해서는 학설의 대립이 있다.

구분	경계이론과 분리이론
경계이론	① 재산권의 수용과 사용·제한 모두 재산권에 대한 제약의 정도에 따라 제2항과 제3항의 경계를 넘나든다. ② 경계를 짓는 한계는 특별한 희생이다. ③ 사용·제한이 특별한 희생임에도 보상규정이 없는 경우 수용유사침해로 보아 보상을 하여야 한다.
분리이론	① 입법자의 의사에 따라 공용침해와 재산권의 내용·한계의 설정이 분리된다는 이론이다. ② 제2항의 사회적 제약에 관한 재산권의 내용규정과, 제3항의 보상규정을 별개로 보고 입법자가 공용침해를 규정한 것이 아니라 재산권의 내용을 규정하는 경우라 할지라도 그 규정이 비례원칙에 반하여 일정한 한계를 벗어난 기본권을 침해하면 보상의 문제가 아니라 위헌성의 제거에 초점을 두는 견해이다.
헌법재판소	① 개발제한구역제도 그 자체는 원칙적으로 합헌적인 규정인데, 다만 개발제한구역의 지정으로 말미암아 일부 토지소유자에게 사회적 제약의 범위를 넘는 가혹한 부담이 발생하는 예외적인 경우에 대하여 보상규정을 두지 않은 것에 위헌성이 있는 것이다. ② 토지를 종래의 목적으로도 사용할 수 없거나 더 이상 법적으로 허용된 토지이용방법이 없어서 실질적으로 사용·수익을 할 수 없는 경우에 해당하지 않는 제약은 토지소유자가 수인하여야 하는 사회적 제약의 범주 내에 있는 것이고, 그러하지 아니한 제약은 손실을 완화하는 보상적 조치가 있어야 비로소 허용되는 범주 내에 있다.

03 손실보상의 기준

침해하는 재산에 대한 현재적, 객관적 가치에 대한 완전한 보상이다[상당한 보상(×)].

지문식 판례

① 소유자가 갖는 주관적인 가치, 투기적 성격을 띠고 우연히 결정된 거래가격 또는 호가는 완전보상범위에 포함되지 않는다.
② 토지의 객관적 가치의 증가에 기여하지 못한 투자비용이나 그 토지 등을 특별한 용도에 사용할 것을 전제로 한 가격은 완전보상의 범위에 포함되지 않는다.
③ 개발이익은 그 성질상 완전보상의 범위에 포함되지 않는다.
④ 당해 공공사업과는 관계없는 다른 사업의 시행으로 인한 개발이익은 이를 배제하지 아니한 가격으로 평가하여야 한다.
⑤ 영업을 하기 위해 투자한 비용이나 그 영업을 통하여 얻을 것으로 기대되는 이익에 대한 보상은 손실보상의 대상이 되지 않는다.

04 손실보상의 내용

① 대물적 보상
② 사업손실 보상(간접손실 보상) - 현행법상 사업손실에 대해 잔여지 보상과 공익사업시행지구 밖의 토지 등의 보상을 인정하고 있다.

지문식 판례

① 이주대책은 생활보상의 일환으로 국가의 적극적이고 정책적인 배려에 의하여 마련된 제도라 할 것이다(헌법상 기본권으로부터 당연발생하는 것 아님).
② '생업의 근거를 상실하게 된 자에 대하여 일정 규모의 상업용지 또는 상가분양권 등을 공급하는' 생활대책은 「헌법」제23조 제3항에 규정된 정당한 보상에 포함되는 것이라기보다는 생활보상의 일환이다.
③ 입법자가 이주대책 대상자에서 세입자를 제외하고 있는 법령이 세입자의 평등권을 침해하는 것은 아니다.
④ 이주자가 수분양권을 취득하기 위해서는 사업시행자에게 이주대책 대상자 선정신청을 하고 사업시행자가 이를 받아들여 이주대책 대상자로 확인·결정하여야만 비로소 구체적인 수분양권이 발생하게 된다[사업인정 고시만으로 구체적 권리취득(×)].
⑤ 주거이전비는 세입자들을 대상으로 사회보장적인 차원에서 지급되는 금원의 성격을 가지므로 주거이전비 보상청구권은 공법상 권리이고 그 보상을 둘러싼 분쟁은 민사소송이 아닌 행정소송에 의하여야 한다.
⑥ 잔여지 수용청구권은 그 요건을 구비한 경우 토지수용위원회의 특별한 조치를 기다릴 것 없이 청구에 의하여 수용의 효과가 발생하는 형성권적 성질을 가진다.
⑦ 잔여지 수용청구권의 행사기간은 제척기간으로서 토지소유자가 그 행사기간 내에 잔여지 수용청구권을 행사하지 아니하면 그 권리가 소멸한다.
⑧ 영업폐지와 휴업에 관한 구별기준은 당해 영업을 그 영업소 소재지나 인접 시·군 또는 구 지역 안의 다른 장소로 이전하는 것이 가능한지의 여부에 달려 있다(현재 영업을 하고 있는가의 문제가 아님).

05 손실보상의 방법 및 절차

1. 「공익사업을 위한 토지 등의 취득 및 보상에 관한 법률」상 보상 원칙

사업시행자 보상의 원칙	사업시행자가 보상해야 함 [기출]
사전보상의 원칙	① 원칙: 당해 공익사업을 위한 공사에 착수하기 이전에 보상 ② 예외: 천재지변 시의 토지의 사용과 시급을 요하는 토지의 사용 또는 토지소유자 및 관계인의 승낙이 있는 때 사후보상(지연이자 포함)
금전보상의 원칙	① 원칙: 현금으로 전액보상 [기출] ② 예외: 채권보상, 현물보상, 매수보상, 대토보상
개인별 보상의 원칙	물건별 보상(×) [기출]
일괄보상	동일한 사업지역 안에 보상시기를 달리하는 동일인 소유의 토지 등이 수개 있는 경우 토지소유자의 요구가 있으면 일괄하여 보상 [기출]
사업시행이익과 상계금지	사업시행자는 당해 공익사업의 시행으로 인하여 잔여지의 가격이 증가하거나 그 밖의 이익이 발생한 때도 그 이익을 그 취득 또는 사용으로 인한 손실과 상계할 수 없음
시가보상의 원칙	① 협의에 의한 경우 – 협의성립 당시의 가격을 기준, 재결에 의한 경우 – 재결 당시의 가격을 기준 [기출] ② 보상액의 산정에 있어서 당해 공익사업으로 인하여 토지 등의 가격에 변동이 있는 때에는 이를 고려하지 않음 [기출]

2. 손실보상액결정에 대한 불복

(1) **이의신청(행정심판에 해당 [기출])**

지방토지수용위원회의 재결에 대하여 불복이 있는 자는 중앙토지수용위원회에, 중앙토지수용위원회의 재결에 불복이 있는 자는 중앙토지수용위원회에 그 재결서의 정본을 받은 날로부터 30일 이내에 이의신청을 할 수 있다. [기출]

(2) **행정소송절차**

토지수용위원회 재결에 대한 불복	① 재결서를 받은 날로부터 90일 이내 행정소송을 제기 ② 이의신청을 거친 경우 이의신청에 대한 재결서를 받은 날로부터 60일 이내에 각각 행정소송을 제기(이의신청 임의적) [기출]
수용재결에 관한 소송	수용재결에 대해 이의재결을 거쳐 취소소송을 제기하는 경우 수용재결을 소송의 대상으로 하여야 함(이의재결은 재결자체 고유한 위법이 있는 경우에 한함) [기출]

보상금증감에 관한 소송인 경우	소송을 제기하는 자가 토지소유자 또는 관계인일 때에는 사업시행자를, 사업시행자일 때에는 토지소유자 또는 관계인을 각각 피고로 함(형식적 당사자소송) 기출
수용재결을 다투는 경우	토지수용위원회를 피고로 항고소송(집행부정지원칙) 기출

42 결과제거청구권

01 공법상 결과제거청구권의 요건

요건	주요내용
공행정작용으로 인한 침해	국가 등의 사법적 작용으로 인한 침해는 제외(민법상 규율)
타인의 법률상 이익의 침해	법률상 이익은 재산적 가치뿐만 아니라 명예·신용 등 비재산적 가치도 포함
위법한 상태의 존재	① 사실심변론종결 시를 기준으로 위법한 상태가 현재 존재하고 있어야 함 ② 가해행위자의 고의·과실은 요하지 않음 ③ 위법한 상태의 원인된 행위가 사후에 합법화된 경우 인정되지 않음
결과제거의 가능성	원상회복이 불가능한 경우 인정되지 않음

02 결과제거청구권의 내용

원상회복청구권	① 행정작용으로 인해 야기된 위법한 결과적 상태를 제거하여 원상회복을 청구할 수 있음(토지반환청구권, 정정보도청구권 등) ② 공행정작용으로 인한 직접적인 결과의 제거를 그 내용으로 하므로, 간접적인 결과로 인한 제거를 주장할 수 없음 ⑩ 행정청의 위법한 입주결정으로 타인의 주택에 무주택자가 입주하고 그 입주자가 주택을 손상한 경우, 주택의 소유자는 당해 입주자의 퇴거를 요구할 수 있음에 그치고 손상된 주택의 원상회복을 청구할 수 없다.
국가배상청구권과의 경합	국가배상청구권과 경합적 청구가 가능

처분에 대한 이의신청과 행정처분의 재심사

01 「행정기본법」상 이의신청

대상	행정심판의 대상이 되는 처분
신청의 상대방	해당 행정청
제기기간	처분을 받은 날부터 30일 이내
처리기간	① 신청을 받은 날부터 14일 이내에 그 이의신청에 대한 결과를 신청인에게 통지 ② 부득이한 경우 10일의 범위에서 한 차례 연장
행정심판, 행정소송의 제기	① 이의신청과 관계없이 행정심판 또는 행정소송을 제기할 수 있음 ② 이의신청에 대한 결과를 통지받은 후 행정심판 또는 행정소송을 제기하려는 자는 그 결과를 통지받은 날(통지기간 내에 결과를 통지받지 못한 경우에는 같은 항에 따른 통지기간이 만료되는 날의 다음 날을 말한다)부터 90일 이내에 행정심판 또는 행정소송을 제기할 수 있음
적용제외 (공·인·노· 형·외·과)	① 공무원 인사 관계 법령에 따른 징계 등 처분에 관한 사항 ② 「국가인권위원회법」 제30조에 따른 진정에 대한 국가인권위원회의 결정 ③ 「노동위원회법」 제2조의2에 따라 노동위원회의 의결을 거쳐 행하는 사항 ④ 형사, 행형 및 보안처분 관계 법령에 따라 행하는 사항 ⑤ 외국인의 출입국·난민인정·귀화·국적회복에 관한 사항 ⑥ 과태료 부과 및 징수에 관한 사항

02 「행정기본법」상 처분의 재심사

대상	① 처분이 행정심판, 행정소송 및 그 밖의 쟁송을 통하여 다툴 수 없게 된 경우 ② 제재처분 및 행정상 강제는 제외
사유	① 처분의 근거가 된 사실관계 또는 법률관계가 추후에 당사자에게 유리하게 바뀐 경우 ② 당사자에게 유리한 결정을 가져다 주었을 새로운 증거가 있는 경우 ③ 「민사소송법」 제451조에 따른 재심사유에 준하는 사유가 발생한 경우 ④ ①, ②, ③의 사유를 해당 처분의 절차, 행정심판, 행정소송 및 그 밖의 쟁송에서 당사자가 중대한 과실 없이 주장하지 못한 경우
신청의 상대방	해당 처분을 한 행정청에게 처분을 취소·철회하거나 변경하여 줄 것을 신청
제기기간	사유를 안 날부터 60일 이내에 하여야 함. 다만, 처분이 있은 날부터 5년이 지나면 신청할 수 없음
처리기간	① 신청을 받은 날부터 90일(합의제행정기관은 180일) 이내에 처분의 재심사 결과를 신청인에게 통지 ② 부득이한 사유로 90일(합의제행정기관은 180일) 이내에 통지할 수 없는 경우에는 그 기간을 만료일 다음 날부터 기산하여 90일(합의제행정기관은 180일)의 범위에서 한 차례 연장할 수 있음
행정심판, 행정소송의 제기	처분의 재심사 결과 중 처분을 유지하는 결과에 대해서는 행정심판, 행정소송 및 그 밖의 쟁송수단을 통하여 불복할 수 없음
행정청의 직권취소·철회와 관계	행정청의 제18조에 따른 취소와 제19조에 따른 철회는 처분의 재심사에 의하여 영향을 받지 않음
적용제외 (공·노·형· 외·과·개)	① 공무원 인사관계 법령에 따른 징계 등 처분에 관한 사항 ② 「노동위원회법」 제2조의2에 따라 노동위원회의 의결을 거쳐 행하는 사항 ③ 형사, 행형 및 보안처분 관계 법령에 따라 행하는 사항 ④ 외국인의 출입국·난민인정·귀화·국적회복에 관한 사항 ⑤ 과태료 부과 및 징수에 관한 사항 ⑥ 개별 법률에서 그 적용을 배제하고 있는 경우

44 행정심판

01 행정심판과 행정소송의 비교

비교대상		「행정심판법」		「행정소송법」
종류	항고 심판	취소심판, 무효등확인심판, 의무이행심판 ^{기출}	항고 소송	취소소송, 무효등확인소송, 부작위위법확인소송 ^{기출}
	특별 심판	사안의 전문성과 특수성을 살리기 위하여 특히 필요한 경우 외에는 이 법에 따른 행정심판을 갈음하는 특별한 행정불복절차나 이 법에 따른 행정심판 절차에 대한 특례를 다른 법률로 정할 수 없음(예 조세심판)	그 외 소송	당사자소송, 민중소송, 기관소송
존재이유		자율적 통제, 전문성 확보		타율적 통제, 독립성 확보
기능		1차적 행정의 적법성 보장, 2차적 국민의 권리구제		1차적 국민의 권리구제, 2차적 행정의 적법성 보장
심판대상		① 위법·부당한 처분 또는 부작위 ^{기출} ② 대통령의 처분·부작위 제외 ③ 행정심판 재결 심판청구금지 ^{기출}		① 위법한 처분 또는 부작위 ② 대통령의 처분·부작위 소송대상 ③ 행정심판 재결 소송대상
제기기간		처분이 있음을 안 날로부터 90일, 처분이 있은 날로부터 180일		취소소송: 처분이 있음을 안 날로부터 90일, 처분이 있은 날로부터 1년 내
심판기관		행정심판위원회		법원
가구제		① 집행정지사유: 중대한 손해 예방 ② 임시처분: 처분 또는 부작위 때문에 당사자가 받을 우려가 있는 중대한 불이익이나 당사자에게 생길 급박한 위험을 막기 위하여 임시지위를 정하여야 할 필요가 있는 경우		집행정지사유: 회복하기 어려운 손해예방 ☑ 집행정지 이외 「민사소송법」상의 가처분 인정하지 않음(판례)
심리방식		① 서면 또는 구술 ② 비공개원칙		① 구술(명문의 규정이 있는 것은 아님) ② 공개심리 원칙
재결· 판결		① 명령재결, 적극적 변경재결 가능 ② 사정재결 – 위원회가 상당한 구제방법을 취하거나 명령		① 명령판결, 적극적 변경판결 불가 ② 사정판결 – 원고가 손해배상, 제해시설의 설치 그 밖에 적당한 구제방법을 병합제기

기속력	시정명령 + 직접처분제도, 간접강제	간접강제
공통점	① 당사자의 쟁송제기로 개시, ② 법률상 이익 있는 자가 청구인적격 원고적격, ③ 대심구조, ④ 개괄주의, ⑤ 청구의 변경 인정, ⑥ 집행부정지원칙, ⑦ 불고불리의 원칙, ⑧ 불이익변경금지, ⑨ 심판참가·소송참가, ⑩ 사정재결·사정판결, ⑪ 재결의 효력·판결의 효력	

02 행정심판위원회

1. 처분청과 행정심판위원회

행정심판위원회 소속기관	처분청
처분행정청 소속 행정심판위원회	① 감사원, 국가정보원장, 그 밖에 대통령령으로 정하는 대통령 소속 기관의 장의 처분 ^{기출} ② 국회사무총장·법원행정처장·헌법재판소사무처장 및 중앙선거관리위원회사무총장의 처분 ③ 국가인권위원회, 진실·화해를 위한 과거사정리위원회, 그 밖에 지위·성격의 독립성과 특수성 등이 인정되어 대통령령으로 정하는 행정청의 처분
중앙행정심판위원회	① 국가행정기관의 장 또는 그 소속 행정청의 처분 ② 특별시장·광역시장·도지사·특별자치도지사(교육감 포함), 의회의 처분 ^{기출} ③ 지방자치단체조합 등 관계 법률에 따라 국가·지방자치단체·공공법인 등이 공동으로 설립한 행정청의 처분
시·도지사(광역단체장) 소속 행정심판위원회	① 시·도 소속 행정청의 처분 ② 시·도의 관할구역에 있는 시·군·자치구의 장, 소속 행정청 또는 시·군·자치구의 의회의 처분 ③ 시·도의 관할구역에 있는 둘 이상의 지방자치단체(시·군·자치구)·공공법인 등이 공동으로 설립한 행정청의 처분
직근 상급행정기관 소속 행정심판위원회	국가행정기관 소속 특별지방행정기관의 장

2. 행정심판위원회의 구성

일반행정심판위원회	① 위원장 1명을 포함한 50명 이내의 위원 ② 위원장 : 해당 행정심판위원회가 소속된 행정청 ③ 회의 : 위원장과 위원장이 회의마다 지정하는 8명의 위원
중앙행정심판위원회	① 위원장 1명을 포함한 70명 이내의 위원, 상임위원 4명 이내(임기 3년, 1차에 한해 연임)(비상임위원 2년, 2차에 한해 연임) ② 위원장 : 국민권익위원회의 부위원장 중 1명 ③ 회의 : 위원장 및 상임위원 포함 9명으로 구성 ④ 소위원회 : 위원 4명, 「도로교통법」에 따른 자동차운전면허 행정처분에 관한 사건 담당 ⑤ 전문위원회 : 위원장이 지정하는 사건 미리 검토
위원의 임기	① 상임위원 : 임기 3년, 1차 한해 연임 ② 비상임위원 : 임기 2년, 2차 한해 연임

03 행정심판의 요건

행정심판의 대상	① 행정청의 처분 또는 부작위 ^{기출} ② 대통령의 처분·부작위에 대하여는 다른 법률에 특별한 규정이 있는 경우를 제외하고는 행정심판을 제기할 수 없음 ^{기출} ③ 심판청구에 대한 재결이 있는 경우에는 당해 재결 및 동일한 처분 또는 부작위에 대하여 다시 심판청구를 제기할 수 없음
청구인적격	① 법인이 아닌 사단은 대표자나 관리인이 정하여져 있는 경우에도 그 사단의 이름으로 심판청구를 할 수 있음 ^{기출} ② 법률상 이익이 있는 자 ③ 선정대표자 – 3명 이하 선정대표자 선정, 당사자 아닌 자를 선정대표자로 선정한 경우 무효, 선정대표자를 선정하지 않는 경우 위원회는 선정권고, 위원회가 직접 선정할 수 없음 ^{기출}
피청구인적격	① 취소심판과 무효등확인심판 : 처분을 한 처분청 ② 의무이행심판 : 청구인의 신청을 받은 행정청

심판청구기간	심판청구기간	처분이 있음을 안 날로부터 90일 이내, 처분이 있었던 날로부터 180일 이내(정당한 사유가 있으면 기간경과 후 청구 가능) 기출
	적용제외	무효등확인심판, 부작위에 대한 의무이행심판 기출
	'안 날'의 의미	① 처분이 있었다는 것을 현실적으로 안 날 ② 고시 또는 공고에 의한 경우 ③ 불특정 다수인 대상: 일률적 고시가 효력을 발생하는 날 ④ 특정인 대상: 처분이 있었다는 것을 현실적으로 안 날
심판청구의 방식	일반적 청구방식	① 서면으로 청구 ② 엄격한 형식을 요하지 않는 서면행위 ③ 고충민원의 신청이나 진정서 제출이라도 처분의 취소 또는 변경을 구하는 경우 행정심판청구로 볼 수 있음 기출
	전자정보처리 조직	① 부본을 제출할 의무가 면제 ② 문서를 제출한 사람이 접수번호를 확인하였을 때 접수된 것으로 봄

04 가구제

심판청구의 효과		처분의 효력이나 그 집행 또는 절차의 속행에 영향을 주지 않음(집행부정지)
집행정지		① 집행정지 대상인 처분의 존재, ② 적법한 심판청구의 계속, ③ 중대한 손해가 생기는 것을 예방할 필요성, ④ 긴급, ⑤ 집행정지로 공공복리에 중대한 영향을 미치지 않을 것
임시처분 기출	요건	① 처분 또는 부작위가 위법·부당하다고 상당히 의심될 것, ② 중대한 불이익이나 급박한 위험을 막기 위하여, ③ 임시지위를 정하여야 할 필요가 있는 경우, ④ 공공복리에 중대한 영향을 미치지 않을 것
	보충성	집행정지로 목적을 달성할 수 있는 경우에는 허용되지 않음 기출

05 행정심판의 심리

<table>
<tr><td rowspan="6">심리의
기본원칙</td><td colspan="2">대심주의, 처분권주의, 비공개주의</td></tr>
<tr><td>불고불리 및
불이익변경금지</td><td>① 위원회는 심판청구의 대상인 처분 또는 부작위 외의 사항에 대해서는 재결을 하지 못함
② 위원회는 대상인 처분보다 청구인에게 불이익한 재결을 하지 못함 ^{기출}</td></tr>
<tr><td>직권심리</td><td>위원회는 필요한 경우 당사자가 주장하지 아니한 사실을 심리할 수 있고, 직권증거조사가 가능 ^{기출}</td></tr>
<tr><td>구술 또는 서면심리</td><td>① 심리는 구술심리나 서면심리로 함
② 당사자가 구술심리를 신청한 경우 서면심리만으로 결정할 수 있다고 인정되는 경우 외에는 구술심리를 하여야 함 ^{기출}
③ 재결 당시까지 제출된 모든 자료를 종합하여 처분 당시를 기준으로 처분의 위법·부당 여부를 판단 ^{기출}</td></tr>
<tr><td>처분사유 추가·변경</td><td>기본적 사실관계의 동일성이 인정되는 범위 내에서 허용 ^{기출}</td></tr>
<tr><td>조정</td><td>당사자의 권리 및 권한의 범위에서 당사자의 동의를 받아 심판청구의 신속하고 공정한 해결을 위하여 조정을 할 수 있음 ^{기출}</td></tr>
</table>

06 행정심판의 재결

<table>
<tr><td rowspan="7">재결의
종류</td><td colspan="3">요건심리</td><td>요건이 구비되지 않은 경우 각하재결 ^{기출}</td></tr>
<tr><td rowspan="4">본안심리</td><td colspan="3">인용재결, 기각재결, 사정재결</td></tr>
<tr><td rowspan="3">인용판결
(위법한 처분)</td><td>취소심판</td><td>취소, 처분변경, 변경명령재결
[취소명령재결(×)] ^{기출}</td></tr>
<tr><td>무효등확인소송</td><td>확인재결</td></tr>
<tr><td>의무이행심판</td><td>처분명령재결, 처분재결 ^{기출}</td></tr>
<tr><td colspan="2">사정재결</td><td colspan="2">① 의의: 청구가 이유 있지만 공공복리를 이유로 이를 기각 ^{기출}
② 적용범위: 취소심판, 의무이행심판(무효등확인심판 부정) ^{기출}
③ 판단시점: 처분의 위법·부당 처분 시, 사정재결의 필요성 재결 시를 기준
⑤ 사정재결의 효력: ㉠ 청구기각판결, 판결주문에 처분의 위법·부당 명시, ㉡ 위원회는 청구인에 대하여 상당한 구제방법을 취하거나 상당한 구제방법을 취할 것을 피청구인에게 명할 수 있음</td></tr>
</table>

재결의 효력	형성력	① 의의 : 재결이 확정되면 재결의 내용에 따라 기존의 법률관계에 변동을 가져오는 효력 ② 취소재결 : 처분청의 별도의 행위를 기다릴 것 없이 처분 시에 소급하여 처분 소멸 ^{기출} ③ 확인재결 : 형성력 없음
	대세효	재결의 형성력은 제3자에게도 효력을 미침
	기속력 — 의의	피청구인인 행정청이나 관계행정청이 재결의 취지에 따라 행동할 의무를 발생시키는 효력(인용재결에만 발생)
	기속력 — 범위	재결의 주문 및 그 전제된 요건사실의 인정과 효력의 판단에만 미침 ^{기출}
	기속력 — 내용	① 반복금지의무 : 인용재결이 있는 경우 행정청 등은 처분 당시와 동일한 사유로 동일한 처분을 반복할 수 없음 ② 재처분의무 : 당사자의 신청을 거부하거나 부작위로 방치한 처분에 인용판결이 있으면 행정청은 지체 없이 이전의 신청에 대하여 재결의 취지에 따라 처분을 하여야 함 ③ 직접처분 : 위원회는 피청구인이 이행명령재결에도 불구하고 이행하지 않는 경우 당사자 신청에 의해 직접처분할 수 있음(취소재결은 불가) ^{기출} ④ 간접강제 : 위원회는 거부에 대한 취소·무효·부존재 확인재결 또는 거부나 부작위에 대한 이행명령재결에도 불구하고 피청구인이 이행하지 않는 경우 당사자 신청에 의하여 배상명령을 통해 강제할 수 있음(행정소송으로 불복) ^{기출}
	불가쟁력	재결에 대해 불복기간이 경과한 경우 더 이상 불복으로 다툴 수 없음
	불가변력	재결을 행한 위원회는 스스로 재결을 번복할 수 없는 구속력을 받음 ^{기출}

지문식 판례

① 원처분에 대한 형성적 취소재결이 확정된 경우 처분청의 원처분에 대한 취소처분은 항고소송의 대상이 되지 않는다.
② 재결의 취지에 따르지 않은 동일한 처분은 재결의 취지에 맞지 않아 위법하다.
③ 재결에 적시된 위법사유를 시정, 보완한 처분은 재결의 기속력에 반하지 않는다.
④ 재결의 기속력은 당해 처분에 관하여 재결주문 및 그 전제가 된 요건사실의 인정과 판단에만 미치고 이와 직접 관계가 없는 다른 처분에 대하여는 미치지 않는다.
⑤ '새로운 처분의 처분사유'와 '종전 처분에 관하여 위법한 것으로 재결에서 판단된 사유'가 기본적 사실관계에 있어 동일성이 없다면 새로운 처분은 종전 처분에 대한 재결의 기속력에 저촉되지 않는다. ^{기출}

07 심판고지제도

의의 및 법적 성질	① 심판청구에 관한 것을 통지하는 행위 ② 고지는 비권력적 사실행위로, 고지 자체로는 아무런 법적 효과도 발생하지 않음
직권고지	① 행정청이 처분을 할 때 ② 처분의 직접 상대방에 대해서. 조문상 이해관계인에 대해 인정(×) ③ 명문의 규정은 없지만 처분 시가 원칙으로 해석
청구에 의한 고지	① 처분의 이해관계인에게 인정 ② 고지를 요구받은 때 지체 없이
오고지 · 불고지의 효과	① 타 행정기관에게 제출된 심판청구서를 정당한 권한 있는 행정청에 송부, 최초의 행정기관에 심판청구서가 제출된 때에 심판청구가 제기된 것으로 봄 ② 불고지의 경우 처분이 있음을 알았는지 여부와 관련 없이 처분이 있은 날로부터 180일 이내에 제기하면 됨 ^{기출} ③ 소정의 청구기간보다 길게 고지된 청구기간 내에 심판청구가 있으면 적법한 기간 내에 이루어진 것으로 봄 ^{기출}

지문식 판례

① 행정청이 고지의무를 이행하지 않아도 당해 처분 자체의 효력에는 아무런 영향을 미치지 않는다.
② 당사자가 행정청으로부터 행정심판 제기기간에 관하여 법정심판 청구기간보다 긴 기간으로 잘못 통지받아 「행정소송법」상 법정 제소기간을 도과하였다고 하더라도, 그것이 당사자가 책임질 수 없는 사유로 인한 것이라 할 수 없다.

45 행정소송

01 행정소송의 한계

사법의 본질상 한계	구체적 사건성	① 단순한 반사적 이익의 침해를 주장(×) ② 추상적인 법령의 효력이나 해석을 구하는 소송(×) ③ 객관적 소송은 법률에 규정이 있는 경우 인정(열기주의) ④ 단순한 사실행위 소송대상(×)	
	법적 해결가능성	① 학술·기술적 논쟁 또는 예술성의 우열 등에 관한 다툼: 소송대상(×) ② 재량행위: 부당성 판단(×) ③ 통치행위: 사법심사 제외 ④ 특별권력관계 내의 행위: 전통적 부정 → 오늘날 전면적 긍정	
권력분립상 한계	무명항고소송	법정항고소송	취소소송, 무효등확인소송, 부작위위법확인소송
		무명항고소송	의무이행소송, 예방적 부작위청구소송, 적극적 형성판결을 구하는 소송 등은 일체 부정하는 것이 대법원 판례 기출

지문식 판례

① 현행 「행정소송법」상 행정청으로 하여금 일정한 행정처분을 하도록 명하는 이행판결을 구하는 소송이나 법원으로 하여금 행정청이 일정한 행정처분을 행한 것과 같은 효과가 있는 행정처분을 직접 행하도록 하는 형성판결을 구하는 소송은 허용되지 아니한다.
② 피고에 대하여 신축건물의 준공처분을 하여서는 아니 된다는 내용의 부작위를 구하는 소송은 허용되지 않는다.
③ 피고 국민건강보험공단은 이 사건고시를 적용하여 요양급여비용을 결정하여서는 아니 된다는 내용의 원고청구는 허용되지 않는다.

[02] 취소소송

1. 재판관할

① 취소소송의 제1심 관할법원은 <u>피고의 소재지(처분행정청)</u>를 관할하는 행정법원으로 한다.

② 제1항에도 불구하고 다음 각 호의 어느 하나에 해당하는 피고에 대하여 취소소송을 제기하는 경우에는 <u>대법원소재지</u>를 관할하는 행정법원에 제기할 수 있다.

    ㉠ 중앙행정기관, 중앙행정기관의 부속기관과 합의제행정기관 또는 그 장

    ㉡ 국가의 사무를 위임 또는 위탁받은 공공단체 또는 그 장

③ 토지의 수용 기타 부동산 또는 특정의 장소에 관계되는 처분 등에 대한 취소소송은 그 부동산 또는 <u>장소의 소재지</u>를 관할하는 행정법원에 이를 제기할 수 있다.

2. 관련청구소송의 이송과 병합

종류	객관적 병합·주관적 병합, 원시적 병합·추가적 병합, 단순병합·예비적 병합	
요건	취소소송의 적법성	취소소송이 소송요건을 갖춘 적법한 것을 전제
	관련청구 범위	① 당해 처분 등과 관련되는 손해배상·부당이득반환·원상회복 등 청구소송 ② 당해 처분 등과 관련되는 취소소송
	병합의 시기	취소소송의 사실심변론종결 전
	관할법원	취소소송이 계속된 행정법원
판례	① 행정처분에 대한 무효확인과 취소청구는 서로 양립할 수 없는 청구로서 주위적·예비적 청구로서만 병합이 가능하고 선택적 청구로서의 병합이나 단순병합은 허용되지 않는다. [기출] ② 당사자소송을 관련청구로 병합한 경우 취소소송이 부적법하면, 그것을 이유로 병합된 청구까지 각하할 것이 아니라 그 청구의 기초에 변경이 없는 한 병합청구 당시에 유효한 소변경 청구가 있었던 것으로 보고, 이를 허가함이 타당하다.	
준용	무효등확인소송, 부작위위법확인소송, 당사자소송에 준용	

3. 원고적격(개인적 공권 참조)

행정청의 위법한 처분이나 재결의 취소 또는 변경을 구할 법률상 이익이 있는 자

지문식 판례

① 국가가 지방자치단체의 장의 기관위임사무의 처리에 관하여 지방자치단체의 장을 상대로 취소소송을 제기하는 것은 허용되지 않는다.
② 처분행정청은 인용재결에 기속되어 재결의 취지에 따른 처분의무를 부담하게 되므로 이에 불복하여 항고소송을 제기할 수 없다.
③ 국가기관(선거관리위원회 위원장)도 행정처분을 다툴 원고적격이 인정된다.
④ 지방법무사회가 법무사의 사무원 채용승인 신청을 거부한 경우 채용승인을 신청한 법무사와 사무원이 원고적격을 갖는다. 기출

4. 협의의 소익

행정소송법 제12조 【원고적격】 취소소송은 처분등의 취소를 구할 법률상 이익이 있는 자가 제기할 수 있다. 처분등의 효과가 기간의 경과, 처분등의 집행 그 밖의 사유로 인하여 소멸된 뒤에도 그 처분 등의 취소로 인하여 회복되는 법률상 이익이 있는 자의 경우에는 또한 같다. 기출

원상회복 가능성	소익 부정	① 위법한 처분을 취소한다고 하더라도 원상회복이 불가능한 경우 그 취소를 구할 이익이 없음 ② 대집행이 완료된 경우 처분의 취소를 구할 법률상 이익이 없음 ③ 건축공사가 완료된 경우 건축허가에 대한 취소를 구할 소익이 없음 ④ 개발제한구역해제에서 누락된 토지소유자의 개발제한구역해제 취소를 구하는 것은 소익이 없음
	소익 긍정	① 일반사면이 있은 후 파면처분의 취소소송을 제기할 수 있음(파면처분이 취소되는 경우 공무원 신분회복) ② 공장등록이 취소된 후 그 공장시설물이 철거되었다 하더라도 공장등록 취소를 소송으로 다툴 소의 이익이 인정(등록된 공장은 지방이전 등에 혜택) ③ 공무원 징계처분 후 당연퇴직된 경우라도 파면처분의 취소를 구할 소익이 있음(징계처분 후 당연퇴직 시까지 신분회복에 따른 봉급받을 권리 발생) ④ 지방의회의원에 대한 제명의결 취소소송 계속 중 임기가 만료된 경우에도 제명의결이 취소되는 경우 월정수당을 받을 권리가 있으므로 소익이 있음

		⑤ 한국방송공사 사장에 대한 해임처분의 취소소송의 계속 중 임기가 만료된 경우에도 해임처분 후 임기만료 시까지 봉급 등을 받을 권리가 회복되므로 소의 이익이 있음
		⑥ 대학입학고사 불합격처분의 취소를 구하는 소송계속 중 당해 연도의 입학시기가 지났더라도 불합격처분의 적법여부를 다툴 소익이 있음(다음연도 입학가능성)
		⑦ 도시개발사업의 공사 등이 완료되고 원상회복이 불가능하더라도 도시계획결정처분 기타 도시개발사업실시계획인가처분의 취소를 구할 소의 이익이 있음(토지수용금평가 등의 재평가)
처분의 효력소멸 후	소익 부정	① 행정처분의 기간의 경과로 효력이 소멸된 뒤에는 처분의 취소를 구할 법률상 이익이 없음 ② 토석채취허가가 이미 실효된 경우 원칙적 토석채취허가취소의 취소를 구할 소익이 없음 ③ 공익근무요원 소집해제신청을 거부당한 자가 계속하여 공익근무요원으로 복무한 후 복무기간 만료를 이유로 소집해제처분을 받은 후에 소집해제신청거부처분을 다툴 수 없음 ④ 공익근무요원소집처분의 근거가 된 보충역편입처분이 취소 또는 철회되어 그 효력이 소멸한 이상 종전 보충역편입처분 및 공익근무요원소집처분의 취소를 구할 소익이 없음 ⑤ 상등병에서 병장으로의 진급요건을 갖춘 자에 대하여 진급처분을 행하지 아니한 상태에서 예비역편입처분을 갖춘자의 진급처분을 다툴 소의 이익이 없음 ⑥ 현역병입영대상자로 병역처분을 받은 자가 그 취소소송 중 모병에 응하여 현역병으로 자진입대한 경우 현역병대상처분을 다툴 소의 이익이 없음 ⑦ 허가신청의 반려처분의 취소를 구하는 소의 계속 중 반려처분을 직권취소하고 위 신청을 재반려하는 경우 당초 반려처분의 취소를 구할 소익이 없음 ⑧ 행정청이 공무원에 대하여 새로운 직위해제 사유에 기한 직위해제처분을 한 경우 그 이전 직위해제처분의 취소를 구할 소의 이익이 없음
	소익 긍정	① 효력기간이 경과된 제재적 행정처분이 그 후 다른 제재적 행정처분의 가중요건이 되는 경우 소의 이익이 있음(가중요건이 법률이나 대통령령, 시행규칙, 행정규칙 등에 규정되어 가중처벌의 위험성이 현실적으로 존재하는 경우) ② 유효기간이 경과된 뒤 중앙노동위원회의 중재재심결정 중 임금인상 부분의 취소를 구할 소의 이익이 있음(인상된 임금의 지급을 막을 이익)

기타	소익 부정	① 사법시험 제1차 시험 불합격처분 이후에 새로이 실시된 사법시험 제1차 시험에 합격한 자가 그 불합격처분의 취소를 구할 법률상 이익이 없음 ② 치과의사국가시험 불합격처분 이후 새로 실시된 국가시험에 합격한 자가 불합격처분의 취소를 구할 소의 이익이 없음 ③ 재학 중인 대학생들의 전공이 다른 교수임용으로 인한 학습권 침해를 이유로 소송을 제기할 소의 이익이 없음 ④ 「주택법」상 입주자는 건축물의 하자를 이유로 그 건축물에 대한 사용검사처분의 취소를 구할 법률상 이익이 없음(사용검사처분을 취소하면 사용 불가) ^{기출}
	소익 긍정	고등학교 퇴학처분 후 검정고시에 합격하였다 해도 퇴학처분의 취소를 다툴 이익이 있음(정규고등학교 졸업자와 검정고시로 인한 합격자 간에 사회적 평가가 다름)

5. 피고적격

원칙	처분을 행한 행정청(처분을 한 명의의 행정청) ^{기출}
권한의 위임	① 권한의 위임: 수임청 ② 내부위임: 위임청 명의로 처분 = 위임청이 피고, 수임청 명의로 한 경우 = 수임청이 피고 ^{기출}
권한의 대리	① 현명이 있는 경우: 피대리관청이 피고 ^{기출} ② 현명이 없는 경우: 대리관청이 피고
지방의회 · 지방자치단체장	① 처분조례: 지방자치단체장이 피고 ^{기출} ② 의원징계의결: 지방의회가 피고
대통령 처분	① 국민에 대한 처분: 대통령이 피고(서훈취소처분) ② 공무원에 대한 징계: 공무원 소속장관이 피고
권한의 승계	① 권한의 승계: 승계한 행정청이 피고 ^{기출} ② 행정청의 폐지: 그 처분 등에 관한 사무가 귀속되는 국가 또는 공공단체가 피고
국회의장 등 처분	국회 사무총장, 법원 행정처장, 헌법재판소 사무처장, 중앙선거관리위원회 사무총장이 피고
합의제관청	원칙 − 합의제관청이 피고[위원장(×)], 예외 − 중앙노동위원회의 처분은 중앙노동위원회위원장이 피고 ^{기출}

행정사 | 임병주 행정법
핵심요약집

PART 01

6. 대상적격(처분 등) (전 범위 진도별로 처분성 인정 여부 판례 암기할 것)

구분	구체적 내용
행정청의 행위	① 실질적·기능적 의미의 행정청 ② 지방의회, 공법인, 공무수탁사인도 포함
구체적 사실에 관한 법집행으로서의 공권력의 행사	① 법령 자체는 원칙적 처분성 부정, 행정청의 집행을 매개하지 않는 법규(처분법규)는 처분성 긍정 ② 공권력의 행사 – 사경제작용이나 공법상 계약, 행정지도 등의 비권력작용 제외
법적 행위	① 국민의 구체적인 권리·의무에 직접적 변동을 초래하는 행위 ② 행정기관 내부의 행위는 처분이 아님
거부	① 공권력 행사에 대한 거부, ② 거부행위로 신청인의 법률관계에 어떤 변동을 일으키는 것일 것, ③ 상대방에게 그 행위발동을 요구할 법규상 또는 조리상의 신청권이 있을 것[신청권은 일반국민들에게 인정되는지를 기준으로 추상적 결정, 신청의 인용이라는 만족적 결과를 얻을 권리(×)] 기출

구분	처분성 인정	처분성 부정
기출판례	① 세무조사결정 ② 건축신고 반려행위 ③ 지방의회의원 징계의결 ④ 폐기물처리사업계획 부적합통보 ⑤ 지방의회의장에 대한 불신임의결 ⑥ 청소년유해매체물 결정 및 고시처분 ⑦ 두밀분교를 폐교하는 조례 ⑧ 국가인권위원회의 성희롱 결정 및 시정조치 권고 ⑨ 건축주 명의변경신고 수리거부행위 ⑩ 국유재산의 무단점유자에 대한 변상금부과 ⑪ 거부처분 이후에 동일한 내용의 신청에 대해 다시 반복된 거부 ⑫ 지목변경신청 반려 ⑬ 건축물 용도변경신청 거부	① 국세환급금결정 ② 혁신도시 최종입지 선정행위 ③ 당연퇴직인사발령 ④ 군의관의 신체등위판정 ⑤ 한국마사회의 기수 면허 취소 ⑥ 어업권 면허에 선행하는 우선순위 결정 ⑦ 「농지법」상 이행강제금 부과처분 ⑧ 「부가가치세법」상 사업자등록의 직권말소행위 ⑨ 공정거래위원회의 고발조치

핵심정리 45 행정소송   169

재결	원처분 주의	재결을 거친 경우에도 원처분의 위법을 주장하는 경우 원처분이 소송 대상
	재결 자체의 고유한 위법	① 재결 자체의 주체, 절차, 내용, 형식에 위법이 있는 경우 → 재결 자체 고유한 위법이 없는 경우 기각판결[각하(×)] ② 행정심판청구가 적법함에도 부적법 각하한 재결은 취소소송의 대상이 됨 ^{기출} ③ 제3자효를 수반하는 행정행위에 대한 인용재결에 의해 비로소 권리이익을 침해받게 되는 자는 이를 다툴 수 있음 ④ 제3자에 의해 원처분을 취소하는 형성재결이 있는 경우 그 원처분의 상대방은 그 재결에 대해 항고소송을 제기할 수 있음 ⑤ 이행재결의 경우 이행재결과 행정청의 처분 모두가 항고소송의 대상이 된다는 입장 ⑥ 수정재결, 변경재결의 경우 변경되고 남은 원처분이 항고소송의 대상이 됨

7. 제소기간

취소소송 제기기간	제소기간	① 처분이 있음을 안 날로부터 90일 이내, 처분이 있었던 날로부터 1년 이내(정당한 사유가 있으면 기간경과 후 제소 가능) ② 행정심판을 거친 경우 안 날(= 재결서 정본 송달받은 날), 있었던 날(= 재결이 있었던 날)
	적용제외	무효등확인심판, 심판을 거치지 않은 부작위에 대한 부작위위법확인소송(심판을 거친 경우 제소기간 적용)

	'안 날'의 의미	① 처분이 있었다는 것을 현실적으로 안 날
		② 고시 또는 공고에 의한 경우
		  ㉠ 불특정 다수인 대상: 고시가 효력을 발생하는 날
		  ㉡ 특정인을 대상: 처분이 있었다는 것을 현실적으로 안 날

8. 행정심판전치

원칙(임의적)	취소소송은 법령의 규정에 의하여 당해 처분에 대한 행정심판을 제기할 수 있는 경우에도 이를 거치지 아니하고 제기할 수 있음	
예외적 필수전치	법 조문	다른 법률에 당해 처분에 대한 행정심판의 재결을 거치지 아니하면 취소소송을 제기할 수 없다는 규정이 있는 때에는 그러하지 아니하다.
	구체적 예	① 국세, 관세처분: 심사청구 또는 심판청구 중에 하나 필수적 ② 공무원 징계처분: 소청심사 필수적 ③ 국·공립 교원 징계처분: 소청심사 필수적 ④ 노동위원회의 결정: 중앙노동위원회 재심청구 필수적 ⑤ 운전면허처분:「도로교통법」상 행정심판 필수적
필수적 전치 예외	재결을 기다릴 필요가 없는 경우	심판청구를 할 필요가 없는 경우
	① 행정심판청구가 있은 날로부터 60일이 지나도 재결이 없는 때 ② 처분의 집행 또는 절차의 속행으로 생길 중대한 손해를 예방하여야 할 긴급한 필요가 있는 때 ③ 법령의 규정에 의한 행정심판기관이 의결 또는 재결을 하지 못할 사유가 있는 때 ④ 그 밖의 정당한 사유가 있는 때	① 동종사건에 관하여 이미 행정심판의 기각재결이 있는 때 ② 서로 내용상 관련되는 처분 또는 같은 목적을 위하여 단계적으로 진행되는 처분 중 어느 하나가 이미 행정심판의 재결을 거친 때 ③ 행정청이 사실심변론종결 후 소송의 대상인 처분을 변경하여 당해 변경된 처분에 관하여 소를 제기하는 때 ④ 처분을 행한 행정청이 행정심판을 거칠 필요가 없다고 잘못 알린 때

9. 가구제

(1) 소제기의 효과

① 원칙적 처분의 효력이나 그 집행 또는 절차의 속행에 영향을 주지 아니한다(집행부정지). [기출]
② 예외적 처분의 전부 또는 일부의 정지 [기출]

(2) 집행정지

요건	① 정지대상인 처분의 존재 ② 적법한 본안소송의 계속 ③ 회복하기 어려운 손해발생의 우려 [기출] ④ 긴급한 필요성 [기출] ⑤ 집행정지로 인해 공공복리에 중대한 영향을 미칠 우려가 없을 것 [기출] ⑥ 본안에서 이유 없음이 명백하지 않을 것(판례)

결정의 효력	① 형성력: 처분의 효력 등을 일시적으로 정지 ② 대세효: 제3자에게도 효력을 미침 ③ 시간적 효력: 결정의 주문에서 정한 시기까지, 특별한 규정이 없다면 본안소송에 관한 판결이 확정될 때까지
효력정지의 보충성	처분의 효력정지는 처분 등의 집행 또는 절차의 속행을 정지함으로써 목적을 달성할 수 있는 경우에는 허용되지 않음^{기출}
결정에 대한 불복	① 즉시항고 ^{기출} ② 집행정지의 결정에 대한 즉시항고에는 결정의 집행을 정지하는 효력이 없음^{기출}
준용	무효등확인소송에 준용(○), 부작위위법확인소송 준용(×) ^{기출}
판례	① 거부처분에 대한 집행정지를 구할 소익이 없다. ② 집행정지사건 자체에 의하여도 신청인의 본안청구가 적법한 것이어야 한다. ③ 본안소송이 취하되면 집행정지결정의 효력도 소멸한다. ④ 회복하기 어려운 손해란 금전보상이 불가능한 경우뿐만 아니라 금전보상으로는 사회관념상 행정처분을 받은 당사자가 참고 견딜 수 없거나 또는 참고 견디기가 현저히 곤란한 경우의 유형·무형의 손해를 일컫는다. ⑤ 경제적 손실이나 기업이미지 및 신용의 훼손으로 인해 사업자의 자금사정이나 경영전반에 미치는 파급효과가 매우 중대하여 <u>사업 자체를 계속할 수 없거나 중대한 경영상의 위기를 맞게 될 것</u>으로 보이는 등의 사정이 존재해야 한다.

⑶ **가처분**

「민사소송법」상 가처분은 성질상 항고소송에 허용되지 않는다는 것이 판례이다.

☑ 당사자소송은 집행정지 부정, 가처분 인정^{기출}

10. 소변경

소 종류의 변경	의의	취소소송을 당사자소송 또는 다른 항고소송으로 변경하는 것
	요건	① 취소소송이 계속되고 있을 것 ② 사실심변론종결 시까지 원고의 신청이 있을 것 ③ 청구의 기초에 변경이 없을 것 ④ 법원의 허가결정이 있을 것
	효과	종전의 소는 취하되고 새로운 소가 처음에 소를 제기한 때에 제기된 것으로 봄

처분변경에 의한 소변경	의의	행정청이 소송 대상인 처분을 소가 제기된 후 변경한 때 원고가 청구의 취지 또는 원인을 변경하는 것
	요건	① 취소소송이 계속되고 있을 것 ② 사실심변론종결 시까지 원고의 신청이 있을 것 ③ 처분변경이 있을 것
	기간	처분의 변경이 있음을 안 날로부터 60일 이내 신청

11. 처분사유 추가, 변경

의의	항고소송의 계속 중에 행정청이 처분의 사유를 추가하거나 다른 사유로 변경하는 것
인정 여부	① 당초 처분의 근거로 삼은 사유와 기본적 사실관계가 동일성이 있다고 인정되는 한도 내에서 허용 ② 사실심변론종결 시까지만 허용(상고심에서는 부정)

인정되는 경우	부정되는 경우
① 준농림지역에서의 행위제한이라는 사유와 자연경관 및 생태계의 교란, 국토 및 자연의 유지와 환경보전 등 중대한 공익상의 필요라는 사유 ② 「검찰보존사무규칙」 제20조상의 비공개사유와 「정보공개법」 제7조 제1항 제6호의 사유 ③ 처분청이 처분 당시에 적시한 구체적 사실을 변경하지 아니하는 범위에서 단지 그 처분의 근거법령만을 추가변경하는 것 ④ 허가기준에 맞지 않아 허가신청을 반려한다는 사유와 이격거리 기준위배를 반려사유로 주장하는 것	① 설치예정지로부터 80미터에 위치한 전주 이씨 제각 소유주의 동의가 없다는 이유와 충전소 설치예정지역 인근도로가 낭떠러지에 접한 S자 커브의 언덕길로 되어 있어서 교통사고로 인한 충전소폭발의 위험이 있다는 사유 ② 관할 군부대장의 동의를 얻지 못하였다는 당초의 불허가 이유와 소송에서 위 토지가 탄약창에 근접한 지점에 있어 공익적 측면에서 불허한다는 사유 ③ 정보공개거부사유로 「정보공개법」 제7조 제1항 제4호 및 제6호의 사유와 추가된 제5호의 사유 ④ 정보공개거부사유로 「정보공개법」 제7조 제1항 제2호·제4호·제6호의 사유와 같은 항 제1호의 사유 ⑤ 정당한 이유 없이 계약을 이행하지 않은 사실과 관계 공무원에게 뇌물을 준 사실 ⑥ 기존 공동사업장과의 거리제한규정에 저촉된다는 사실과 최소주차용지에 미달한다는 사실 ⑦ 무자료 주류판매 및 위장거래 금액이 부가가치세 과세기간별 총 주류판매액의 100분의 20 이상에 해당한다는 이유와 무면허판매업자에게 주류를 판매한 때 해당한다는 사실

12. 취소소송의 심리

심리의 기본원칙	대심주의, 처분권주의, 공개주의, 변론주의	
	불고불리 및 불이익변경금지	① 법원은 심판청구의 대상인 처분 또는 부작위 외의 사항에 대해서는 판결을 하지 못함 ② 법원은 대상인 처분보다 원고에게 불이익한 판결을 하지 못함
	직권심리	법원은 필요한 경우 당사자가 주장하지 아니한 사실을 심리할 수 있고, 직권증거조사가 가능 [기출]
	구술심리	① 심리는 구술심리에 의함 ② 법원은 당사자의 신청이 있는 때에 결정으로 행정심판에 관한 기록의 제출을 명할 수 있음
	입증책임	① 「민사소송법」상 입증책임분배설에 의하는 것이 판례 ② 무효확인소송에서 처분의 무효사유에 대한 주장·입증책임은 원고에게 있음 [기출]

13. 판결

판결의 종류	요건심리	요건이 구비되지 않은 경우 각하판결	
	본안심리	인용판결, 기각판결, 사정판결	
		인용판결 (위법한 처분) 취소소송	취소, 변경판결(일부취소 의미)
		무효등확인소송	확인판결
		부작위위법확인소송	확인판결
	사정판결	① 의의: 원고청구가 이유 있지만 공공복리를 이유로 이를 기각(처분의 효력 유지) [기출] ② 적용범위: 취소소송에서만 인정(무효등확인소송이나 부작위위법확인소송 부정) [기출] ③ 주장·입증책임: 피고행정청, 직권에 의한 판결도 가능 ④ 판단시점: 처분의 위법성은 처분 시, 사정판결의 필요성은 판결 시를 기준 ⑤ 사정판결의 효력: ㉠ 청구기각판결, 판결주문에 처분의 위법성 명시 [기출], ㉡ 소송비용은 피고행정청 부담 [기출], ㉢ 원고는 적당한 구제방법을 병합 제기, 법원은 미리 원고가 입게될 손해정도와 배상방법 그 밖의 사정을 조사하여야 함(사정재결과 구별)	

판결의 효력	**형성력**		① 의의: 판결이 확정되면 판결의 내용에 따라 기존의 법률관계에 변동을 가져오는 효력 ② 취소판결: 처분청의 별도의 행위를 기다릴 것 없이 처분 시에 소급하여 처분은 소멸 ③ 확인판결: 형성력 없음
	대세효		판결의 효력은 당사자뿐만 아니라 제3자에게도 영향을 미침 ^{기출}
	기판력	의의	처분에 대한 법원이 판결이 확정된 경우 후소법원은 동일한 처분에 있어 전소법원의 판결에 저촉되는 판단을 할 수 없고 동일한 원고, 피고도 저촉되는 주장을 할 수 없는 효력
		범위	기판력은 판결의 주문에 미치고 판결이유에 설시된 전제가 된 법률관계의 존부에까지 미치지 않음
	기속력	의의	피고행정청이나 관계행정청이 판결의 취지에 따라 행동할 의무를 발생시키는 효력(인용판결에만 발생)
		범위	판결의 주문 및 그 전제된 요건사실의 인정과 효력의 판단에만 미침
		내용	① 반복금지의무: 인용판결이 있는 경우 행정청 등은 처분 당시와 동일한 사유로 동일한 처분을 반복할 수 없음 ② 재처분의무: 당사자의 신청을 거부하거나 부작위로 방치한 처분에 인용판결이 있으면 행정청은 지체 없이 이전의 신청에 대하여 판결의 취지에 따라 처분을 하여야 함 ③ 간접강제: 제1심 수소법원은 처분청이 재처분의무가 있음에도 처분을 하지 아니하는 경우 당사자가 신청하면 상당한 기간을 정하고 행정청이 그 기간 내에 이행하지 아니하면 그 지연기간에 따라 일정한 배상을 할 것을 명하거나, 즉시 배상할 것을 명할 수 있음
	불가쟁력		판결에 대해 불복기간이 경과한 경우 더 이상 불복으로 다툴 수 없음
	불가변력		판결을 행한 선고법원은 스스로 판결을 번복할 수 없는 구속력을 받음

지문식 판례

┃기속력┃

① 확정판결의 기판력에 저촉된 행정처분은 그 하자가 명백하고 중대하여 무효이다.

② 행정처분 취소청구를 기각하는 판결이 확정된 경우 원고가 다시 이를 무효라 하여 그 무효확인을 소구할 수 없다.

③ 전소와 후소가 그 소송물을 달리하는 경우에는 전소확정판결의 기판력이 후소에 미치지 않는다.

④ 전소의 주문에 포함된 법률관계가 후소의 선결적 법률관계가 되는 때에는 전소의 판결의 기판력이 후소에 미쳐 후소의 법원은 전에 한 판단과 모순되는 판단을 할 수 없다.

⑤ 기판력은 사실심변론종결 시를 기준으로 효력이 발생한다.

⑥ 취소사유가 행정처분의 절차, 방법의 위법으로 인한 것이라면 그 처분 행정청은 그 확정판결의 취지에 따라 그 위법사유를 보완하여 다시 종전의 신청에 대한 거부처분을 할 수 있다.

⑦ 취소소송에서 소송의 대상이 된 거부처분을 실체법상의 위법사유에 기하여 취소하는 판결이 확정된 경우에는 당해 거부처분을 한 행정청은 원칙적으로 신청을 인용하는 처분을 하여야 한다.

⑧ 거부처분 후에 법령이 개정·시행된 경우 개정된 법령에 따른 새로운 사유로 거부처분하는 것은 기속력에 반하지 않는다.

⑨ 사실심변론종결 이후 새로운 사유를 내세워 다시 거부처분을 하는 것은 기속력에 반하지 않는다.

┃간접강제┃

① 재처분을 하였다 하더라도 그것이 종전 거부처분에 대한 취소의 확정판결의 기속력에 반하는 등으로 당연무효라면 간접강제가 가능하다.

② 무효등확인소송에는 취소소송에서와 같은 간접강제가 허용되지 않는다.

③ 간접강제결정에서 정한 의무이행기한이 경과한 후에라도 확정판결의 취지에 따른 재처분의 이행이 있으면 더 이상 배상금을 추심하는 것은 허용되지 않는다.

03 그 밖의 항고소송

무효등확인 소송	취소소송의 준용 부정	① 필수적 행정심판주의 적용 부정 ^{기출} ② 제소기간 제한 적용 부정 ^{기출} ③ 사정판결 부정 ^{기출} ④ 거부처분의 취소판결에 대한 간접강제 ^{기출} ☑ 집행부정지원칙, 가구제로 집행정지 준용 ^{기출}
	즉시확정 이익	① 변경 전 판례: 법률상 이익 외에 즉시확정이익(확인의 이익) 필요 ② 변경 후 판례: 무효확인 소에서 보충적 소익으로서 즉시확정이익은 불요
	입증책임	원고에게 행정처분이 무효인 사유를 주장, 입증할 책임이 있음

부작위위법 확인소송	취소소송의 준용부정	① 제소기간 준용규정 있지만 심판을 거친 경우만 적용 ② 처분변경으로 인한 소 변경 부정 ③ 집행정지 부정 ④ 사정판결 부정
	심리범위	① 판례: 부작위 상태의 위법성만 심리, 행정청이 행할 처분의 내용까지 심리할 수 없다. ② 판결의 효력: 부작위 상태만 제거하면 기속력에 반하지 않음. 행정청은 신청에 대한 거부처분도 가능
	위법성 판단기준 시	판결 시(사실심구두변론종결 시)

지문식 판례

① 무효확인을 구하는 소에는 그 처분이 당연무효가 아니라면 그 취소를 구하는 취지도 포함되어 있는 것으로 본다.
② 처분의 하자가 당연무효인지 여부는 무효를 주장하는 원고에게 입증책임이 있다.
③ 무효선언의미의 취소소송은 허용되나 취소소송의 심판전치주의나 제소기간은 준수하여야 한다. 기출
④ 부작위위법확인소송은 처분을 구할 법규상·조리상 신청권이 있는 자가 제기할 수 있다.
⑤ 입법부작위는 부작위위법확인소송의 대상이 되지 않는다.
⑥ 공사중지명령 이후 그 원인사유의 소멸을 이유로 한 공사중지명령철회의 신청에 대해 아무런 응답을 하지 않고 있는 경우, 행정청의 부작위는 위법하다.
⑦ 거부처분에 대한 부작위위법확인의 소는 부적법하다.
⑧ 부작위의 위법성이 판단대상이고 신청에 대한 실체적 처분의 내용까지는 심리할 수 없다는 것이 판례의 입장이다.

04 당사자소송

1. 「행정소송법」 규정

행정소송법
제3조 【행정소송의 종류】 행정소송은 다음의 네가지로 구분한다.
  2. 당사자소송: 행정청의 처분등을 원인으로 하는 법률관계에 관한 소송 그 밖에 공법상의 법률관계에 관한 소송으로서 그 법률관계의 한쪽 당사자를 피고로 하는 소송
제39조 【피고적격】 당사자소송은 국가·공공단체 그 밖의 권리주체를 피고로 한다. 기출
제40조 【재판관할】 제9조의 규정은 당사자소송의 경우에 준용한다. 다만, 국가 또는 공공단체가 피고인 경우에는 관계행정청의 소재지를 피고의 소재지로 본다.

제41조【제소기간】 당사자소송에 관하여 법령에 제소기간이 정하여져 있는 때에는 그 기간은 불변기간으로 한다. ^{기출}

제42조【소의 변경】 제21조의 규정은 당사자소송을 항고소송으로 변경하는 경우에 준용한다.

제43조【가집행선고의 제한】 국가를 상대로 하는 당사자소송의 경우에는 가집행선고를 할 수 없다.
→ 위헌결정(효력상실)

제44조【준용규정】 ① 제14조 내지 제17조, 제22조, 제25조, 제26조, 제30조 제1항, 제32조 및 제33조의 규정은 당사자소송의 경우에 준용한다.
② 제10조의 규정은 당사자소송과 관련청구소송이 각각 다른 법원에 계속되고 있는 경우의 이송과 이들 소송의 병합의 경우에 준용한다.

2. 당사자소송 여부에 대한 판례 이해(공법관계, 사법관계 분류 판례와 연결할 것)

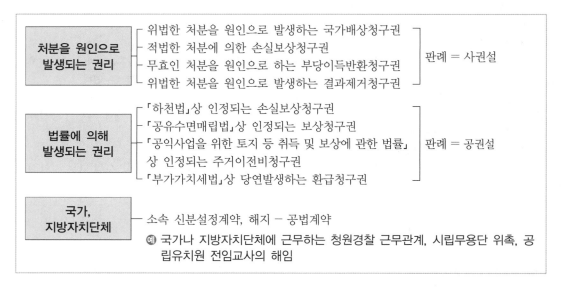

(1) 당사자소송 판례

판례

① 법령의 개정에 따른 국방부장관의 퇴역연금금액 감액조치(대판 2003. 9. 5. 2002두3522)
② 구 공무원연금법령의 개정 등으로 퇴직연금 중 일부 금액의 지급이 정지된 경우 공무원연금관리공단이 퇴직연금 중 일부금액에 대해 한 지급거부의 의사표시(대판 2004. 7. 8. 2004두244)
③ 지방자치단체가 보조금 지급결정을 하면서 일정 기한 내에 보조금을 반환하도록 하는 교부조건을 부가한 사안에서 보조사업자에 대한 지방자치단체의 보조금반환청구소송(대판 2011. 6. 9. 2011다2961) ^{기출}
④ 납세의무자에 대한 국가의 부가가치세환급세액 지급의무에 대응하는 국가에 대한 납세의무자의 부가가치세 환급세액 지급청구소송(대판 2013. 3. 21. 2011다95564) ^{기출}
⑤ 지방소방공무원이 자신이 소속된 지방자치단체를 상대로 초과근무수당의 지급을 구하는 소송(대판 2013. 3. 28. 2012다102629)
⑥ 「광주민주화운동관련자 보상 등에 관한 법률」상의 보상에 관한 권리(대판 1992. 12. 24. 92누3335)

⑦ 구 「석탄산업법」상의 석탄가격안정지원금 지급청구의 소(대판 1997. 5. 30. 95다28960)

⑧ 텔레비전방송수신료 통합징수권한 부존재확인소송(대판 2008. 7. 24. 2007다25261)

⑨ 구 「도시재개발법」에 의한 재개발조합에 대해 조합원 자격확인을 구하는 소송(대판 1999. 2. 25. 97누14606)

⑩ 기타 공법상 신분관계에 관한 공법상 계약의 효력을 다투는 소송

---

(2) 「행정소송규칙(대법원규칙)」상 당사자소송

> **행정소송규칙 제19조【당사자소송의 대상】** 당사자소송은 다음 각 호의 소송을 포함한다.
> 1. 다음 각 목의 손실보상금에 관한 소송
>   가. 「공익사업을 위한 토지 등의 취득 및 보상에 관한 법률」 제78조 제1항 및 제6항에 따른 이주정착금, 주거이전비 등에 관한 소송 ^{기출}
>   나. 「공익사업을 위한 토지 등의 취득 및 보상에 관한 법률」 제85조 제2항에 따른 보상금의 증감(增減)에 관한 소송 ^{기출}
>   다. 「하천편입토지 보상 등에 관한 특별조치법」 제2조에 따른 보상금에 관한 소송
> 2. 그 존부 또는 범위가 구체적으로 확정된 공법상 법률관계 그 자체에 관한 다음 각 목의 소송
>   가. 납세의무 존부의 확인
>   나. 「부가가치세법」 제59조에 따른 환급청구 ^{기출}
>   다. 「석탄산업법」 제39조의3 제1항 및 같은 법 시행령 제41조 제4항 제5호에 따른 재해위로금 지급청구
>   라. 「5・18민주화운동 관련자 보상 등에 관한 법률」 제5조, 제6조 및 제7조에 따른 관련자 또는 유족의 보상금 등 지급청구
>   마. 공무원의 보수・퇴직금・연금 등 지급청구
>   바. 공법상 신분・지위의 확인 ^{기출}
> 3. 처분에 이르는 절차적 요건의 존부나 효력 유무에 관한 다음 각 목의 소송
>   가. 「도시 및 주거환경정비법」 제35조 제5항에 따른 인가 이전 조합설립변경에 대한 총회결의의 효력 등을 다투는 소송
>   나. 「도시 및 주거환경정비법」 제50조 제1항에 따른 인가 이전 사업시행계획에 대한 총회결의의 효력 등을 다투는 소송
>   다. 「도시 및 주거환경정비법」 제74조 제1항에 따른 인가 이전 관리처분계획에 대한 총회결의의 효력 등을 다투는 소송 ^{기출}
> 4. 공법상 계약에 따른 권리・의무의 확인 또는 이행청구 소송 ^{기출}

---

3. 취소소송의 준용규정

준용되는 규정	관련청구의 이송・병합, 소송참가 ^{기출}, 피고경정, 공동소송, 소의 변경, 직권심사주의, 기속력
준용되지 않는 규정	제소기간 ^{기출}, 원고적격, 피고적격, 행정심판전치주의, 사정판결, 집행정지, 간접강제

4. 당사자소송과 가집행선고

국가를 상대로 하는 당사자소송의 경우 가집행선고를 할 수 없다는 「행정소송법」 제43조는 헌법재판소의 단순위헌결정으로 효력을 상실하였으므로 가집행선고가 가능하다.

MEMO

행정사
임병주 행정법

행정법각론

01 행정조직

01 행정조직 법정주의

행정조직에 관한 사항은 기본적으로 법률로 정하여야 한다. 정부조직에 관한 세부적인 사항에 관하여는 법률에서 구체적 범위를 정하여 명령에 위임할 수 있다.

> **헌법 제96조** 행정각부의 설치·조직과 직무범위는 법률로 정한다. ^{기출}
>
> **정부조직법**
> **제2조【중앙행정기관의 설치와 조직 등】** ① 중앙행정기관의 설치와 직무범위는 법률로 정한다.
>
> **제3조【특별지방행정기관의 설치】** ① 중앙행정기관에는 소관사무를 수행하기 위하여 필요한 때에는 특히 법률로 정한 경우를 제외하고는 대통령령으로 정하는 바에 따라 지방행정기관을 둘 수 있다.
>
> **제4조【부속기관의 설치】** 행정기관에는 그 소관사무의 범위에서 필요한 때에는 <u>대통령령으로 정하는 바</u>에 따라 시험연구기관·교육훈련기관·문화기관·의료기관·제조기관 및 자문기관 등을 둘 수 있다. ^{기출}
>
> **제5조【합의제행정기관의 설치】** 행정기관에는 그 소관사무의 일부를 독립하여 수행할 필요가 있는 때에는 법률로 정하는 바에 따라 행정위원회 등 합의제행정기관을 둘 수 있다. ^{기출}
>
> **제9조【예산조치와의 병행】** 행정기관 또는 소속기관을 설치하거나 공무원의 정원을 증원할 때에는 반드시 예산상의 조치가 병행되어야 한다. ^{기출}
>
> **지방자치법 제4조【지방자치단체의 기관구성 형태의 특례】** ① 지방자치단체의 의회(이하 "지방의회"라 한다)와 집행기관에 관한 이 법의 규정에도 불구하고 따로 법률로 정하는 바에 따라 지방자치단체의 장의 선임방법을 포함한 지방자치단체의 기관구성 형태를 달리 할 수 있다.
> ② 제1항에 따라 지방의회와 집행기관의 구성을 달리하려는 경우에는 「주민투표법」에 따른 주민투표를 거쳐야 한다.

02 행정기관의 종류

1. 행정기관의 분류

행정(관)청	행정주체를 위하여 그 의사를 결정하고, 국민(주민)에 대해 이를 표시하는 권한을 가진 행정기관(예 각부장관, 지방자치단체장, 행정심판위원회, 소청심사위원회[기출] 등)
보조기관	행정청에 소속되어 의사 또는 판단의 결정이나 표시를 보조함을 임무로 하는 기관(예 차관, 실장, 국장, 과장 등)
보좌기관	보조기관 가운데 특히 정책의 기획, 계획의 입안 및 연구·조사 등을 통해 참모적 기능을 담당하는 기관(예 차관보, 담당관 등)
자문기관	행정청의 자문에 응하여 또는 자발적으로 행정청의 의사결정에 참고가 될 의사를 제공하는 행정기관(예 국가안전보장회의, 민주평화통일자문회의, 정보공개심의회)
집행기관	행정청의 명을 받아 실력행사를 통하여 국가의사를 강제적으로 실현시키는 행정기관(예 경찰공무원, 소방공무원 등)
의결기관	행정에 관한 의사를 결정할 수 있는 권한을 가지는 합의제 행정기관. 의사결정권만 있고 외부에 표시권이 없다는 점에서 행정청과 구별(예 징계위원회, 지방의회, 교육위원회 등)[기출]
감사기관	행정기관의 사무처리나 회계를 감시·검사하는 기관(예 감사원)
공기업기관·영조물기관	공기업의 경영(예 체신관서) 또는 영조물의 관리를 임무로 하는 기관(예 국립병원, 국립대학 등)
부속기관	정부조직에 있어서 행정권의 직접적인 행사를 임무로 하는 기관에 부속하여 그 기관을 지원하는 기관(예 시험연구기관, 교육훈련기관, 문화기관, 의료기관(국립병원), 국가기록원 등)

2. 정부조직도

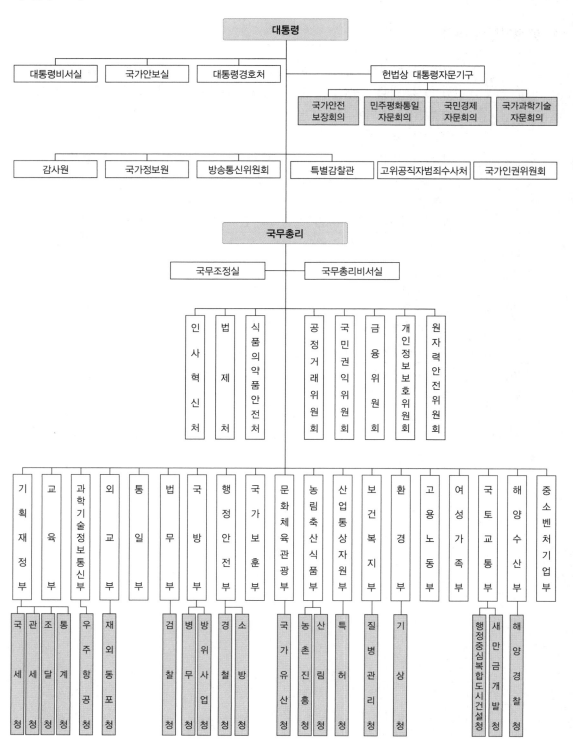

02 행정조직의 권한행사

01 권한의 대리

1. 의의

행정관청의 권한의 전부 또는 일부를 다른 행정기관이 대신하여 행사하고 그 행위가 피대리 관청의 행위로서 법적 효과를 발생하는 것을 말한다.

2. 구별개념

대표	대표자의 행위는 곧바로 대표되는 국가 또는 지방자치단체의 행위가 되나 대리행위는 피대리관청으로 효과가 귀속됨 ^{기출}
위임	① 위임이란 행정청(위임청)이 그 권한의 일부를 다른 행정기관(수임청)에 이전하는 것으로 위임청의 당해 권한이 소멸 ② 권한의 소멸 없이 단지 권한을 대신 행사하는 데 그치는 대리와 구별
내부위임	① 행정청이 그 보조기관 또는 하급기관에 대해 소관사무를 처리하도록 하면서 그 업무에 관한 대외적 권한행사는 원래 행정청의 명의로 하는 경우 ② 위임은 보통 권한이 이전되나 내부위임은 권한의 이전이 없고, 대리는 이를 외부에 표시하나 내부위임은 대외적으로 그 내용을 표시하지 않는다는 점에서 차이가 있음

3. 대리의 종류

(I) 임의대리

의의	피대리관청의 대리권부여라는 수권행위에 의해 대리관계가 발생하는 대리
법적 근거	법적 근거를 필요로 하지 않음
대리권의 범위	① 수권행위에서 정해진 범위 ② 권한의 일부에 대해서만 가능, 권한 전부에 대한 대리(×) ③ 법령에서 반드시 특정 기관만이 하도록 규정한 행위는 수권의 대상(×)
대리의 효과	① 현명을 한 경우 피대리관청의 행위로 귀속 ② 권한을 넘은 대리의 경우 민법상 표현대리 유추적용
피대리관청과 관계	① 대리관청은 피대리관청의 권한을 자기의 책임하에 자기의 이름으로 행사 ② 피대리관청은 대리관청을 지휘·감독, 대리관청의 행위에 대하여 책임 부담

복대리	원칙 부정
대리권 종료	수권행위의 철회, 수권행위에서 정한 기한의 경과, 해제조건의 성취 등

(2) 법정대리

의의	법령의 규정에 의하여 일정한 사실의 발생에 따라 당연히 또는 일정한 자의 지정에 의해 성립하는 대리[수권행위(×)]	
종류	협의의 법정대리	법정사실이 발생하면 당연히 대리관계가 발생하는 대리
	지정대리	법정사실의 발생 시 일정한 자가 대리자를 지정함으로써 대리관계가 발생(⑩ 서리) 기출
대리권의 범위	협의의 법정대리와 지정대리 모두 대리권은 피대리관청의 권한의 전부에 미침 기출	
대리의 효과	현명을 한 경우 피대리관청의 행위로 귀속	
피대리관청과 관계	① 대리관청은 피대리관청의 권한을 자기의 책임하에 자기의 이름으로 행사 ② 피대리관청은 대리관청을 지휘·감독에 책임을 지지 않음(임의대리와 차이)	
복대리	원칙 가능	
대리권 종료	대리권을 발생하게 한 법정사유의 소멸에 의해 소멸	

02 권한의 위임

1. 구별개념

권한의 위임	① 위임기관의 권한의 일부를 수임기관의 권한으로 이전 ② 수임기관이 자기 책임하에 수임기관의 명의로 권한행사 기출 ③ 권한이 이전된다는 점에서 법률의 근거 필요 기출
내부위임	① 행정청의 내부적 사무처리의 편의를 도모하기 위하여 그 보조기관 또는 하급행정청으로 하여금 그 권한을 '사실상' 행하게 하는 것 기출 ② 수임자는 위임기관의 명의로 권한을 행사하여야 함 기출 ③ 내부위임은 법률의 근거 불요 기출
위임전결	① 행정청 내의 의사결정권을 보조기관에 위임하여 당해 보조기관의 결재로써 행정청의 내부적인 의사결정이 확정되도록 하는 것 ② 행정기관의 장은 업무의 내용에 따라 보조기관 또는 보좌기관이나 해당 업무를 담당하는 공무원으로 하여금 위임전결하게 할 수 있으며, 그 위임전결 사항은 해당 기관의 장이 훈령이나 지방자치단체의 규칙으로 정함 ③ 권한의 이전(×)

대결	① 행정관청 내부에서 그 구성원의 일시 부재 시에 보조기관이 대신 결재하는 것 ② 대결은 일시적으로 행해진다는 점에서 내부위임이나 위임전결과 구별 ③ 권한의 이전(×)
권한이양	① 권한의 이양은 법률상 권한 자체가 확정적으로 다른 기관에 이전 ② 권한의 위임은 잠정적이고 언제나 회수 가능 ③ 권한의 이양은 수권법률의 변경이 없는 한 권한의 회수 불가능

지문식 판례

① 내부위임을 받은 자가 자기의 이름으로 한 처분은 무권한의 처분으로 무효이다. 기출
② 전결규정에 위반하여 원래의 전결권자 아닌 보조기관 등이 처분권자인 행정관청의 이름으로 행정처분을 한 경우 무효의 처분이라고는 할 수 없다.

2. 권한의 위임 정리

위임의 방식	권한의 위임은 직접 법령으로 정하거나, 법령에 근거한 위임관청의 의사결정으로 행해짐(수임기관의 동의 불요) 기출	
위임의 한계	① 권한의 일부에 한하여 인정 기출 ② 권한의 전부 또는 위임청의 존립근거를 위태롭게 하는 주요 부분의 위임	
위임의 효과	권한의 이전	위임기관은 권한상실, 수임기관의 권한
	지휘·감독	위임기관은 수임기관의 수탁사무 처리에 대해 지휘·감독(위법·부당한 처분 취소·정지) 기출
	사전승인 제한	위임기관은 수임기관에 대해 수임사무처리에 대한 사전승인을 받거나 협의를 할 것을 요구(×) 기출
	항고소송 피고	수임청이 피고
	재위임	권한을 위임받은 기관은 특히 필요한 경우에는 법령으로 정하는 바에 따라 위임받은 사무의 일부를 하급행정기관에게 재위임 기출
비용부담	원칙적 위임기관이 부담	
위임의 종료	위임의 해제 또는 종기의 도래 등에 의해 종료(위임된 권한은 다시 위임기관에 회복) 기출	
사인에게 위임	행정기관은 법령으로 정하는 바에 따라 그 소관사무 중 조사·검사·검정·관리 업무 등 국민의 권리·의무와 직접 관계되지 아니하는 사무를 지방자치단체가 아닌 단체 또는 개인에게 위탁할 수 있음 기출	

03 행정관청 상호 간의 관계

01 상하행정청 간의 관계

감시 · 감사	하급관청의 사무처리상황을 파악하기 위해 보고를 받거나, 서류장부를 검사하는 등 사무감사를 행하는 것(법령의 근거 불요) [기출]	
인가 · 승인	하급관청의 일정한 권한행사 전 미리 상급관청의 동의나 승인을 받게 하는 것. 구속력 있음[처분(×)] [기출]	
취소 · 정지	① 대통령은 국무총리와 중앙행정기관의 장의 명령이나 처분이 위법 또는 부당하다고 인정하면 이를 중지 또는 취소(○) ② 위임기관은 수임기관의 수임 처리에 대하여 지휘 · 감독하고, 그 처리가 위법하거나 부당하다고 인정될 때에는 이를 취소하거나 정지(○) [기출]	
주관쟁의 결정	① 행정 각부 간의 권한의 획정은 국무회의심의를 거쳐 대통령이 결정 ② 행정청의 관할이 분명하지 아니한 경우에는 해당 행정청을 공통으로 감독하는 상급행정청이 그 관할을 결정, 공통으로 감독하는 상급행정청이 없는 경우에는 각 상급행정청이 협의하여 그 관할을 결정 [기출]	
대집행	별도의 법적 근거가 있어야 함	
훈령	의의	하급행정청의 권한행사를 일반적으로 지휘하기 위하여 상급행정청이 감독권의 당연한 작용으로서 사전에 발하는 명령(법령의 근거 불요) [기출]
	성질	① 행정규칙, 법규성(×) ② 훈령을 위반한 경우 징계사유, 국민에 대한 위법(×) [기출]
	종류	협의의 훈령, 지시, 예규, 일일명령
	요건 / 형식적 요건	① 권한 있는 기관, ② 권한 범위 내, ③ 하급관청의 직무상 권한행사가 독립적으로 보장되고 있지 않은 사항
	요건 / 실질적 요건	내용의 적법 · 타당 · 실현가능 · 명백
	위법한 훈령	① 형식적 요건: 하급기관의 심사권 인정 ② 실질적 요건(내용): 중대 · 명백한 하자로 무효인 경우 복종의무(×), 그 외 복종의무(○)
	훈령의 경합	① 원칙 - 주관상급관청의 훈령을 따름 ② 주관상급관청이 서로 상하관계일 때 직근상급관청의 훈령을 따름

02 대등행정청 간의 관계

상호협력	협의	원칙적 구속력(×), 법령상 협의를 거치지 않은 처분은 원칙적 취소사유
	동의	원칙적 구속력(○), 동의 없이 한 처분은 원칙적 무효(다수설)
사무위탁 · 촉탁		대등관청 사이에 다른 행정청의 관할에 속하는 사항에 대해 사무처리를 위탁
행정응원		① 행정응원을 위하여 파견된 직원은 응원을 요청한 행정청의 지휘 · 감독을 받음 ② 행정응원에 드는 비용은 응원을 요청한 행정청이 부담 ③ 그 부담금액 및 부담방법은 응원을 요청한 행정청과 응원을 하는 행정청이 협의하여 결정
주관쟁의 결정		① 행정 각부 간의 권한의 획정은 국무회의심의를 거쳐 대통령이 결정 ② 행정청의 관할이 분명하지 아니한 경우에는 해당 행정청을 공통으로 감독하는 상급행정청이 그 관할을 결정, 공통으로 감독하는 상급행정청이 없는 경우에는 각 상급행정청이 협의하여 그 관할을 결정
조정		부 · 처의 장은 그 소관사무의 효율적 추진을 위하여 필요한 경우에는 국무총리에게 소관사무와 관련되는 다른 행정기관의 사무에 대한 조정을 요청할 수 있음 기출

04 공공단체의 종류

01 의의

국가 밑에서 그 자체의 고유한 존립목적을 가지고 법인격이 부여된 단체로서 공행정주체의 지위를 가지는 단체를 공공단체라 한다.

02 종류

지방자치단체	• 특별시, 광역시, 특별자치시, 특별자치도, 시, 군, 구 기출 • 제주특별자치도에는 지방자치단체인 시와 군을 두지 않음
공공조합	국가로부터 부여된 목적을 수행하기 위한 자치권이 부여된 공법상의 사단법인(예 대한변호사협회, 상공회의소 등)
영조물법인	공행정목적의 계속적 수행을 위한 인적·물적 종합시설인 영조물에 법인격이 부여된 것(예 각종 공사, 특수은행, 각종 공단 등)
공법상 재단법인	국가나 지방자치단체가 출연한 재산을 관리하기 위하여 설립된 법인(예 학술진흥재단, 한국과학기술재단 등)

05 지방자치단체의 법적 지위와 분쟁해결

01 법적 지위

국가와 독립된 법인으로서 권리·의무의 주체, 소송의 당사자를 인정한다.
→ 기본권의 주체성(×), 헌법소원제기(×)

02 지방자치단체 상호 간의 분쟁해결

조정	신청 조정	행정안전부장관이나 시·도지사가 당사자의 신청을 받아 조정
	직권 조정	분쟁이 공익을 현저히 해쳐 조속한 조정이 필요하다고 인정되는 경우
	조정 절차	관계 중앙행정기관의 장과의 협의 거쳐 → 지방자치단체중앙분쟁조정위원회 또는 지방자치단체지방분쟁조정위원회의 의결에 따라 조정결정
권한쟁의	국가기관 상호 간, 국가기관과 지방자치단체 간 및 지방자치단체 상호 간에 권한의 유무 또는 범위에 관하여 다툼이 있을 때 → 헌법재판소에 권한쟁의심판 청구	

06 지방자치단체의 구역

01 지방자치단체의 명칭과 구역

1. 법정주의

법정주의	법률	지방자치단체의 명칭과 구역은 종전과 같이 하고, 명칭과 구역을 바꾸거나 지방자치단체를 폐지하거나 설치하거나 나누거나 합칠 때에는 법률로 정함
	대통령령	지방자치단체의 구역변경 중 관할 구역 경계변경과 지방자치단체의 한자 명칭의 변경은 대통령령으로 정함
지방의회 의견		① 지방자치단체를 폐지하거나 설치하거나 나누거나 합칠 때 또는 그 명칭이나 구역을 변경할 때에는 지방의회의 의견을 들어야 함 ②「주민투표법」에 따라 주민투표를 한 경우는 그러하지 않음

2. 자치구가 아닌 행정구역의 명칭과 구역

폐지·설치·분합	자치구가 아닌 구와 읍·면·동의 명칭과 구역은 종전과 같이 하고, 이를 폐지하거나 설치하거나 나누거나 합칠 때에는 행정안전부장관의 승인을 받아 그 지방자치단체의 조례로 정함
명칭과 구역 변경	명칭과 구역의 변경은 그 지방자치단체의 조례로 정하고, 그 결과를 특별시장·광역시장·도지사에게 보고해야 함[행정안전부장관(×)]

3. 변경의 효과

사무와 재산 승계	지방자치단체의 구역을 변경하거나 지방자치단체를 폐지하거나 설치하거나 나누거나 합칠 때에는 새로 그 지역을 관할하게 된 지방자치단체가 그 사무와 재산을 승계
판례지문	① 승계되는 사무와 재산에서 기관위임된 국가사무는 제외 ② 승계되는 재산이라 함은 현금 이외의 모든 재산적 가치가 있는 물건 및 권리만을 말하는 것으로서 채무는 포함(×) ③ 새로운 지방자치단체가 설치되는 흡수합병 내지 합체의 경우에는 채무도 새로운 지방자치단체가 승계(○) (예 '거제군'과 '장승포시'의 전 관할구역을 그 관할구역으로 하는 '거제시'가 새로이 설치) ④ 지방자치단체의 폐치·분합은 기본권과도 관련 ∴ 주민은 헌법소원을 제기 가능

02 구역획정

1. 매립지·지적공부에 누락된 토지의 구역획정

구역획정	① 매립지, 지적공부에 등록이 누락되어 있는 토지가 속할 지방자치단체 ② 행정안전부장관이 결정 ③ 매립지의 매립면허를 받은 자는 면허관청에 해당 매립지가 속할 지방자치단체의 결정 신청을 요구
대법원에 제소	① 원고: 행정안전부장관의 결정에 이의가 있는 지방자치단체장 ② 제소기간: 결과를 통보받은 날부터 15일 이내 대법원에 소송 제기

2. 경계변경 조정

사유	관할 구역과 생활권과의 불일치 등으로 인하여 주민생활에 불편이 큰 경우
조정 신청	① 신청: 지방의회 재적의원 과반수의 출석과 출석의원 3분의 2 이상의 동의를 받아 지방자치단체의 장이 경계변경 조정 신청 ^{기출} ② 상대방: 행정안전부장관

지방자치단체의 주민

01 주민의 권리

1. 공공시설이용권

의의	지방자치단체의 재산과 공공시설을 이용할 권리와 그 지방자치단체로부터 균등하게 행정의 혜택을 받을 권리
성격	구체적 권리성 부정(판례)

2. 참정권

선거권 (지방의회의원 및 장)	18세 이상으로 선거인명부 작성일 기준일 현재
	① 해당 지방자치단체의 관할구역에 주민등록이 되어 있는 사람 ② 재외국민으로 주민등록표에 3개월 이상 계속하여 올라 있고 해당 지방자치단체의 관할구역에 주민등록이 되어 있는 사람 ③ 영주의 체류자격 취득일 후 3년이 경과한 외국인으로서 해당 지방자치단체의 외국인등록대장에 올라 있는 사람
피선거권 (지방의회의원 및 장)	18세 이상의 국민
	선거일 현재 계속하여 60일 이상 당해 지방자치단체의 관할구역 안에 주민등록이 되어 있는 주민

3. 주민투표권

법적 성질	법률상 인정되는 권리, 헌법상 기본권(×) ^{기출}	
주민투표권자	18세 이상의 주민 중 투표인명부 작성기준일 현재	
	① 그 지방자치단체의 관할구역에 주민등록이 되어 있는 사람 ② 대한민국에 계속 거주할 수 있는 자격을 갖춘 외국인으로 조례로 정한 사람	
주민투표 대상	지방자치단체 주요 결정사항	주민에게 과도한 부담을 주거나 중대한 영향을 미치는 지방자치단체의 주요 결정사항은 주민투표에 부칠 수 있음

	중앙행정기관장의 요구	① 중앙행정기관의 장은 지방자치단체를 폐지하거나 설치하거나 나누거나 합치는 경우 또는 지방자치단체의 구역을 변경하거나 주요시설을 설치하는 등 국가정책의 수립에 관하여 주민의 의견을 듣기 위하여 필요하다고 인정하는 때에는 주민투표의 실시구역을 정하여 관계 지방자치단체의 장에게 주민투표의 실시를 요구할 수 있음 ② 중앙행정기관의 장은 미리 행정안전부장관과 협의해야 함
주민투표의 실시	주민청구	18세 이상의 주민이 조례로 정하는 수 이상의 서명으로 청구
	지방의회	재적의원 과반수의 출석과 출석의원 3분의 2 이상의 찬성으로 청구
	지방자치단체장 직권	지방의회 재적의원 과반수의 출석과 출석의원 과반수의 동의
주민투표결과의 확정		주민투표권자 총수의 4분의 1 이상의 투표와 유효 투표 수 과반수의 득표로 확정
개표금지		전체 투표 수가 주민투표권자 총수의 4분의 1에 미달되는 때
불복절차		① 주민투표권자 총수의 100분의 1 이상의 서명 ② 주민투표결과가 공표된 날부터 14일 이내 ③ 관할 선거관리위원회 위원장을 피소청인으로 ④ 시·도선거관리위원회나 중앙선거관리위원회에 소청

4. 청원권

① 지방의회에 대해 지방의회의원의 소개를 받아 청원할 수 있다.
② 주민이 지방의회 본회의의 안건 심의 중 방청인으로서 안건에 관하여 발언하는 것은 선거제도를 통한 대표제 원리에 위반된다. [기출]

5. 조례의 제정·개폐청구권 [기출]

청구권자	18세 이상의 주민 ① 해당 지방자치단체의 관할 구역에 주민등록이 되어 있는 사람 ② 영주(永住)할 수 있는 체류자격 취득일 후 3년이 지난 외국인으로 외국인등록대장에 올라 있는 사람
상대방	지방의회에 제출
청구대상	조례의 제정·개정·폐지가 모두 포함

제외사항	① 법령을 위반하는 사항
	② 지방세·사용료·수수료·부담금의 부과·징수 또는 감면에 관한 사항
	③ 행정기구를 설치하거나 변경하는 것에 관한 사항이나 공공시설의 설치를 반대하는 사항

6. 규칙의 제정·개폐 의견제출

상대방	지방자치단체장에 제출
청구대상	권리·의무와 직접 관련되는 사항으로 한정
제외사항	법령이나 조례를 위반하거나 법령이나 조례에서 위임한 범위를 벗어나는 사항
통보	의견이 제출된 날부터 30일 이내에 검토 결과를 통보

7. 감사청구

청구권자	18세 이상인 주민 일정 수의 연서(「공직선거법」에 따른 선거권이 없는 사람 제외)
청구대상	지방자치단체와 그 장의 권한에 속하는 사무의 처리가 법령에 위반되거나 공익을 현저히 해친다고 인정되는 사항(자치사무·단체위임사무·기관위임사무 모두 포함)
제외사항	① 수사나 재판에 관여하게 되는 사항 ② 개인의 사생활을 침해할 우려가 있는 사항 ③ 다른 기관에서 감사하였거나 감사 중인 사항. 다만, 다른 기관에서 감사한 사항이라도 새로운 사항이 발견되거나 중요 사항이 감사에서 누락된 경우와 주민소송의 대상이 되는 경우에는 그러하지 않음 ④ 동일한 사항에 대하여 주민소송이 진행 중이거나 그 판결이 확정된 사항
청구 제한	사무처리가 있었던 날이나 끝난 날부터 3년이 지난 경우
청구의 상대방	시·도 → 주무부장관, 시·군 및 자치구 → 시·도지사
감사청구의 처리	① 수리한 날부터 60일 이내 감사 ② 감사결과 서면통보, 공표

8. 주민소송

성격	민중소송, 객관적 소송 ^{기출}
원고적격	감사청구한 주민만, 1명도 가능 ^{기출}
피고적격	해당 지방자치단체의 장 ^{기출}

소송대상	주민감사청구 중 공금의 지출에 관한 사항, 재산의 취득·관리·처분에 관한 사항, 해당 지방자치단체를 당사자로 하는 매매·임차·도급 계약이나 그 밖의 계약의 체결·이행에 관한 사항 또는 지방세·사용료·수수료·과태료 등 공금의 부과·징수를 게을리한 사항
소송형태	① **중지소송** : 해당 행위를 계속하면 회복하기 곤란한 손해를 발생시킬 우려가 있는 경우에 그 행위의 전부나 일부를 중지할 것을 요구하는 소송 ^{기출} ② **처분소송** : 행정처분인 해당 행위의 취소 또는 변경을 요구하거나 그 행위의 효력 유무 또는 존재 여부의 확인을 요구하는 소송 ^{기출} ③ **위법확인소송** : 공금의 부과·징수를 게을리한 사실의 위법확인을 요구하는 소송 ^{기출} ④ **손해배상·부당이득반환청구소송** : 해당 지방자치단체의 장 및 직원, 지방의회 의원, 해당 행위와 관련이 있는 상대방에게 손해배상청구 또는 부당이득반환청구를 할 것을 요구하는 소송 ^{기출}
피고	해당 지방자치단체의 장
제기기간	감사결과의 통지를 받은 날 등 각 불복사유가 발생한 날로부터 90일 이내
제소 제한	주민소송이 계속 중인 때에는 다른 주민은 동일한 사항에 대하여 별도의 소송을 제기할 수 없음 ^{기출}
소송중단	소송을 제기한 주민이 사망하거나 주민의 자격을 잃은 경우 ^{기출}
소송수계	감사청구에 연대 서명한 다른 주민, 사유가 발생한 사실을 안 날부터 6개월 이내에 소송절차를 수계(기간 내 수계가 없는 경우 소송절차 종료)
청구포기 제한	당사자는 법원의 허가를 받지 아니하고는 소의 취하, 소송의 화해 또는 청구의 포기를 할 수 없음

9. 주민소환

법적 성질	헌법상 기본권(×), 지방자치의 본질적 내용(×) ^{기출}
소환대상	지방자치단체장 및 지방의회의원(비례대표 지방의회의원 제외) ^{기출}
사유	별도의 제한이 없음 ^{기출}
투표권자	① 19세 이상의 주민으로서 당해 지방자치단체 관할구역에 주민등록이 되어 있는 자(「공직선거법」에 의하여 선거권이 없는 자 제외) ② 19세 이상의 외국인으로서 영주의 체류자격 취득일 후 3년이 경과한 자 중 외국인등록대장에 등재된 자
청구	일정 수 이상의 서명으로 그 소환사유를 서면에 구체적으로 명시하여 관할선거관리위원회에 청구

청구 제한	① 선출직 지방공직자의 임기개시일부터 1년이 경과하지 아니한 때 ② 선출직 지방공직자의 임기만료일부터 1년 미만일 때 ③ 해당 선출직 지방공직자에 대한 주민소환투표를 실시한 날부터 1년 이내인 때
확정	① 주민소환투표권자 총수의 3분의 1 이상의 투표와 유효 투표 총수 과반수의 찬성으로 확정 ② 전체 주민소환투표자의 수가 주민소환투표권자 총수의 3분의 1에 미달할 때 개표(×) 기출
투표확정의 효력	① 주민소환투표대상자는 관할 선거관리위원회가 주민소환투표안을 공고한 때부터 주민소환투표결과를 공표할 때까지 그 권한행사가 정지 ② 주민소환이 확정된 때에는 주민소환투표대상자는 그 결과가 공표된 시점부터 그 직을 상실 ③ 그 직을 상실한 자는 해당 보궐선거에 후보자로 등록(×)
불복	
소청	결과가 공표된 날부터 14일 이내에 시·도선거관리위원회나 중앙선거관리위원회에 소청
제소	소청결과에 불복이 있는 경우 10일 이내에 시·군·구 → 고등법원, 시·도 → 대법원
소송수계	감사 청구에 연대 서명한 다른 주민, 사유가 발생한 사실을 안 날부터 6개월 이내에 소송절차를 수계(기간 내 수계가 없는 경우 소송절차 종료)
청구포기 제한	당사자는 법원의 허가를 받지 아니하고는 소의 취하, 소송의 화해 또는 청구의 포기를 할 수 없음

02 주민의 의무

주민은 법령으로 정하는 바에 따라 소속 지방자치단체의 비용을 분담하여야 하는 의무를 진다.

지문식 판례

① 주민이 지방의회 본회의의 안건 심의 중 방청인으로서 안건에 관하여 발언하는 것은 선거제도를 통한 대표제원리에 정면으로 위반되는 것으로 허용되지 않는다.
② 주민소환의 사유에 제한을 두지 않은 것은 지방의회의원이나 단체장의 공무담임권을 침해하지 않는다.

지방자치단체의 사무

01 사무의 분류

1. 자치사무와 위임사무

구분	자치사무	단체위임사무	기관위임사무
사무처리 효과	해당 지방자치단체에 귀속	국가 등에 귀속	국가 등에 귀속
조례제정가능성	가능	가능	불가(예외 인정)
지방의회 관여	가능	가능	원칙 불가 [기출]
경비부담	지방자치단체	위임자	위임자
국가 감독범위	적법성 [기출]	적법성 + 합목적성	적법성 + 합목적성

2. 사무의 배분

① 인구 50만 이상의 시에 대해서는 도가 처리하는 사무의 일부를 직접 처리하게 할 수 있다.
② 시·도와 시·군 및 자치구는 사무를 처리할 때 서로 겹치지 아니하도록 하여야 하며, 사무가 서로 겹치면 시·군 및 자치구에서 먼저 처리한다.

지문식 판례

① 호적사무는 지방자치단체의 사무이다.
② 조례안으로 지방자치단체 사무의 민간위탁에 관하여 지방의회의 사전 동의를 받도록 하는 것은 위법하지 않다.
③ 법령상 규칙으로 행정권한을 위임해야 함에도 조례에 의한 위임에 따라 행해진 수임기관의 처분은 하자가 중대하나 명백하지 않아 당연무효로 볼 수는 없다. [기출]

02 지방자치단체의 권한

자치입법권	① 조례 제정개폐 ② 단체장의 규칙 제정개폐
자치조직권	① 자치구가 아닌 구와 읍·면·동을 폐지하거나 설치하거나 나누거나 합칠 때에는 행정안전부장관의 승인을 받아 그 지방자치단체의 조례로 정함 ② 리의 명칭과 구역을 변경하거나 리를 폐지하거나 설치하거나 나누거나 합칠 때에는 그 지방자치단체의 조례로 정함 ③ 지방자치단체는 그 보조기관·소속행정기관·하부행정기관에 대한 자주조직권을 가짐
자치행정권	지방자치단체가 자기의 독자적 사무를 원칙적으로 중앙정부의 간섭을 받지 않고 자주적으로 처리할 수 있는 권한
자치재정권	지방자치단체는 그 자치사무와 위임사무의 처리를 위한 경비의 지출의무가 있으므로 그 경비에 충당하기 위하여 필요한 세입을 확보하고 지출을 관리하는 권한을 가짐

✦ 조례 정리

조례제정권	① 지방자치단체의 권한에 속하는 사항(자치사무 및 단체위임사무) ② 기관위임사무 원칙 제외, 법령의 위임이 있는 경우 가능 기출 ③ 자치사무나 단체위임사무라도 법령에 의해 지방자치단체장의 전속적 권한으로 정한 사항은 조례로 정할 수 없음	
법령의 근거	① 원칙적 법령의 위임 불요(포괄위임 허용) 기출 ② 주민의 권리·의무에 관한 사항, 벌칙에 관한 사항 법률의 위임 필요 기출	
한계	① 법령에 위반되는 조례는 무효 ② 조례로써 조례위반행위에 대해 1천만 원 이하의 과태료를 정할 수 있음	
조례에 대한 통제	단체장의 통제	① 조례안이 지방의회에서 의결되면 지방의회의 의장은 의결된 날부터 5일 이내에 그 지방자치단체의 장에게 이송 ② 지방자치단체의 장은 조례안을 이송받으면 20일 이내에 공포 ③ 지방자치단체의 장은 이송받은 조례안에 대하여 이의가 있으면 제2항의 기간에 이유를 붙여 지방의회로 환부하고, 재의를 요구[일부재의(×), 수정재의(×)] 기출 ④ 지방의회는 재의 요구를 받으면 조례안을 재의에 부치고 재적의원 과반수의 출석과 출석의원 3분의 2 이상의 찬성으로 전(前)과 같은 의결을 하면 그 조례안은 조례로서 확정
	감독청의 통제	감독청	시·도는 주무부장관, 시·군 및 자치구는 시·도지사
		사유	지방의회의 의결이 법령에 위반되거나 공익을 현저히 해치는 경우

재의 요구	해당 지방자치단체의 장에게 재의를 요구
대법원에 제소	재의결된 사항이 법령에 위반된 경우
직접 제소	지방자치단체장이 제소하지 않는 경우 감독청이 직접 제소 가능
법원의 통제	• 조례의 위헌·위법 여부가 재판의 전제가 된 경우 법원이 결정(구체적 규범통제) • 처분적 조례는 항고소송의 대상(피고는 지방자치단체장)
헌법재판소의 통제	조례가 그 자체로 기본권을 침해하는 경우 헌법소원의 대상(○)

03 지방자치단체장의 재의 요구

1. 지방의회의 의결에 대한 재의 요구

사유	지방의회의 의결이 월권이거나 법령에 위반되거나 공익을 현저히 해친다고 인정되는 경우
요구기간	의결사항을 이송받은 날부터 20일 이내에 이유를 붙여 재의를 요구
재의결	재적의원 과반수의 출석과 출석의원 3분의 2 이상의 찬성으로 전과 같은 의결을 하면 그 의결사항은 확정
대법원에 제소	재의결된 사항이 법령에 위반된다고 인정되면 대법원에 제소(재의결된 날로부터 20일 이내)

2. 예산상 집행 불가능한 의결의 재의 요구

사유	예산상 집행 불가한 의결	지방의회의 의결이 예산상 집행할 수 없는 경비를 포함하고 있다고 인정되는 경우
	경비를 줄이는 의결	① 법령에 따라 지방자치단체에서 의무적으로 부담하여야 할 경비 ② 비상재해로 인한 시설의 응급 복구를 위하여 필요한 경비
요구기간		의결사항을 이송받은 날부터 20일 이내에 이유를 붙여 재의를 요구
재의결		재적의원 과반수의 출석과 출석의원 3분의 2 이상의 찬성으로 전과 같은 의결을 하면 그 의결사항은 확정

09 지방자치단체에 대한 국가의 관여

01 국가 등의 관여

1. 지방자치단체장에 재의 요구와 제소

사유	지방의회의 의결이 법령에 위반되거나 공익을 현저히 해친다고 판단되는 경우
감독청	① 시·도는 주무부장관, 시·군 및 자치구는 시·도지사 ② 시·도지사가 재의 요구 불응 시 주무부장관이 직접 시장·군수 및 자치구의 구청장에게 재의를 요구(○)
요구기간	재의 요구 지시를 받은 단체장은 의결사항을 이송받은 날부터 20일 이내에 이유를 붙여 재의를 요구
재의결	재적의원 과반수의 출석과 출석의원 3분의 2 이상의 찬성으로 전과 같은 의결을 하면 그 의결사항은 확정
대법원에 제소	① 재의결된 사항이 법령에 위반된다고 인정되면 대법원에 제소(재의결된 날로부터 20일 이내) ② 집행정지결정 신청 가능 ③ 단체장이 제소를 하지 않는 경우 주무부장관이나 시·도지사는 단체장에게 제소를 지시하거나 직접 제소 및 집행정지결정을 신청 가능 ④ 지방의회의 의결이나 재의결된 사항이 둘 이상의 부처와 관련되거나 주무부장관이 불분명하면 행정안전부장관이 재의 요구 또는 제소를 지시하거나 직접 제소 및 집행정지 결정을 신청

2. 위법·부당한 명령이나 처분의 시정

사유	① 단체위임사무: 지방자치단체의 장의 명령이나 처분이 법령에 위반되거나 현저히 부당하여 공익을 해친다고 인정되는 경우[기관위임사무(×)] ② 자치사무: 지방자치단체의 장의 명령이나 처분이 법령에 위반한 경우에 한정
감독청	① 시·도는 주무부장관, 시·군 및 자치구는 시·도지사 ② 시·도지사가 시정명령을 하지 않는 경우 주무부장관이 직접 시장·군수 및 자치구의 구청장에게 시정을 명하고 취소·정지 가능
단체장의 대법원에 제소	① 자치사무에 관한 명령이나 처분의 취소·정지에 이의가 있는 경우[단체위임(×)] ② 취소처분 또는 정지처분을 통보받은 날부터 15일 이내 ③ 시정명령을 통보 받은 단계에서는 대법원 제소(×)

3. 직무이행명령

사유	① 지방자치단체의 장이 법령에 따라 그 의무에 속하는 국가위임사무나 시·도위임사무의 관리와 집행을 명백히 게을리하고 있다고 인정되는 경우 직무이행을 명령 ② 이행명령을 이행하지 아니하면 그 지방자치단체의 비용부담으로 대집행 또는 행정상·재정상 필요한 조치 가능
감독청	① 시·도는 주무부장관, 시·군 및 자치구는 시·도지사 ② 시·도지사가 이행명령을 하지 않는 경우 주무부장관이 직접 시장·군수 및 자치구의 구청장에게 이행명령을 하고 대집행 가능
단체장의 대법원에 제소	① 이행명령에 이의가 있는 단체장은 ② 이행명령서를 접수한 날부터 15일 이내에 대법원에 제소 ③ 집행정지결정 신청(○)

02 분쟁조정

행정협의조정 위원회	중앙행정기관의 장과 지방자치단체의 장이 사무를 처리할 때 의견을 달리하는 경우 이를 협의·조정하기 위하여 국무총리 소속으로 행정협의조정위원회를 둠
지방자치단체 상호 간	① 지방자치단체 상호 간 또는 지방자치단체의 장 상호 간에 사무를 처리할 때 의견이 달라 다툼이 생기면 다른 법률에 특별한 규정이 없으면 행정안전부장관이나 시·도지사가 당사자의 신청을 받아 조정할 수 있음. 다만, 그 분쟁이 공익을 현저히 해쳐 조속한 조정이 필요하다고 인정되면 당사자의 신청이 없어도 직권으로 조정할 수 있음 ② 행정안전부장관이나 시·도지사가 분쟁을 조정하려는 경우에는 관계 중앙행정기관의 장과의 협의를 거쳐 지방자치단체중앙분쟁조정위원회나 지방자치단체지방분쟁조정위원회의 의결에 따라 조정을 결정해야 함

10 공무원관계의 발생 · 변경 · 소멸

01 공무원의 분류

경력직 공무원 (직업공무원)	일반직 공무원	기술 · 연구 또는 행정 일반에 대한 업무를 담당하는 공무원
	특정직 공무원	법관, 검사, 외무공무원, 경찰공무원, 소방공무원, 교육공무원, 군인, 군무원, 헌법재판소 헌법연구관, 국가정보원의 직원과 특수 분야의 업무를 담당하는 공무원으로서 다른 법률에서 특정직 공무원으로 지정하는 공무원 기출
특수경력직 공무원	정무직 공무원	① 선거로 취임하거나 임명할 때 국회의 동의가 필요한 공무원 ② 고도의 정책결정 업무를 담당하거나 이러한 업무를 보조하는 공무원으로서 법률이나 대통령령(대통령비서실 및 국가안보실의 조직에 관한 대통령령만 해당한다)에서 정무직으로 지정하는 공무원
	별정직 공무원	비서관 · 비서 등 보좌업무 등을 수행하거나 특정한 업무 수행을 위하여 법령에서 별정직으로 지정하는 공무원

02 공무원관계의 변동

1. 공무원 임명(임용)

의의		① 쌍방적 행정행위 ② 상대방의 동의를 결한 임명행위는 무효
임명요건	능력요건 (소극적 요건)	① 공무원법상의 결격사유에 해당하지 않을 것 ② 외국인도 임용 가능(외무공무원은 불가)
	성적요건 (적극적 요건)	시험성적, 근무성적, 기타 능력의 실증에 의해 적극적 자격요건을 갖추어야 함
요건흠결의 효력		임용결격자에 대한 임용은 당연무효, 성적요건이 결여된 자에 대한 임용은 취소사유
효력발생시기		공무원은 임용장이나 임용통지서에 적힌 날짜에 임용된 것으로 보며, 임용일자를 소급해서는 안 됨 기출

지문식 판례

① 공무원임용결격사유가 있는지의 여부는 채용후보자 명부에 등록한 때가 아닌 임용 당시에 시행되던 법률을 기준으로 하여 판단하여야 한다. 기출
② 임용 당시 공무원임용결격사유가 있었다면 비록 국가의 과실에 의하여 임용결격자임을 밝혀내지 못하였다 하더라도 그 임용행위는 당연무효로 보아야 한다. 기출
③ 국가가 공무원임용결격사유가 있는 자에 대하여 공무원임용행위를 취소하는 것은 당사자에게 원래의 임용행위가 당초부터 당연무효이었음을 통지하여 확인시켜 주는 행위에 지나지 아니하는 것이므로 신뢰의 원칙이 적용될 수 없고 취소권은 시효로 소멸하지 않는다. 기출
④ 지방소방사시보 발령을 취소한다고만 기재되어 있는 인사발령통지서에 정규공무원인 지방소방사 임용행위까지 취소한다는 취지가 포함되어 있다고 볼 수 없다(시보임용과 정규공무원임용은 별개 임용행위) 기출
⑤ 임용결격자가 공무원으로 임용되어 사실상 근무하여 왔다고 하더라도 「공무원연금법」 소정의 퇴직급여 등을 청구할 수 없다. 기출
⑥ 당연퇴직사유에 해당되어 공무원으로서의 신분을 상실한 자가 그 이후 사실상 공무원으로 계속 근무하여 왔다고 하더라도 당연퇴직 후의 사실상의 근무기간은 「공무원연금법」상의 재직기간에 합산될 수 없다. 기출

2. 공무원관계의 변경

(1) 변경 원인

원인	내용	
승진	동일한 직렬 안에서 하위직급에서 상위직급으로 임용되는 것	
전직 등	전직	직렬을 달리하는 임명. 전직시험을 거쳐야 함
	전보	같은 직급 내에서의 보직변경
	전입	서로 다른 기관 소속공무원을 임용하는 것. 시험을 거쳐야 함
휴직	공무원의 신분은 보유하나 직무에 종사하지 못하는 것. 직권휴직과 의원휴직이 있음	
직위해제	공무원에게 직무수행을 계속하게 할 수 없는 사유가 발생한 경우, 공무원의 신분은 보유하나 보직을 해제하여 직무담당을 하지 못하게 하는 것	
강임	같은 직렬 내에서 하위직급에 임명하거나 하위직급이 없어 다른 직렬의 하위직급으로 임명하는 것	
복직	휴직, 직위해제 중에 있는 공무원을 본래의 직위에 복귀시키는 것	
징계	파면(소멸), 해임(소멸), 강등, 정직, 감봉, 견책	

(2) 직위해제

사유	① 직무수행 능력이 부족하거나 근무성적이 극히 나쁜 자 ② 파면·해임·강등 또는 정직에 해당하는 징계의결이 요구 중인 자[징계의결까지(판례)] ③ 형사 사건으로 기소된 자(약식명령이 청구된 자는 제외) ④ 고위공무원단에 속하는 일반직 공무원으로서 적격심사를 요구받은 자 ⑤ 금품비위, 성범죄 등 대통령령으로 정하는 비위행위로 인하여 감사원 및 검찰·경찰 등 수사기관에서 조사나 수사 중인 자로서 비위의 정도가 중대하고 이로 인하여 정상적인 업무수행을 기대하기 현저히 어려운 자
일반적 성격	① 직위해제처분은 재량행위 ② 직위해제는 잠정적인 조치로서의 보직의 해제를 의미하므로 징벌적 제재로서의 징계와는 성질이 다름^{기출} ③ 직위해제처분 후 파면처분을 한 경우 직위해제처분은 효력을 상실 ④ 직위해제 중인 자에 대해 동일한 사유로 다시 직권면직 또는 징계처분을 하여도 일사부재리의 원칙에 위반되지 않음^{기출} ⑤ 직위해제처분과 직권면직처분 사이에는 하자의 승계가 부정

3. 공무원관계의 소멸

당연퇴직	의의			일정한 사유의 발생으로 당연히 공무원관계가 소멸
	사유			① 임용 후 공무원임용결격사유의 하나에 해당한 때^{기출} ② 공무원의 임기만료 ③ 공무원의 사망 ④ 공무원이 정년에 달한 때
	퇴직인사발령			처분(×)
면직	의원면직			사직서제출에 의한 면직
	강제면직	징계면직		파면, 해임
		직권면직	의의	파면, 해임 이외의 강제면직
			사유	① 직제와 정원의 개폐 또는 예산의 감소 등에 따라 폐직(廢職) 또는 과원(過員)이 되었을 때 ② 휴직 기간이 끝나거나 휴직 사유가 소멸된 후에도 직무에 복귀하지 아니하거나 직무를 감당할 수 없을 때 ③ 대기 명령을 받은 자가 그 기간에 능력 또는 근무성적의 향상을 기대하기 어렵다고 인정된 때

			④ 전직시험에서 세 번 이상 불합격한 자로서 직무수행 능력이 부족하다고 인정된 때
			⑤ 병역판정검사·입영 또는 소집의 명령을 받고 정당한 사유 없이 이를 기피하거나 군복무를 위하여 휴직 중에 있는 자가 군복무 중 군무(軍務)를 이탈하였을 때
			⑥ 해당 직급·직위에서 직무를 수행하는 데 필요한 자격증의 효력이 없어지거나 면허가 취소되어 담당 직무를 수행할 수 없게 된 때
			⑦ 고위공무원단에 속하는 공무원이 제70조의2에 따른 적격심사 결과 부적격 결정을 받은 때

03 불이익처분에 대한 구제

1. 처분사유설명서

공무원에 대하여 징계처분 등을 할 때나 강임·휴직·직위해제 또는 면직처분을 할 때에는 그 처분권자 또는 처분제청권자는 처분사유를 적은 설명서를 교부하여야 한다. 다만, 본인의 원(願)에 따른 강임·휴직 또는 면직처분은 그러하지 아니하다.

2. 고충심사청구

공무원은 누구나 인사·조직·처우 등 각종 직무 조건과 그 밖의 신상 문제에 대하여 인사상담이나 고충 심사를 청구할 수 있으며, 이를 이유로 불이익한 처분이나 대우를 받지 아니한다.

3. 소청심사

사유	징계·강임·휴직·직위해제 또는 면직처분, 기타 불리한 처분	
심사기관	① 국무총리 소속의 인사혁신처에 소청심사위원회 [기출] ② 국회사무처, 법원행정처, 헌법재판소사무처 및 중앙선거관리위원회사무처에 각각 해당 소청심사위원회	
소청절차	심사청구	처분이 있은 것을 안 날부터 30일 이내 심사청구
	소청심사	의견진술기회를 주지 않은 소청결정은 무효[취소(×)] [기출]

결정	① 재적 위원 3분의 2 이상의 출석과 출석 위원 과반수의 합의
	② 파면·해임·강등 또는 정직에 해당하는 징계처분을 취소 또는 변경하려는 경우와 효력 유무 또는 존재 여부에 대한 확인을 하려는 경우에는 재적 위원 3분의 2 이상의 출석과 출석 위원 3분의 2 이상의 합의
	③ 의견이 나뉠 경우에는 출석 위원 과반수에 이를 때까지 소청인에게 가장 불리한 의견에 차례로 유리한 의견을 더하여 그중 가장 유리한 의견을 합의된 의견으로 봄

4. 행정소송

① 소청심사위원회의 심사·결정을 반드시 거쳐야 한다(필수적 행정심판전치). [기출]
② 대통령의 처분 또는 부작위의 경우에는 소속장관을 피고로 한다.

공무원의 권리 · 의무

01 공무원의 권리

신분상 권리	① 신분보유권 · 직위보유권(1급 공무원, 시보 임용 중인 공무원, 특수경력직 공무원은 신분보장이 인정되지 않음), ② 직무집행권 · 직명사용권 · 제복착용권, ③ 고충심사청구권, ④ 직장협의회설립 · 운영권, ⑤ 노동조합설립 · 운영권 등
재산상 권리	① 보수청구권(국가예산에 계상되어 있어야 함) ^{기출}, ② 연금청구권, ③ 실비변상청구권

02 공무원의 의무

1. 일반적 의무

선서의무	공무원은 취임할 때에 소속 기관장 앞에서 선서해야 함
성실의무	모든 공무원은 성실히 직무를 수행해야 함 ^{기출}
품위유지의무	① 공무원은 직무의 내외를 불문하고 그 품위가 손상되는 행위를 해서는 안 됨 ② 국가공무원으로 임용되기 전의 행위라도 이로 인하여 임용 후의 공무원의 체면 또는 위신을 손상하게 된 경우에는 품위유지의무의 위반이 됨
청렴의무	공무원은 직무와 관련하여 직접적이든 간접적이든 사례, 증여 또는 향응을 주거나 받을 수 없음

2. 직무상 의무

법령준수의무	공무원은 법령을 준수할 의무를 짐
복종의무	① 형식적 요건이 결여된 경우 이를 심사하고 거부할 수 있음 ② 실질적 요건에 대해서는 위법이 명백한 직무명령에 대해서는 복종의무가 없고, 명백하지 않은 경우 복종의무가 있음 ^{기출}
직무전념의무	① **직장이탈금지의무**: 공무원은 소속 상관의 허가 또는 정당한 사유가 없으면 직장을 이탈하지 못함 ② **영리업무 및 겸직의 금지**: 공무원은 공무 외에 영리를 목적으로 하는 업무에 종사하지 못하며 소속 기관장의 허가 없이 다른 직무를 겸할 수 없음(「국가공무원법」 제64조 제1항)

종교중립의무	종료중립의무에 위배되는 직무상 명령을 한 경우에는 이에 따르지 아니할 수 있음
친절·공정의무	공무원은 국민 전체의 봉사자로서 친절하고 공정하게 직무를 수행해야 함
비밀엄수의무	① 공무원은 재직 중은 물론 퇴직 후에도 직무상 알게 된 비밀을 엄수해야 함(「국가공무원법」 제60조) ② 비밀은 행정기관이 비밀이라고 형식적으로 정한 것에 따를 것이 아니라 실질적으로 비밀로서 보호할 가치가 있는지를 기준으로 함(대판 1996. 10. 11. 94누7171)
영예의 제한	공무원이 외국 정부로부터 영예나 증여를 받을 경우에는 대통령의 허가를 받아야 함(「국가공무원법」 제62조)
정치운동의 금지	① 공무원은 정당이나 그 밖의 정치단체의 결성에 관여하거나 이에 가입할 수 없음 ② 공무원은 선거에서 특정 정당 또는 특정인을 지지 또는 반대하기 위한 다음의 행위를 해서는 안 됨
집단행위의 금지	① 공무원은 노동운동이나 그 밖에 공무 외의 일을 위한 집단 행위를 하여서는 아니 된다. 다만, 사실상 노무에 종사하는 공무원은 예외로 함(「국가공무원법」 제66조) ① 공무 외의 일을 위한 집단 행위는 단체의 결성단계에는 이르지 아니한 상태에서의 행위를 말함

03 공무원의 책임

1. 징계책임

징계원인			① 고의·과실 불요 ② 감독의무를 해태한 감독자도 책임 ③ 임용 전 행위도 징계사유 가능	
종류와 내용	중징계 기출	파면	신분박탈·연금지급(×)	5년간 임용(×) 기출
		해임	신분박탈·연금지급(○)	3년간 임용결격(×) 기출
		강등	직급 1계급 강등, 3월간 직무정지, 보수 전액 감액	승진 및 승급제한
	경징계 기출	정직	1월 이상~3월 이하 직무정지, 보수 전액 감액	
		감봉	1월 이상~3월 이하 보수 1/3 감액	
		견책	훈계, 회개	

징계권자	① 원칙적 징계위원회가 설치된 소속 기관장 ② 파면과 해임은 임용권자나 임용권을 위임한 상급 감독기관의 장	
징계절차	징계의결요구	공무원이 징계사유에 해당하는 것이 명백할 때에는 징계의결을 반드시 요구
	의결시효	① 징계 등의 사유가 발생한 날부터 3년 ② 금품 및 향응 수수, 공금의 횡령·유용의 경우 5년 ③ 성범죄·성희롱의 경우 10년
	의견진술	① 출석하여 의견을 진술하거나 서면으로 의견을 진술 ② 중징계 등 요구사건의 경우에는 특별한 사유가 없는 한 징계위원회에 출석하여 의견을 진술
	절차중단	① 감사원에서 조사 중인 사건에 대하여는 조사개시 통보를 받은 날부터 징계의결의 요구나 그 밖의 징계절차를 진행하지 못함 ② 검찰·경찰 그 밖의 수사기관에서 수사 중인 사건에 대하여는 수사개시 통보를 받은 날부터 징계의결의 요구나 그 밖의 징계절차를 진행하지 아니할 수 있음 ^{기출}
	집행	징계의결서를 받은 날로부터 15일 이내에 징계처분사유설명서를 교부하여 이를 집행
구제	① 소청심사(필수) → 항고소송 ^{기출} ② 징계처분권자는 소청심사위원회 또는 법원에서 징계처분 등의 무효 또는 취소의 결정이나 판결을 받은 경우에는 다시 징계의결 또는 징계부가금 부과의결을 요구하여야 함	

2. 변상책임

(1) 「국가배상법」에 의한 구상책임

「국가배상법」상 국가가 손해를 배상한 경우, 공무원에게 고의·중과실이 있거나 그 손해의 원인에 대한 책임이 있을 때 국가는 공무원에게 구상할 수 있다.

(2) 회계관계직원 등의 변상책임

「회계관계직원 등의 책임에 관한 법률」 등에 의해 변상책임이 있다.

12 경찰조직과 작용의 개념

01 경찰의 개념

1. 형식적 의미의 경찰과 실질적 의미의 경찰

형식적 의미의 경찰	① 실정법상 보통경찰기관의 권한으로 되어 있는 모든 작용 ② 실질적 의미의 경찰 외에 범죄수사로서의 사법경찰이 포함
실질적 의미의 경찰	① 공공의 안녕과 사회질서를 유지하기 위하여 개인에게 명령·강제하는 작용(행정경찰) ② 보안경찰과 협의의 행정경찰로 구분

2. 보안경찰과 협의의 행정경찰

보안경찰	① 다른 종류의 행정작용에 부수하지 아니하고 독립적으로 행하여지는 행정경찰 ② 일반경찰기관이 수행하는 행정경찰이 이에 속함(예 교통경찰, 정보경찰, 소방경찰, 해양경찰, 풍속경찰)
협의의 행정경찰	다른 행정작용을 수행하는 행정기관에 의해 부수적으로 행해지는 행정경찰(예 위생경찰, 건축경찰, 철도경찰 등)

3. 국가경찰과 자치경찰

(I) 조직법상 구별

국가경찰	조직법상 국가에 속해 있는 경찰
자치경찰	① 지방자치단체에 속한 경찰 ② 우리나라는 자치경찰사무를 국가경찰조직인 시·도경찰청과 경찰서장 및 경찰공무원이 수행

(2) 작용법상 구별

국가경찰	① 국민의 생명·신체 및 재산의 보호 ② 범죄의 예방·진압 및 수사 ③ 범죄피해자 보호 ④ 경비·요인경호 및 대간첩·대테러 작전 수행 ⑤ 공공안녕에 대한 위험의 예방과 대응을 위한 정보의 수집·작성 및 배포 ⑥ 교통의 단속과 위해의 방지 ⑦ 외국 정부기관 및 국제기구와의 국제협력 ⑧ 그 밖에 공공의 안녕과 질서유지
자치경찰	관할 지역의 생활안전·교통·경비·수사 등에 관한 사무

02 경찰기관의 종류

1. 보통경찰기관

보통경찰관청	경찰청장, 지방경찰청장, 경찰서장 등
경찰위원회	① 국가경찰위원회와 시·도경찰위원회 ② 경찰행정의 중요사항에 대해 심의·의결
집행기관	① 경찰공무원 ② 경찰공무원이 사법경찰에 관한 사무를 수행하는 경우 '사법경찰관리'

2. 협의의 행정경찰기관

협의의 행정경찰관청	① 협의의 행정경찰을 감당하는 중앙행정기관장 ② 지방자치단체의 장에게 기관위임된 사무의 경우 당해 지방자치단체장
협의의 행정경찰집행기관	협의의 행정경찰관청의 집행권한 있는 소속 공무원

13 경찰권의 발동의 요건과 한계

01 경찰권발동의 요건

공공의 안녕·질서에 대한 위해의 존재	공공의 안녕	국가의 법질서와 공공시설 및 개인의 생명·신체·재산·자유·명예 등에 대해 어떠한 침해가 없는 상태
	공공의 질서	통상적인 사회·윤리개념상 그 준수가 사회에서 공동생활을 위해 불가결한 것으로 인정되는 불문규범의 총체
	위해의 존재	위험과 장해
위해를 예방·제거할 필요		위해를 예방하거나 제거할 필요를 판단에 재량

02 일반원칙상 한계 기출

경찰소극의 원칙		① 사회공공의 안녕·질서에 대한 위해의 방지·제거라는 소극적 목적을 위해서만 발동 ② 공공복리라는 적극적 목적을 위해서는 발동 불가
경찰공공의 원칙		① 사생활불가침의 원칙, 사주소불가침의 원칙, 민사관계불가침의 원칙 ② 사적 생활의 한계를 넘어 사회질서유지나 공공의 안전에 중대한 위해가 발생되는 경우에는 경찰권 발동 가능
경찰책임의 원칙	행위책임	① 자신의 행위 또는 자신의 보호·감독하에 있는 자의 행위로 인하여 공공의 안녕과 질서에 대한 위해가 발생 ② 고의·과실 불문 기출 ③ 성년·미성년, 외국인 불문 기출 ④ 행위능력 유무 불문 기출 ⑤ 책임의 승계 부정
	상태책임	① 물건·동물로부터 위해발생 기출 ② 소유자 외에 현실적인 지배권을 가지고 있는 자에게 그 부담이 귀속 ③ 책임의 승계 긍정

	혼합책임	① 위해가 다수인의 행위 또는 다수인이 지배하는 물건의 상태에 기인 ② 행위책임과 상태책임의 중복에 기인 ③ 가장 신속하고 효과적으로 제거할 수 있는 사람에 대하여 경찰권을 발동
	경찰긴급권	① 경찰책임자 외의 제3자에게 경찰권 발동 ^{기출} ② 긴급한 위해, 경찰 스스로는 위해의 제거가 불가능할 것
경찰비례의 원칙	최소침해의 원칙	

03 「경찰관 직무집행법」상 경찰권

1. 불심검문 및 임의동행

불심검문		① 수상한 행동이나 그 밖의 주위 사정을 합리적으로 판단하여 볼 때 어떠한 죄를 범하였거나 범하려 하고 있다고 의심할 만한 상당한 이유가 있는 사람 ^{기출} ② 이미 행하여진 범죄나 행하여지려고 하는 범죄행위에 관한 사실을 안다고 인정되는 사람
흉기소지조사		질문 시 흉기소지 조사 가능 ^{기출}
임의동행	대상	불심검문의 대상자를 정지시킨 장소에서 질문을 하는 것이 그 사람에게 불리하거나 교통에 방해가 된다고 인정될 때 ^{기출}
	방법	가까운 경찰서·지구대·파출소 또는 출장소로 동행요구, 동행요구는 거절 가능[강제성(×)] ^{기출}
	통지의무	① 동행한 사람의 가족이나 친지 등에게 동행한 경찰관의 신분, 동행 장소, 동행 목적과 이유를 통지 ② 본인으로 하여금 즉시 연락할 수 있는 기회 제공 ③ 변호인의 도움을 받을 권리 고지
	제한	① 6시간을 초과하여 경찰관서에 머물게 할 수 없음 ^{기출} ② 상대방은 6시간 전이라도 퇴거 가능

2. 보호조치

대상자		① 정신착란을 일으키거나 술에 취하여 자신 또는 다른 사람의 생명·신체·재산에 위해를 끼칠 우려가 있는 사람 ^{기출} ② 자살을 시도하는 사람 ^{기출} ③ 미아, 병자, 부상자 등으로서 적당한 보호자가 없으며 응급구호가 필요하다고 인정되는 사람(본인이 구호를 거절하는 경우는 제외) ^{기출}
작용의 내용	보호조치	① 보건의료기관이나 공공구호기관에 긴급구호를 요청 ② 경찰관서에 보호하는 등 적절한 조치[24시간 초과(×)]
	요청거부 금지	긴급구호를 요청받은 보건의료기관이나 공공구호기관은 정당한 이유 없이 긴급구호를 거절할 수 없음
	물건영치	구호대상자가 휴대하고 있는 무기·흉기 등 위험을 일으킬 수 있는 것으로 인정되는 물건을 경찰관서에 임시로 영치(領置)[10일 초과 (×)] ^{기출}
	가족 등에 통지 등	① 구호대상자의 가족, 친지 또는 그 밖의 연고자에게 통지 ② 연고자가 발견되지 아니할 때에는 구호대상자를 적당한 공공보건의료기관이나 공공구호기관에 즉시 인계
	경찰관의 보고	① 경찰관은 구호대상자를 공공보건의료기관이나 공공구호기관에 인계하였을 때에는 즉시 그 사실을 소속 경찰서장이나 해양경찰서장에게 보고 ② 보고를 받은 소속 경찰서장이나 해양경찰서장은 구호대상자를 인계한 사실을 지체 없이 해당 공공보건의료기관 또는 공공구호기관의 장 및 그 감독행정청에 통보

3. 위험 발생의 방지 등

사유		사람의 생명 또는 신체에 위해를 끼치거나 재산에 중대한 손해를 끼칠 우려가 있는 천재(天災), 사변(事變), 인공구조물의 파손이나 붕괴, 교통사고, 위험물의 폭발, 위험한 동물 등의 출현, 극도의 혼잡, 그 밖의 위험한 사태가 있을 때 ^{기출}
작용의 내용	방지조치	① 그 장소에 모인 사람, 사물(事物)의 관리자, 그 밖의 관계인에게 필요한 경고를 하는 것 ② 매우 긴급한 경우에는 위해를 입을 우려가 있는 사람을 필요한 한도에서 억류하거나 피난시키는 것 ③ 그 장소에 있는 사람, 사물의 관리자, 그 밖의 관계인에게 위해를 방지하기 위하여 필요하다고 인정되는 조치를 하게 하거나 직접 그 조치를 하는 것

	보고	① 경찰관은 방지조치를 하였을 때에는 지체 없이 그 사실을 소속 경찰관서의 장에게 보고 ② 보고를 받은 경찰관서의 장은 관계 기관의 협조를 구하는 등 적절한 조치
대간첩 작전 시 통제		경찰관서의 장은 대간첩 작전의 수행이나 소요(騷擾) 사태의 진압을 위하여 필요하다고 인정되는 상당한 이유가 있을 때에는 대간첩 작전지역이나 경찰관서·무기고 등 국가중요시설에 대한 접근 또는 통행을 제한·금지

4. 범죄의 예방과 제지

범죄 예방	범죄행위가 목전(目前)에 행하여지려고 하고 있다고 인정될 때에는 이를 예방하기 위하여 관계인에게 필요한 경고
범죄 제지	그 행위로 인하여 사람의 생명·신체에 위해를 끼치거나 재산에 중대한 손해를 끼칠 우려가 있는 긴급한 경우에는 그 행위를 제지

5. 위험방지를 위한 출입

사유	위험한 사태가 발생하여 사람의 생명·신체 또는 재산에 대한 위해가 임박한 때
출입	다른 사람의 토지·건물·배 또는 차에 출입
출입요구	① 흥행장(興行場), 여관, 음식점, 역, 그 밖에 많은 사람이 출입하는 장소 ② 관리자나 그에 준하는 관계인은 해당 장소의 영업시간이나 해당 장소가 일반인에게 공개된 시간에 그 장소에 출입하겠다고 요구하면 정당한 이유 없이 그 요구를 거절할 수 없음
검색	① 흥행장(興行場), 여관, 음식점, 역, 그 밖에 많은 사람이 출입하는 장소 ② 대간첩 작전 수행에 필요할 때 검색
증표제시 등	① 경찰관은 필요한 장소에 출입할 때에는 그 신분을 표시하는 증표를 제시 ② 함부로 관계인이 하는 정당한 업무를 방해해서는 안 됨

6. 사실의 확인 등

사유	① 경찰관서의 장 ② 직무수행에 필요하다고 인정되는 상당한 이유가 있을 때
조회	① 국가기관이나 공사(公私) 단체 등에 직무수행에 관련된 사실을 조회 가능 ② 긴급한 경우에는 소속 경찰관으로 하여금 현장에 나가 해당 기관 또는 단체의 장의 협조를 받아 그 사실을 확인
출석요구	**사유** ^{기출} ① 미아를 인수할 보호자 확인 ② 유실물을 인수할 권리자 확인 ③ 사고로 인한 사상자(死傷者) 확인 ④ 행정처분을 위한 교통사고 조사에 필요한 사실 확인
	절차 관계인에게 출석하여야 하는 사유·일시 및 장소를 명확히 적은 출석요구서 발송하고 출석요구

7. 정보의 수집 등

사유	① 경찰관 ② 범죄·재난·공공갈등 등 공공안녕에 대한 위험의 예방과 대응을 위해
방법	정보의 수집·작성·배포와 이에 수반되는 사실의 확인
검색	① 흥행장(興行場), 여관, 음식점, 역, 그 밖에 많은 사람이 출입하는 장소 ② 대간첩 작전 수행에 필요할 때 검색
증표제시 등	① 경찰관은 필요한 장소에 출입할 때에는 그 신분을 표시하는 증표를 제시 ② 함부로 관계인이 하는 정당한 업무를 방해해서는 안 됨

04 「경찰관 직무집행법」상 장비 · 장구 · 무기 사용

1. 경찰장비의 사용 등

사유	① 경찰관 ② 직무수행 중 ③ 사람의 생명이나 신체에 위해를 끼칠 수 있는 경찰장비(위해성 경찰장비)를 사용할 때에는 필요한 안전교육과 안전검사를 받은 후 사용
경찰장비	무기, 경찰장구(警察裝具), 최루제(催淚劑)와 그 발사장치, 살수차, 감식기구(鑑識機具), 해안 감시기구, 통신기기, 차량 · 선박 · 항공기 등 경찰이 직무를 수행할 때 필요한 장치와 기구
한계	**개조 등 금지** 경찰장비를 함부로 개조하거나 경찰장비에 임의의 장비를 부착하여 일반적인 사용법과 달리 사용함으로써 다른 사람의 생명 · 신체에 위해를 끼쳐서는 안 됨
	비례원칙 위해성 경찰장비는 필요한 최소한도에서 사용
안전성 검사	① 경찰청장 ② 위해성 경찰장비를 새로 도입하려는 경우에는 안전성 검사를 실시하여 그 안전성 검사의 결과보고서를 국회 소관 상임위원회에 제출 ③ 안전성 검사에는 외부 전문가를 참여시켜야 함

2. 경찰장구의 사용

사유	① 현행범이나 사형 · 무기 또는 장기 3년 이상의 징역이나 금고에 해당하는 죄를 범한 범인의 체포 또는 도주 방지 ② 자신이나 다른 사람의 생명 · 신체의 방어 및 보호 ③ 공무집행에 대한 항거(抗拒) 제지
경찰장구	경찰관이 휴대하여 범인 검거와 범죄 진압 등의 직무수행에 사용하는 수갑, 포승(捕繩), 경찰봉, 방패 등 ^{기출}
한계	필요하다고 인정되는 상당한 이유가 있을 때 → 그 사태를 합리적으로 판단하여 필요한 한도에서 사용

3. 분사기 등의 사용

사유	① 범인의 체포 또는 범인의 도주 방지 ② 불법집회·시위로 인한 자신이나 다른 사람의 생명·신체와 재산 및 공공시설 안전에 대한 현저한 위해의 발생 억제
분사기와 최루탄	① 분사기 − 사람의 활동을 일시적으로 곤란하게 하는 최루(催涙) 또는 질식 등을 유발하는 작용제를 분사할 수 있는 기기 ② 최루탄
한계	부득이한 경우에는 현장책임자가 판단하여 필요한 최소한의 범위

4. 무기 등의 사용

사유		범인의 체포, 범인의 도주 방지, 자신이나 다른 사람의 생명·신체의 방어 및 보호, 공무집행에 대한 항거의 제지
사용	무기사용	사람의 생명이나 신체에 위해를 끼칠 수 있도록 제작된 권총·소총·도검 등
	공용화기	대간첩·대테러 작전 등 국가안전에 관련되는 작전을 수행할 때 ^{기출}
위해발생의 정당화	정당방위 등	무기 등 사용이 정당방위와 긴급피난에 해당할 때
	항거·도주	① 사형·무기 또는 장기 3년 이상의 징역이나 금고에 해당하는 죄를 범하였거나 의심할 충분한 이유가 있는 자 ② 체포·구속영장과 압수·수색영장을 집행하는 과정에서 경찰관의 직무집행에 항거하거나 도주 ③ 사람을 도주시키려고 경찰관에게 항거할 때 ④ 범인이나 소요를 일으킨 사람이 무기·흉기 등 위험한 물건을 지니고 경찰관으로부터 3회 이상 물건을 버리라는 명령이나 항복하라는 명령을 받고도 따르지 아니하면서 계속 항거
	대간첩 작전 수행	무장간첩이 항복하라는 경찰관의 명령을 받고도 따르지 아니할 때

14 공물일반

01 공물의 개념과 분류

1. 공물의 개념적 징표

'직접적' 공공목적	직접 공공목적에 제공된다는 점에서 일반재산과 같은 재정재산은 제외
'공공목적'에 제공	① 일반공중의 사용을 위해 제공 ② 행정주체의 고유한 사무를 위해 제공된 것
'행정주체'에 의해 제공	① 사실상 공공목적에 제공된 물건이라도 그에 대한 처분권이 전적으로 사인에게 있다면 이는 공물이 아님 ② 행정주체가 반드시 소유권을 가져야만 공물로 성립할 수 있는 것은 아님(사유공물 인정)
무체물	무체물도 공물에 포함시키는 것이 다수설

2. 공물의 분류

목적에 의한 분류	공공용물	일반공중의 사용에 제공된 공물(예 도로·하천·공원 등) 기출
	공용물	직접 행정주체 자신의 사용에 제공된 공물(예 관공서 청사) 기출
	보존공물	공공목적을 위하여 그 물건의 보존이 강제되는 공물(예 「문화재 보호법」상 문화재, 「산림법」상 보안림)
소유권자에 따른 분류	국유공물	국가가 소유권자인 공물 기출
	공유공물	지방자치단체가 소유권자인 공물 기출
	사유공물	사인이 소유권자인 공물
소유주체와 관리주체의 일치 여부	자유공물	공물의 귀속주체와 관리주체가 일치하는 공물 기출
	타유공물	공물의 관리주체와 공물의 귀속주체가 다른 공물 기출
공물의 성립과정의 차이	자연공물	자연상태로 공적 목적에 제공되는 공물(예 하천, 해안, 해변, 갯벌)
	인공공물	인공을 가하여 공적 목적에 제공되는 공물(예 도로, 공원 등) 기출
물건의 성질에 따른 분류	부동산 공물	공물이 부동산인 경우(예 관공서 청사)
	동산공물	공물이 동산인 경우(예 경찰견, 국립도서관의 도서 등) 기출

규율법률의 존재 여부	법정공물	법률에 의해 규율되고 있는 공물
	법정외공물	공물관계법률에 의해 규율되고 있지 않는 공물
예정공물		장래 공물이 될 것이 예정되어 있는 공물, 공물이 아니므로 공물법의 적용대상이 되지 않지만 공물법의 일부를 준용하는 경우가 많음(⑩ 공원예정지 등)

3. 「국유재산법」상 국유재산의 종류

행정재산	공용재산	국가가 직접 사무용·사업용 또는 공무원의 주거용(직무 수행을 위하여 필요한 경우로 한정)으로 사용하거나 사용하기로 결정한 재산
	공공용재산	국가가 직접 공공용으로 사용하거나 대통령령으로 정하는 기한까지 사용하기로 결정한 재산
	기업용재산	정부기업이 직접 사무용·사업용 또는 그 기업에 종사하는 직원의 주거용(직무수행을 위하여 필요한 경우로 한정)으로 사용하거나 사용하기로 결정한 재산
	보존용재산	법령이나 그 밖의 필요에 따라 국가가 보존하는 재산
일반재산		행정재산 외의 모든 국유재산

02 행정재산에 대한 제한

1. 처분제한

원칙		① 행정재산은 처분 금지 기출 ② 용도폐지 후 처분 가능
「국유재산법」		행정재산은 처분하지 못함
	교환·양여 가능	① 공유(公有) 또는 사유재산과 교환하여 그 교환받은 재산을 행정재산으로 관리하려는 경우 ② 대통령령으로 정하는 행정재산을 직접 공용이나 공공용으로 사용하려는 지방자치단체에 양여하는 경우

2. 사권설정의 제한

「국유재산법」	취득	① 사권(私權)이 설정된 재산은 그 사권이 소멸된 후가 아니면 국유재산으로 취득하지 못함 ② 판결에 따라 취득하는 경우는 가능
	사권설정 금지	① 국유재산(행정재산)에는 사권을 설정하지 못함 ^{기출} ② 일반재산은 가능

3. 강제집행의 제한

국유공물	「민사소송법」에 의한 강제집행(×) ^{기출}
사유공물	「민사소송법」에 의한 강제집행(○)

4. 취득시효의 제한

행정재산	① 사인의 취득시효(×) ② 공용폐지 된 경우 취득시효(○) ③ 공용폐지의 명시적·묵시적 의사표시가 있어야 함(취득시효를 주장하는 자가 입증) ^{기출}
사유공물	사인의 취득시효(○)

15 공물의 성립과 소멸 등

01 공물의 성립

공공용물	자연공물	행정주체의 특별한 의사표시(×)	
	인공공물	형체적 요소	일반공중의 이용목적에 제공될 수 있는 구조
		의사적 요소	공용개시
공용물	① 행정주체가 사실상 사용할 수 있는 형태적 요소만 갖추면 공물로서 성립 ② 공용지정(×)		
보존공물	형태적 요소와 공용지정이 있어야 함		

02 공물의 소멸

공공용물	자연공물	① 공물로서 성질 상실 ② 공용폐지의 의사표시(○) 기출
	인공공물	① 형체적 요소가 멸실 ② 공용폐지의 의사표시(○)
공용물	공용폐지의 의사표시(○)	
보존공물	지정해제의 의사표시(○)	

03 공물의 관리와 공물경찰

구분	공물관리	공물경찰
목적	적극적 공물 본래의 목적 달성	소극적 공물사용관계상 질서유지
권력적 기초	공물관리권	일반경찰권
발동범위	공물의 계속적 독점적 사용권 설정	일시적 허가
강제수단	사용관계에서 배제	행정벌 또는 강제집행

16 공물의 사용관계

01 사용관계

1. 일반사용

공공용물	일반사용	① 공물의 그 본래의 용도대로 타인의 공동이용을 방해하지 아니하는 한도에서 자유로이 사용[사용료 납부(×)] 기출 ② 공물의 용도·폐지를 다툴 법률상 이익(×)
	고양된 일반사용	① 도로 등이 생활상 도구로 밀접하게 관련된 사람인 인접주민에 대해서는 일반인의 일반사용권을 넘어선 고양된 일반사용권이 인정(구체적 공물을 사용하고 있어야 함) 기출 ② 공물의 용도·폐지를 다툴 법률상 이익(○)
공용물		본래의 목적을 방해하지 아니하는 범위 내에서 예외적으로 일반사용이 허용

2. 허가사용과 특허사용

구분	허가사용	특허사용
의의	일반적 사용금지의 해제	특별한 공물사용의 권리를 설정
성질	기속행위	재량행위
내용	일시적 사용	기간 동안 계속적 사용(행정재산 5년) 기출
권리의 성질	반사적 이익	도로·하천 점용권[채권적, 배타적(×)] 기출, 광업권·어업권[물권적, 배타적(×)]

3. 관습법상 특별사용

판례상 용수권이나 입어권에 관해 인정되며, 관습법상의 특별사용도 권리로서의 성질을 인정한다.

02 행정재산의 목적 외 사용

의의	행정재산을 그 용도 또는 목적에 장애가 되지 않는 범위 내에서 행정재산에 대해 사용 또는 수익을 허가하는 것(예 관공서건물의 일부에서의 매점허가)
법적 성질	판례는 행정재산의 사용·수익허가와 동일하게 강학상 특허로 인정, 사용권을 근거로 전대하는 행위는 사법상 임대차계약으로 봄

17 공용부담의 관계

01 공용부담의 분류

1. 인적 부담

부담금	특정 공익사업과 특별한 이해관계에 있는 자에 대하여 그 사업에 필요한 경비의 전부 또는 일부를 부담시키기 위해 과하는 공법상 금전급부의무
부역·현품	특정 공익사업의 수요를 충족시키기 위하여 노역 또는 물품과 금전과의 선택적 급부의무를 내용으로 하는 것. 노역과 금전과의 선택적 급부를 부역이라 함
노역·물품	특정한 공익사업을 위하여 필요한 노역 또는 물품 그 자체를 급부할 의무. 금전과의 선택적 급부는 불가
시설부담	공익사업과 특별한 관계에 있는 사람 또는 우발적으로 그 수요를 충족시킬 수 있는 지위에 있는 사람에게 과하여지는 공사 기타 일정한 시설을 할 공법상 의무
부작위부담	특정 공익사업을 위하여 일정한 부작위의무를 과하는 인적 공용부담

2. 물적 부담

공용제한	특정한 재산권에 가해지는 공법상의 제한
공용수용	타인의 토지 등의 재산권을 강제적으로 취득하는 것
공용환지	특정 토지에 관한 소유권 등 기타의 권리를 강제적으로 교환·분합하는 것
공용환권	일정한 지구 내의 토지의 구획·형질을 변경하여 권리자의 의사를 불문하고 종전의 토지·건축물에 관한 권리를 토지정리 후에 새로 건축된 건축물 및 토지에 관한 권리로 강제로 변환

02 공용수용

1. 공용수용의 절차(「공익사업을 위한 토지 등의 취득 및 보상에 관한 법률」)

사업인정	성질	① 수용권이 부여되는 설권적 처분 기출 ② 관보에 고시
	효력발생	고시한 날부터 그 효력이 발생 기출
	실효 기출	① 사업시행자가 사업인정의 고시일부터 1년 이내에 토지수용위원회에 대한 재결을 신청하지 아니할 때 ② 사업인정의 고시 후 그 사업의 전부 또는 일부를 폐지·변경함으로써 토지수용의 필요가 없게 된 경우, 고시해야 효력발생

⇩

토지·물건의 조서작성	토지소유자 및 관계인을 입회시켜 서명날인

⇩

협의	① 협의는 필수절차 ② 협의취득은 사법상 계약 기출

⇩

재결	협의가 되지 않는 경우 토지수용위원회가 재결로 수용

2. 환매권

의의		공용수용의 목적물이 당해 공익사업에 불필요하게 되었을 때, 원래의 피수용자가 일정한 요건하에 다시 그것을 매수하여 소유권을 회복할 수 있는 권리
성질		판례는 사권설
환매권자		협의취득일 또는 수용 당시에 당해 토지의 소유자 또는 그 포괄승계인
목적물		토지 소유권, 토지에 관한 소유권 이외의 권리 및 토지 이외의 물건은 환매의 대상(×)
행사기간	10년 이내	① 사업의 폐지·변경으로 취득한 토지의 전부 또는 일부가 필요 없게 된 경우: 관계 법률에 따라 사업이 폐지·변경된 날 또는 제24조에 따른 사업의 폐지·변경 고시가 있는 날 ② 그 밖의 사유로 취득한 토지의 전부 또는 일부가 필요 없게 된 경우: 사업완료일
	취득일로부터 6년 이내	취득일부터 5년 이내에 취득한 토지의 전부를 해당 사업에 이용하지 아니하였을 때
환매대금		토지 및 토지에 관한 물건 이외의 권리에 대해 지급한 보상금에 상당한 금액

통지의무	① 사업시행자는 환매할 토지가 생겼을 때에는 지체 없이 이를 환매권자에게 통지 ② 사업시행자가 과실 없이 환매권자를 알 수 없을 때에는 공고
환매권 소멸	통지 받은 날 또는 공고의 날로부터 6월을 경과

2025 박문각 행정사 1차

임병주 행정법 핵심요약집

초판인쇄 | 2024. 10. 15.　**초판발행** | 2024. 10. 21.　**편저자** | 임병주

발행인 | 박 용　**발행처** | (주)박문각출판　**등록** | 2015년 4월 29일 제2019-000137호

주소 | 06654 서울시 서초구 효령로 283 서경 B/D 4층　**팩스** | (02)584-2927

전화 | 교재 문의 (02)6466-7202

저자와의
협의하에
인지생략

정가 18,000원

ISBN 979-11-7262-250-3